UML 다이어그램을 활용한

소프트웨어 창의 설계

박현석, 김연정, 김연우, 지현진 지음

지은이 **박현석** neo@ewha.ac.kr

캠브리지대학교 전산학 박사이며, 동경대학교 정보과학과 조수, (주)마크로젠 대표이사, 이화여자대학교 교육대학원 소프트웨어교육전공 주임 등을 거쳐, 현재 이화여자대학교 인공지능대학 학장을 역임하고 있다.

김연정 yj.kim@ewha.ac.kr

이화여자대학교에서 컴퓨터공학 박사 학위를 받았으며, 현재 이화여자대학교 컴퓨터공학과 특임교수이다.

김연우 ywnsgh11@ewhain.net

이화여자대학교 교육대학원 소프트웨어교육전공 석사이며, 현재 인천전자마이스터고등학교 정보컴퓨터 교사로 근무하고 있다.

지현진 hesedhj@ewhain.net

이화여자대학교 교육대학원 소프트웨어교육전공 석사를 거쳐 현재 이화여자대학교 인공지능융합전공 박사 과정을 앞두고 있다.

보조저자 **오지혜, 남희조, 이송, 김수영, 최성연, 오유나, 허제원, 송다운**

이화여자대학교 소프트웨어중심대학 교과과정 위원회

소프트웨어 창의 설계 : UML 다이어그램을 활용한

초판발행 2023년 7월 13일

지은이 박현석, 김연정, 김연우, 지현진 / **펴낸이** 전태호
펴낸곳 한빛아카데미(주) / **주소** 서울시 서대문구 연희로2길 62 한빛아카데미(주) 2층
전화 02-336-7112 / **팩스** 02-336-7199
등록 2013년 1월 14일 제 2017-000063호 / **ISBN** 979-11-5664-658-7 93000

총괄 박현진 / **책임편집** 김평화 / **기획·편집** 박현진 / **교정** 송지은
디자인 윤혜원 / **전산편집** 백지선 / **삽화** 김영길 / **제작** 박성우, 김정우
영업 김태진, 김성삼, 이정훈, 임현기, 이성훈, 김주성 / **마케팅** 길진철, 김호철, 심지연

이 책에 대한 의견이나 오탈자 및 잘못된 내용에 대한 수정 정보는 아래 이메일로 알려주십시오.
잘못된 책은 구입하신 서점에서 교환해 드립니다. 책값은 뒤표지에 표시되어 있습니다.

홈페이지 www.hanbit.co.kr / **이메일** question@hanbit.co.kr

지금 하지 않으면 할 수 없는 일이 있습니다.
책으로 펴내고 싶은 아이디어나 원고를 메일(writer@hanbit.co.kr)로 보내주세요.
한빛아카데미(주)는 여러분의 소중한 경험과 지식을 기다리고 있습니다.

본 교재는 과학기술정보통신부 및 정보통신기획평가원의 SW중심대학사업의 수행결과로 추진되었습니다.

UML 다이어그램을 활용한
소프트웨어 창의 설계

박현석, 김연정, 김연우, 지현진 지음

HB 한빛아카데미
Hanbit Academy, Inc.

코딩을 몰라도 가능하다! UML로 구상해 보는 소프트웨어 설계

현대 사회는 각 분야에서 미래를 대비하기 위한 혁신적인 변화가 이루어지고 있습니다. 그리고 그 변화의 중심에는 소프트웨어가 있습니다. 기존의 교육은 소프트웨어의 지식을 배우고 기억하는 단순 암기 위주의 교육으로 이루어졌지만, 앞으로는 미래 사회에서 무엇을 할 수 있는가에 대한 역량을 길러주는 교육으로 전환되어야 합니다. 지식의 유통기한이 갈수록 짧아지고 있고, 매일 새로운 지식과 정보들이 대량으로 쏟아지고 있습니다. 따라서 방대한 정보를 이해하고, 이를 통해 가치 있는 정보를 찾아내고, 이러한 정보를 새롭게 융합할 수 있는 능력을 함양할 수 있게 하는 교육이 필요합니다.

여러 해에 걸쳐 학생들을 가르치면서 보니, 요즘 학생들은 자신만의 무언가를 스스로 만드는 것에 흥미를 많이 보이는 것 같습니다. 많은 학생들이 게임이나 앱을 제작하는 개발자가 되고 싶어 하기도 합니다. 다른 한편으로는 코딩하면서 에러가 많이 났을 때, 그 스트레스를 이기지 못하고, 본인 적성에 맞지 않는다 생각하여 멀어지는 학생도 많이 보았습니다. 전공이 소프트웨어가 아니라며 아예 엄두도 못 내는 학생들도 많이 보았습니다. 이 책은 직접 소프트웨어를 만들어 보고 싶으나 코딩은 잘 모르는, 그럼에도 설계 과정을 경험해 보고 싶은 여러분을 위한 책입니다.

여러분 중 상당수는 예전에 설계 과목이라는 것을 수강한 적이 없거나 문제중심학습(PBL)이라는 말을 들어 보지 못했을 수도 있습니다. 그래서 대부분의 독자들은 '소프트웨어 창의 설계가 무엇을 하는 거지?', '나는 소프트웨어 전공자가 아닌데 이해하기 어렵지 않을까?'와 같은 여러 가지 걱정과 궁금증이 있으리라 생각합니다.

이 책에서는 코딩이라는 행위 없이 그림을 그려 소프트웨어를 설계할 수 있도록 합니다. 처음 프로그래밍을 배울 때는 언어를 배우는 것이 어렵고, 그런 다음에는 에러가 나는 것이 두렵습니다. 하지만 이 책에서 다룬 것과 같이 다이어그램을 그리면서 소프트웨어 프로젝트의 개념을 배운다는 것은 교육학적인 측면에서 분명한 장점이 있습니다. 따라서 컴퓨터 없이 소프트웨어 교육을 진행하는 언플러그드 교육에도 이 교재를 활용할 수 있을 것입니다. 물론 코딩까지 경험한다면 컴퓨팅 사고력과 창의력을 기르는 데 더욱 도움이 되므로 관련 내용도 함께 넣어 보았습니다.

최근 ChatGPT와 같은 기술이 등장하면서부터는 소프트웨어나 AI에 대한 지식이 대다수의 사람들에게 선택이 아닌 필수가 되었다고 생각합니다. 어렸을 적 우리가 상상하는 모든 것을 스케치북에 그려 보았듯이 소프트웨어에 대한 지식이 없더라도 여러분이 상상하는 소프트웨어와 AI의 세상을 쉽고 재미있게 구상해 볼 수 있기를 기대합니다. 여러분이 학생이건, 직장인이건, 크고 작은 소프트웨어 시스템을 직접 설계해 보고, 그 아이디어를 남들 앞에서 전문적으로 발표할 수 있다면 그 자체로 아주 멋진 일이 아닐까요?

이 책의 특징

이 책은 이화여자대학교에서 지난 15년간 진행해온 '소프트웨어 기초설계' 강의에 기반하고 있습니다.[1] 여러분이 지금까지 접해왔던 일반적인 교재와는 확연히 다르며, 융합형 미래핵심역량을 기반으로 소프트웨어 교육의 방향성을 제시합니다. 학습자 스스로 소프트웨어의 다양한 지식을 탐구하고, 실생활의 문제를 해결하는 과정에서 폭넓은 배움이 일어나는 과정을 담았습니다. 또한 소프트웨어나 컴퓨터의 지식이 없더라도 UML을 활용하여 쉽고 재미있게 소프트웨어를 경험하고 이해할 수 있도록 구성했습니다. 따라서 이 책은 컴퓨터를 전공하지 않은 대학교 새내기는 물론, 소프트웨어에 관심이 많은 중학생(자유 학기제)이나 고등학생(동아리 활동 및 고교학점제수업)에 이르기까지 폭넓게 사용할 수 있습니다.

첫째, 점진적으로 상승하는 단계별(STEP) 활동 제시

교육의 내용을 구성하는 과정에서 학습 내용의 깊이와 넓이에 따라 다양한 단계별 활동이 제시됩니다. STEP 1(개념 설명) → STEP 2(기본 활동) → STEP 3(심화 활동)의 순서를 따르며, 수업이 진행될수록 난이도와 깊이가 점진적으로 상승하도록 구성하여 소프트웨어 설계를 처음 접하는 학습자도 충분히 이해하고 실습할 수 있도록 했습니다. 또한 학습자의 활동도 난이도에 따라 선택적으로 진행할 수 있습니다. 이와 같은 활동은 학습자의 상황과 수준에 따라 유연하게 운영할 수 있습니다.

둘째, 문제중심학습(PBL) 기반의 수업 방식 적용

문제중심학습(PBL)을 통해 학습자가 능동적이고 주도적으로 학습하는 과정을 보여줍니다. 학습자에게 해결해야 할 문제가 주어지면 학습자는 팀을 구성하고 해당 문제를 해결하기 위한 주제를 선정하고 역할을 분담합니다. 각 팀은 문제를 해결하기 위해 스스로 다양한 자료와 정보를 수집, 분석하고 팀원과 함께 토의 및 토론 등의 협동 학습을 통해 가능한 해결안을 찾고 결과물을 만들어 발표를 합니다. 이와 같은 수업 방식은 학습자로 하여금 다양한 자료와 정보를 이용하는 능력은 물론 문제해결 능력을 키울 수 있게 합니다. 또한 팀원이 함께 다양한 생각을 나눔으로써 혁신적인 아이디어를 이끌어 낼 수 있습니다.

셋째, 실생활 공간(학교)를 중심으로 풀어가는 학습 활동

이 책에서는 특히 학생들이 실제로 생활하는 '학교'라는 공간에서 발생하는 문제를 해결하는 과정을 보여줍니다. 학생들 자신의 현실과 맞닿아 있는 내용이기 때문에 참여도를 높일 수 있고, 자신의 경험을 토대로 다양한 실생활 맥락을 활용하여 창의적인 아이디어를 제안할 수 있습니다.

---

[1] 박현석. (2009). 튜터를 활용한 "컴퓨터정보통신 기초설계" 교과목의 e-Learning 강의사례. 공학교육연구, 12(1), 73–81.
김연우, 오지혜, 오유란, & 박현석. (2019). 컴퓨터 초보자 소프트웨어교육에 있어서의 UML 도구의 적합성 연구. 공학교육연구, 22(6), 3–11.

이 책에서 다루는 내용

이 책은 총 15개장으로 이루어져 있으며, 크게 네 개 파트로 나눌 수 있습니다.

❶ 문제중심학습으로 배우는 프로젝트 설계 절차 이해하기 (1~4장)

문제중심학습 방식에 대해 알아보고, 이를 기반으로 소프트웨어 설계 프로젝트를 진행하는 절차를 살펴봅니다. 또한 소프트웨어 프로젝트의 성격과 용어를 두루 살펴본 후 일상에서 겪는 불편함을 소프트웨어 기술로 해결하는 방안을 팀 구성원과 논의하며 아이디어를 발전시키는 방법을 배웁니다.

❷ 다이어그램으로 상세 아이디어 표현하기 (5~10장)

1부에서 막연하게 기술했던 프로젝트의 필요성과 해결방안을 바탕으로 아이디어를 좀더 상세히 표현해 보고, 'UML'이라는 설계 툴을 기반으로 소프트웨어 설계와 가시화 방법을 학습합니다. 문제탐색, 문제분석, 문제해결의 학습활동을 바탕으로 원하는 한 가지 주제를 선택하여 프로젝트 설계를 진행해 봅니다.

❸ UML과 프로그래밍의 관계 이해하기 (11~13장)

UML 다이어그램으로 표현했던 내용을 자바로 나타내기 위해 자바 언어의 기초를 다루고, 액티비티 다이어그램으로 설계한 결과를 자바로 표현해 보고, 다이어그램과 자바 코드와의 관계를 살펴봅니다. 각 다이어그램들의 연관성에 대해 알아보고 이를 소프트웨어 디자인 이론과 연관시키는 심화 과정으로, 프로그래밍 초보자들에게는 약간 어려운 내용일 수 있습니다.

❹ 프로젝트 마무리하기 (14~15장)

그동안 구상한 다이어그램들의 부분적인 구상을 총망라하여 소프트웨어 프로젝트를 완성하는 단계입니다. 스토리보드로 아이디어를 시각화하고 와이어프레임으로 세부적인 화면 구조를 결정하여 화면 설계 배치에 대한 전체적인 레이아웃을 구상해 봅니다. 마지막으로 프로젝트 제안서를 작성하고, 이후 새로운 요구를 반영하여 프로젝트를 수정하는 과정을 배웁니다. 프로젝트를 평가함으로써 얻는 이점과 평가 기준을 살펴봅니다.

감사의 글

먼저 이 책의 실습 등에 쓰이는 UML 툴을 활용할 수 있게 해 준 비주얼 패러다임(Visual Paradigm) 사에 감사드립니다. 또한 이 책을 출간하기까지 드림팀으로 수고해 주신 모든 저자분들께 진심으로 감사드립니다. 원고를 집필하는 데 도움을 주신 사단법인 소프트웨어중심대학 협의회, 이화여대 소프트웨어중심대학 이민수, 오유란, 이종현, 이보형, 양재희, 김규호, 유광현 교수님, 그리고 책이 나오기까지 애써준 한빛아카데미㈜에도 감사의 말씀을 전합니다. 마지막으로, 최근 소프트웨어에 많은 관심을 가지고 있는 박가온 군에게도 이 책이 도움이 되기를 바랍니다!

지은이 **박현석, 김연정, 김연우, 지현진**

이 책에서는 가상의 튜터 1명과 소프트웨어를 전공하지 않은 튜터 4명(가온, 나훈, 다미, 라나)이 등장합니다. 이들은 매 장에 주어진 가상의 설계 프로젝트를 문제중심학습 방식에 기반하여 수업을 진행하며, 대화와 협력을 통해 문제를 해결해 갑니다. 문제중심학습 방식에 익숙하지 않고, 이 다음에는 어떤 것을 해야 할지 감이 잡히지 않을 때는 이들의 대화를 먼저 살펴보길 바랍니다. 접근 방법이나 토론 방식 등에서 해결의 실마리를 얻을 수 있을 것입니다.

튜터

문제중심학습 기반으로 수업을 진행하며,
부드럽고 온화하게 수업을 이끌어감

가온

매사 모범적인 학생으로,
묵묵히 자신의 맡은 역할을 해냄

나훈

다른 친구들과 의견이 다를 때에도
자신의 생각을 적극적으로 밝힘

다미

활발하고 똑똑한 학생으로,
상황을 긍정적으로 보고 문제를 주도적으로 해결함

라나

다소 소심하고 배움이 느린 학생으로,
쉽게 설명해줘야 이해함

장도입글

해당 장의 주요 내용을 소개하여
장의 전체 그림을 보여줍니다.

학습활동 3-6 | **애자일 모델 조사하기** [문제탐색 ★]

01 애자일 모델의 개념과 모형을 이해했다면, 인터넷을 활용하여 직접 사례나 활용 분야를
찾아보고 그의 해당되는 설명을 작성해 보자.

- 애자일 모델의 개념 :

- 애자일 모델 사례 :

- 애자일 모델의 활용 분야 :

학습 활동

세 가지 유형의 활동이 제시되며,
별(★)의 개수는 난이도를 나타냅니다.

① **문제탐색** : 문제를 검색하거나 자료를 수집하는 정
도의 기초적인 활동 문제입니다.

학습활동 3-8 | **프로젝트에 적합한 모델 선정하기** [문제분석 ★★]

01 소프트웨어 개발 프로세스 모델 세 가지를 이해했다면, 팀 구성원끼리 상의하여 프로젝트
에 가장 적합한 모델이 무엇인지 찾아보고, 왜 해당 모델이 적합하다고 생각했는지 발표해
보자.

- 프로젝트에 알맞은 적합한 모형 :

- 적합하다고 판단한 이유 :

---

② **문제분석** : '문제탐색' 활동보다 사례탐구나 다소 복
잡한 문제를 고민해 보는 문제입니다.

③ **문제해결** : '문제탐색'과 '문제분석'을 바탕으로 학
습자가 주도적으로 활동하여 문제의 해결방법을 고
민하는 문제입니다. 자기주도학습과 문제중심학습
을 동시에 경험할 수 있습니다.

학습활동 4-4 | **교내 임베디드 시스템 개선하기** [문제해결 ★★]

01 주어진 고려사항을 참고하여 캠퍼스에 있는 다양한 종류의 임베디드 시스템에 대한 개선점
과 보완점을 찾아보자.

- 임베디드 시스템을 사용할 수 있는 장소와 범위는?
- 학교에 설치된 임베디드 시스템들은 어떻게 운영되는가?
- 교내에서의 불편했던 점을 다른 기술로는 해결할 수 없는가?
- 교내에서 학생들에게 편의를 줄 수 있는 임베디드 시스템은 무엇인가?
- 기존 교내 임베디드 시스템 중 보완이 필요하다고 느낀 경우, 개선할 방법은 무엇인가?

실습 따라 하기

01 비주얼 패러다임 메뉴에서 [Diagram] > [New] 메뉴를 선택한 후, 'Use Case Diagram'을 선택한다. 다이어그램의 이름을 "내 첫 번째 유스케이스 다이어그램"이라고 명명하고 실습을 시작한다.

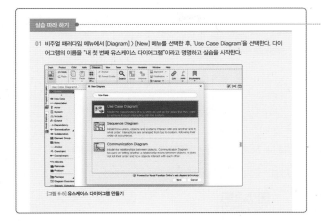

[그림 6-5] 유스케이스 다이어그램 만들기

실습 따라 하기

본문에서 다룬 개념을 직접 그리거나 실습해볼 수 있도록 순서대로 따라하는 과정을 보여줍니다.

실습문제

01 [문제해결 ★★★] 일상생활에서 많이 접하는 ATM(현금자동인출기) 시스템에 대한 다음의 지침을 읽고 이해한 대로 유스케이스 다이어그램을 완성해 보자.

[지침]
- Actor ⇨ System (Usecase)
- Maintenance ⇨ ATM (perform routine maintenance)
- Stocker ⇨ ATM (Fill ATM with cash)
- Customer ⇨ ATM (Withdraw cash / Deposit funds / Check balance / Transfer funds)
- Bank《system》⇨ ATM (Withdraw cash / Deposit funds / Check balance / Transfer funds)

실습문제

학습자가 주도적으로 활동하여 주어진 문제의 해결방법을 고민하는 문제입니다.

QR 코드

본문에서 소개한 사이트나 [실습 따라 하기] 또는 [학습활동] 시 참고할 수 있는 자료를 제시합니다.

TIP

참고로 알아두면 좋은 내용과 실습 과정에서 주의할 사항을 설명합니다.

시퀀스 다이어그램과 클래스 다이어그램 연동하기

시퀀스 다이어그램과 클래스 다이어그램은 밀접한 관계가 있다. 약간 어려운 개념이지만, 시퀀스 다이어그램 작성 시 클래스 다이어그램과 연동하여 '생명선'과 '메시지'를 작성할 수 있다. 시퀀스 다이어그램에서 각각의 '생명선'들을 클래스 다이어그램의 클래스로 변환하고, 클래스 다이어그램에서 기능(operation)들을 시퀀스 다이어그램의 '메시지'로 변환할 수 있다[그림 9-12] 참고). 이는 생명선에 해당하는 클래스를 설정하는 과정과 '메시지'로 원하는 동작을 설정하는 과정이다. 이후 좀 더 자세히 설명되니 한번 보아 두기 바란다.

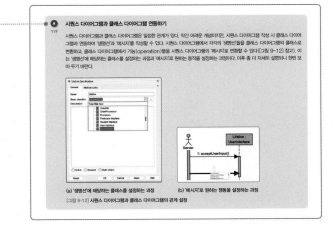

(a) '생명선'에 해당하는 클래스를 설정하는 과정   (b) '메시지'로 원하는 행동을 설정하는 과정

[그림 9-12] 시퀀스 다이어그램과 클래스 다이어그램의 관계 설정

⚙ 이 책의 사용 설명서

01 강의 보조 자료

한빛아카데미 홈페이지에서 '교수회원'으로 가입하신 분은 인증 후 교수용 강의 보조 자료를 제공받을 수 있습니다. 한빛아카데미 홈페이지 상단의 〈교수전용공간〉 메뉴를 클릭하세요.
http://www.hanbit.co.kr/academy

02 학습자를 위한 채널

이 책의 [학습활동] 및 [실습 따라 하기] 등을 진행할 때 참고할 수 있는 동영상과 자료를 제공합니다.

네이버 카페 : SW 창의설계

유튜브 채널 : software4everyone

03 권장 강의 스케줄 및 활동

주차	관련 장	수업 내용 및 활동
1	1장	팀 구성하기
2	2장	팀 프로젝트 주제 브레인스토밍
3	3장	페르소나 설정해 보기
4	4장	소프트웨어 기술 살펴보기
5	5장	비주얼 패러다임 툴 설치하기
6	6장	유스케이스 다이어그램 그려보기
7	7장	액티비티 다이어그램 그려보기
8	8장	클래스 다이어그램 그려보기
9	9장	시퀀스 다이어그램 그려보기
10	10장	UML 실습 퀴즈
11	11장	이클립스 설치 및 자바 언어 특성 이해하기
12	12장	액티비티 다이어그램을 자바로 구현하기
13	13장	클래스 다이어그램을 자바로 구현하기
14	14장	와이어프레임 구상하기
15	15장	팀별 기말발표

목차

PART 1 문제중심학습 기반 프로젝트 설계 절차 이해하기

1장 문제중심학습으로 프로젝트 시작하기

2장 문제중심학습으로 프로젝트 설정하기

PART 2 다이어그램으로 상세 아이디어 표현하기

5장 UML 다이어그램 소개

6장 유스케이스 다이어그램 소개

PART 4 프로젝트 마무리하기

14장 스토리보드와 와이어프레임

15장 프로젝트 제안 및 평가

문제중심학습으로
프로젝트 시작하기

1.1 문제중심학습이 뭐예요?

'문제중심학습'이라는 용어가 생소한 이들이 많을 것이다. 따라서 1장에서는 프로젝트를 시작하기 전에 먼저 문제중심학습(Problem Based Learning : PBL)에 대해 알아보고, 실제 프로젝트에서 문제중심학습의 절차를 적용할 수 있도록 문제중심학습의 프로젝트 진행 과정을 설명할 것이다. 문제중심학습 방식을 적용해 프로젝트를 진행하면 혼자서 모든 과정을 해내는 것보다 팀을 구성하여 팀원들과 역할을 분담하기 때문에 부담이 훨씬 줄어들 수 있다. PBL 수업을 통해 여러분이 직접 주인공이 되어 수업을 만들어 나가 보자.

1.1 문제중심학습이 뭐예요?

문제중심학습 또는 **문제기반학습**이라고 불리는 **Problem Based Learning (PBL)**은 의과대학 교수로 있던 Barrows와 Tamblyn (1980)에 의해 구체화되었으며, 경영학, 교육학, 사회학, 건축학, 공학 등의 대학교육뿐만 아니라 고등학교에도 폭넓게 적용되어 온 학습법이다. 주어진 문제를 해결하는 과정을 통해 지식, 기술 획득, 고차원적 사고력, 실행력을 기르도록 고안되었으며, 문제로부터 학습이 시작되고 그룹활동을 중심으로 학습을 진행한다는 특징이 있다. **학습자 (튜티)**는 자기주도적 학습을 통해 새로운 지식을 습득하고, **교수자 (튜터)**의 역할이 지식전달자에서 학습진행자 혹은 촉진자로 전환된다는 점이 일반 강의와 차별된다.

수업에 PBL[1]을 활용해 학습자(튜티)들이 문제를 협력적이고 자기주도적으로 해결하고, 그 과정을 통해 창의적 사고력, 비판적 사고력, 문제해결력, 협동 능력 등을 기르는 것이 교수학습 결과의 목표이다. 이러한 목표는 소프트웨어 교육에서 강조하는 컴퓨팅 사고력을 바탕으로 실생활의 문제를 해결하는 과정의 경험이나 창의적인 문제해결과 상당 부분 중첩되기 때문에, 여러 소프트웨어 교육의 수업 활동에 PBL을 적용할 수 있을 것이라 예상된다. 간단하게 예를 들면, 프로그래밍 수업에서 문법 및 알고리즘 등을 강의식으로 직접 설명하는 방법도 있지만, PBL의 절차대로 간단한 문제를 제시하고, 학습자가 스스로 조사하여 팀원들과 함께 문제를 해결하는 과정 속에서 소프트웨어 관련 지식뿐만 아니라 문제해결력과 협동 능력 등을 자연스럽게 익히도록 할 수 있다.

일반적인 PBL의 절차는 다음 절에서 살펴보자.

1.1.1 문제중심학습의 개념과 절차

❶ **문제 제시** : 문제를 제시하고 마지막에 제출할 해결안에 대해 안내한다. 텍스트, 비디오, 모의실험, 역할극, 컴퓨터 시뮬레이션, 애니메이션 등으로 상황을 제시하면, 상대방이 좀 더 효과적으로 문제를 이해할 수 있다.

---

1   이 책에서는 'PBL'과 '문제중심학습'을 혼용하여 쓰기로 한다.

❷ **문제 확인** : 문제 해결 계획을 세운다. 구체적으로는, **생각**(문제의 원인, 결과, 가능한 해결안에 대한 학습자(튜티)들의 생각 기록), **사실**(문제에서 제시된 중요 사실, 문제해결과 관련하여 튜티가 이미 알고 있는 사실 확인), **학습과제**(문제해결을 위해 알아야 할 필요가 있는 학습내용, 문제해결을 위해 더 알거나 조사해야 할 과제), **실천계획**(역할 분담, 자료검색 방법, 시간 계획 등을 포함한 구체적 실천계획)의 단계이며, 문제를 검토한다.

❸ **문제해결을 위한 자료 수집** : 그룹 구성원 각자가 자신에게 주어진 과제를 수행하기 위해 개별적, 자기주도적으로 정보를 찾아 학습하는 단계이다. 전공서적, 인터넷, 학술지 논문, 비디오, 전문가, 선배 면담 등의 방법이 있다.

❹ **문제 재확인과 해결안 도출** : 문제의 재확인 과정으로, 개별학습 후 그룹으로 모여 '**각 개인이 학습한 내용 발표 → 의견 종합 → 첫 단계에서 확인된 생각, 사실, 학습과제, 실천계획 조정**' 등을 진행한다. 이때 다른 튜티의 학습결과를 청취하고, 자신의 학습결과와 비교하는 과정을 통해 학습이 발생한다. 최적의 진단과 해결안 미도출 시 전 단계로 돌아가 반복한다.

❺ **문제해결안 발표** : 그룹별로 진행된 공동 학습결과와 최종결론을 전체 학습자(튜티)들에게 **발표**하고, 다른 그룹의 아이디어와 자기 그룹의 **아이디어를 비교**한다. 전체 **토론**을 통해 **최종 해결안을 모색**한다.

❻ **학습결과 정리 · 평가**
- 학습자(튜티) : 학습결과 발표를 통해 공유된 해결안 정리
- 교수자(튜터) : 문제해결안과 관련된 주요 개념 요약, 정리, 미니강의
- 평가 : 자기평가, 동료평가, 과정평가, 결과평가 등

1.1.2 문제중심학습의 프로젝트 진행 과정

프로젝트란 주어진 기간 내 여러 사람들이 협업하여 원하는 결과를 성공적으로 얻기 위해 수행하는 일을 말한다. 수천 명이 함께 하거나 몇조 원이 투입되는 우주선 발사도 프로젝트이고, 2~3명이 모여서 하는 과제도 프로젝트라고 할 수 있다.

이 책에서는, 앞서 살펴본 문제중심학습(PBL)을 적용한 소프트웨어 설계 프로젝트의 진행 과정을 예시를 들어 먼저 설명해 보고자 한다. 〈**다양한 컴퓨터공학 기술을 응용하여 일상생활의 불편함을 해소하거나 최소화할 수 있는 대안을 제시하라**〉는 큰 프로젝트 목표가 주어졌다고 가정하자. 먼저, 프로젝트를 함께 진행할 팀을 구성한다고 가정하고, 각 팀마다 프로젝트 목표에 맞는 구체적인 팀별 프로젝트 주제를 정하게 될 것이다.

즉, 브레인스토밍과 같은 아이디어 도출 과정을 통해 프로젝트 주제를 결정하고 나면, 다음으로 프로젝트를 수행하기 위해 어떤 지식이 필요한지 생각해 본다. 이 과정에서 아이디어에 접목하기 위한 소프트웨어나 관련 전문지식을 스스로 찾아야 한다. 이후 프로젝트 진행을 위해 디자인 프로세스를 구성하고, 프로토타입을 작성해 본다. 프로젝트 아이디어가 어느 정도 구체화되면, 나중에 소개할 UML(Unified Modeling Language)이라는 툴로 프로젝트 아이디어들을 전문적으로 시각화하게 될 것이며, 이 과정에서 학습자들은 많은 지식을 자연스럽게 얻게 될 것이다.

[그림 1-1] **전반적인 프로젝트 절차의 흐름**

언급한 바와 같이, 이 책의 수업 진행 방식은 문제중심학습(PBL)이라는 교수법에 기반하고 있다. 그러면 평소에 우리가 흔히 접하는 수업방식과 다른 점이 무엇일지 [그림 1-2]의 두 그림을 비교해 보자.

(a) 일반 강의실의 풍경

(b) 문제중심학습을 적용한 강의실 풍경

[그림 1-2] **일반 강의와 PBL 방식의 수업 풍경 비교**

일반 강의실과 문제중심학습 강의실의 차이점에 대해 의견을 나누어 보자.

나훈

일반 강의실은 학생(튜티)들이 모두 칠판을 향해 앉아 있지만,
문제중심학습 수업은 팀별로 모여서 팀 활동을 진행하고 있어.

문제중심학습에서 교수님(혹은 튜터)은 어디에 계시지?
일반 강의실 수업은 교수님이 맨 앞에서 강의를 진행하지만,
문제중심학습에서는 그런 것 같지 않네?

라나

다미

두 수업 방식은 교수님(혹은 튜터)의 역할도 다른 것 같아.
일반적인 수업은 교수님이 강의를 진행하며 지식을 전달하지만,
문제중심학습에서는 강의 진행이 아닌 안내하는 역할 같아.
아마도 각 팀에 다양한 피드백을 해 주고,
어려움이 생겼을 때 해결 방향을 제시해 주시는 것 같은데?

다들 정말 잘 아는구나.
문제중심학습 수업은 학생(튜티) 스스로 다양한 자료와 정보를 수집하고 분석하고,
팀 활동을 통해 자기 생각과 정보를 공유하면서 해결책을 함께 찾아나가고 있어!

가온

튜티들의 대화로 알 수 있듯이, **일반적인 수업은**, 교수자(튜터)가 학생(튜티)에게 문제 해결에 필요한 지식을 주입식으로 설명한다. 튜티들은 해당 지식을 이해하고 암기하면서 문제를 풀어 나간다. 반면, **문제중심학습 방식의 수업은**, 튜터가 문제를 제시하고 다양한 접근 방법을 소개한다. 또 학습 촉진자 및 안내자로서 팀에 도움될 피드백을 제공하고, 팀 활동의 방향을 제시해 주기도 한다. 하지만 답을 알려 주지는 않는다. 튜티들은 팀을 꾸려 문제 해결을 위한 다양한 자료와 정보를 튜티 스스로 수집, 분석하고 팀원들과 공유하며 문제를 해결해 나간다. 여러분 또한 문제중심학습 수업을 통해 프로젝트의 자료와 정보를 스스로 찾고, 팀원 간 의견을 공유하여 다양한 아이디어를 구상해 보게 될 것이다.

1.1.3 문제중심학습 팀 활동의 이점

문제중심학습에 대한 개념이 잡혔다면 이제 팀 활동에 대해 이야기해 보자. 문제중심학습에서 가장 중요한 것은 혼자가 아닌 여럿이 힘을 모아 문제를 해결해 나간다는 점이다. 프로젝트를 진행하다 보면, 다양한 자료를 조사하고, 더 나아가 관련 전문가를 만나 인터뷰를 해야 하는 상황이 생길 수 있다. 이런 많은 업무를 혼자 다 하기는 어려울 것이다. 이런 경우 팀으로 진행하면 업무를 분담하여 작업을 효율적으로 할 수 있다는 장점이 있다. 또 프로젝트 진행 과정에서 **팀원들 간의 아이디어 교환**이 지속적으로 이루어지기 때문에 기존 아이디어를 발전시킬 수도 있다.

2장부터는 멋진 팀을 구성하여 프로젝트를 진행해 볼 것이다.

이 책을 개인적으로 학습하는 독자는 이 책에 등장하는 가온, 나훈, 다미, 라나라는 멋진 친구들과 한 팀을 이룬 제5의 멤버로서, 이들과 같이 브레인스토밍하며 즐겁게 소프트웨어 프로젝트를 진행한다고 생각하면 좋을 것이다 :−)

주제에 대한 다양한 의견도 팀원과 공유해 보자. 여러분은 팀원 간의 대화를 통해, 쉬운 의견부터 터무니없는 의견까지 **무궁무진한 의견을 듣고 제시**할 수 있다. 이러한 브레인스토밍 과정을 거침으로써 새로운 아이디어를 도출해낼 수 있고, 상대방의 의견에 새로운 아이디어를 추가하여 혼자서는 생각하지 못한 아이디어를 쏟아낼 수 있다. 팀원 간의 브레인스토밍은 새롭고 다양한 아이디어를 제안할 수 있는 기본적인 배경이 된다. 문제중심학습 방식에서는 이와 같은 협력 속에서 소프트웨어에 대한 지식을 자연스럽게 학습한다.

일반 수업에서처럼, 칠판 앞에서 선생님 혼자 딱딱한 소프트웨어 용어를 잔뜩 설명한다면 학생들은 지루해서 수업 내내 졸 수도 있다. 하지만 문제중심학습 방식에서는 다르다. 팀원들이 문제를 풀어가는 과정에서, 본인의 능력에 맞게 **필요에 의해 소프트웨어 용어를 그때그때 학습**해 감으로써 훨씬 더 효율적으로 교육이 이루어진다.

1.1.4 UML로 프로젝트 실현하기

이 책에서는 프로젝트를 구현하기 위해 튜터들은 직접 코딩을 하지 않고, UML 도구를 사용한다. UML은 작성 규칙이 간단해 이해하기 쉽고, 컴퓨터 없이 종이에 스케치할 수 있다는 장점이 있다. UML 다이어그램으로 아이디어를 표현하는 방법은 [그림 1−3]과 같이 다양한데, 이는 2부에서 자세히 다룰 것이다. 이후부터 여러분은 칠판이나 큰 이젤패드 앞에서 다 같이 모여 팀 회의에서 나온 다양한 아이디어를 UML로 편리하게 표현하게 된다. 이 과정에서 팀원 간에 피드백을 편히 주고받을 수 있고, 이를 즉각적으로 반영하여 아이디어를 수정할 수 있다.

지금까지 문제중심학습을 활용하는 수업과 그 진행 방향에 대해 알아보았다. 앞으로 보게 될 책 곳곳에 있는 **'학습활동'**과 **'TIP'**은 여러분이 다양한 개념을 스스로 터득해 나갈 수 있도록 도와주는 역할을 할 것이다. 아직은 생소한 용어가 많고 새로운 학습법이 언급되어 감이 잘 안 잡히는 부분도 있으리라 예상된다. 하지만 앞으로 여러 가지 학습활동을 수행하고 소프트웨어 프로젝트를 단계별로 수행하면서 전체적인 개념과 내용을 잘 파악할 수 있을 것이다. 멋진 소프트웨어 설계물을 혼자 또는 여럿이 모여 만들어보자.

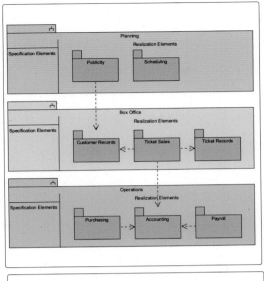

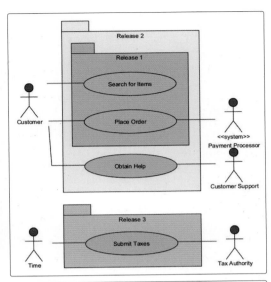

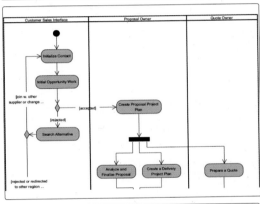

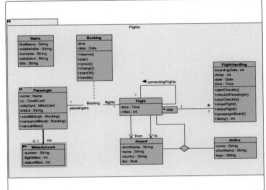

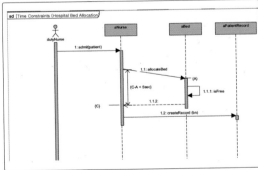

[그림 1-3] 아이디어를 표현한 UML 다이어그램 예시

2^장

문제중심학습으로 프로젝트 설정하기

1장에서 언급했듯이, 앞으로 수행할 프로젝트 주제를 정하기 위해 학교 캠퍼스에서 혹은 일상생활 중 불편한 점을 찾고, 소프트웨어 기술을 이용해 그에 대한 해결 방법을 제시할 수 있어야 한다. 2장에서는 프로젝트를 위한 팀을 구성하고, 주제를 선정해 본다.

문제중심학습에서 가장 중요한 것은 혼자가 아닌 함께 힘을 모아 문제를 해결해 나가는 일이다. 여러분이 이 책을 학교 수업에서의 강의 교재로 사용하고 있다면, 수강생들과 팀을 구성하여 학습활동이나 프로젝트를 수행할 수 있다.

개인적으로 이 책을 학습하고 있는 독자라면, 책을 순서대로 따라가면서 책 군데군데 등장하는 가온, 나훈, 다미, 라나와 함께 고민하며 프로젝트를 설계하고 진행해 보는 것도 가능할 것이다.

튜터

그럼, 프로젝트를 시작할 준비가 됐나요?
이번 학기 주제는 여러분 주변에서 찾아봅시다.
"우리 학교의 시스템이나 캠퍼스 생활에서 소프트웨어 기술로
편리성 또는 효율성을 향상시킬 수 있는 사례를 찾아 제시해 보자."
어떤가요?

좋아요! 저는 개인적으로 우리 학교 도서관들의 거리가 너무 멀어서
'분관대출서비스'를 제공해 주었으면 좋겠다는 생각이 들었어요.

다미

라나

'분관대출서비스'가 뭐야?

거리상 떨어져 있는 도서관에 있는 자료를 이용하고 싶을 때
원거리의 도서관을 직접 방문하지 않고도
해당 도서관의 자료를 이용할 수 있는 서비스야!

가온

나훈

자료가 소장된 도서관에서 상대 분관으로 발송되는 시스템이니 유의하라고.

혼자서 프로젝트를 진행하기로 한 다미 학생의 상황을 잠깐 살펴보자.

다미

난 '도서관 분관 대출 시스템'을 학생들이 좀더 편하게 사용할 수 있게 개선해 보고 싶어.
우선 현재 도서관 시스템이 어떻게 이뤄지는지 알아보고,
추가로 개선해야 할 부분을 찾아봐야겠다.

다미

<도서관 분관 대출 시스템 사전 조사>

☑ 현재 도서관 대출 시스템 방식은?

☑ RFID 비품 조사하기

☐ 타 대학 도서관의 경우 이용방법은?
☐ 분관 도서 예약 방법은?
☐ 사용되는 시스템의 하드웨어 알아보기

☑ 분관도서로 대출할 경우 바코드와 RFID 방법은?

☑ 분관도서의 경우 대출센서 관리방법은?

☐ 현재 사용되는 시스템 기기는?
☐ 분관 대출 도서 시스템의 선호도 조사하기
…

음, 생각보다 도서 대출 방법이 복잡하구나.
그럼 분관에 비치된 도서의 대출 센서는 어떻게 관리되는 걸까? 역시 해야 할 일이 많네.
아차! 도서관 이용자를 대상으로 설문조사도 해야 하는데!
설문조사까지 하면 시간이 너무 부족할 것 같아. 어쩌지?

프로젝트를 진행하려면 다양한 자료를 조사해야 하고, 더 나아가 해당 분야 전문가를 만나 인터뷰를 해야 할 수도 있다. 이러한 많은 업무를 혼자서 효율적으로 진행하는 데는 여러 어려움이 따른다. 이때 팀을 구성하면 업무를 분담하여 효율적으로 작업할 수 있다. 또 프로젝트를 진행하는 과정에서 팀원들 간의 아이디어 교환이 지속적으로 이루어지기 때문에 기존 아이디어를 더 발전시킬 수 있다.

> **TIP** 이 책으로 혼자 소프트웨어 개발을 공부하고 있다면, 프로젝트를 수행하는 과정 중 상당수의 질문을 웹에서 검색하며 스스로 해결해야 하는 상황이 생길 수 있다. 여기 소개된 네 학생의 브레인스토밍 과정을 읽으며, 여러분이 팀의 다섯 번째 멤버라고 생각하고 학습 활동을 수행해 보길 권한다.

결국, 다미는 혼자가 프로젝트를 꾸려 나가기보다 친구들인 가온, 나훈, 라나와 함께 4명의 팀을 구성하여 프로젝트를 진행하기로 했다.

다미

우리 함께 프로젝트를 진행해 보자!
혼자가 아닌 함께한다면 멋진 프로젝트를 완성할 수 있을 거야.
우선 각자의 역할을 분담해 보자. 어떤 역할들이 필요할까?
자유롭게 의견을 나눠줘.

당연히 현재 도서관 시스템에 관한 설문조사를 하는 게 먼저 아니겠어?

나훈

라나

그렇구나. 나는 역할을 분담해야 하는지도 몰랐어.
다 같이 돌아다니면서 하는 건 줄 알았지.

나도 의견 하나 제시해도 될까? 나훈이가 말해 준 설문조사 말이야.
도서관에 가기 전에 누구를 대상으로, 무엇을 설문조사할지
구체적으로 정해 보는 게 중요할 것 같아.
그건 내가 해 올게.

가온

다미

다들 고마워.
그럼 난 현재 도서관 시스템의 작동 원리에 대해 알아보도록 할게.
그리고 시스템 기기의 사진을 찍어 올게. 비교자료로 사용하면 좋을 것 같아.
나훈아, 해 보고 싶은 역할 있으면 알려 줄래?

다 좋은데. 그럼 난 도서관에서 대출에 사용되는 RFID에 대해 알아 볼래.
RFID가 도서 대출 시스템에서 가장 중요한 부분이잖아.

나훈

라나

같이 하니까 일을 분담할 수 있어 효율적이다!
나도 혼자 할 때는 너무 막막했거든. 얘들아, 고마워!

다들 열심히 참여해 주니까 기분이 너무 좋아.
프로젝트를 진행하는 과정에서 좋은 아이디어가 생각나면 주저하지 말고 말해줘.
새로운 아이디어가 프로젝트를 좋은 방향으로 이끌 수 있을 거야!

다미

2.1.1 프로젝트 관리도구 살펴보기

팀을 구성하기 전에 프로젝트 관리도구를 살펴보자. 관리도구를 활용하면 프로젝트별 팀 업무를 효과적으로 정할 수 있다. 다양한 관리도구가 있으니 프로젝트와 팀 성격에 맞춰 활용해 보기 바란다. 여기에서 설명하는 간트 도표, 작업분해구조, 선형책임도표, 팀 일정표 등은 모두 직관적으로 이해가 가능한 도구들이다.

■ 간트 도표

간트 도표(Gantt chart)는 다양한 설계 활동을 시간축상에 표시한 수평 막대 그래프이다. 예를 들면, [그림 2-1]의 오른편에 해당 작업에 대한 기간을 막대 모양으로 표시하면 된다.

ID	작업이름	시작	완료	기간	2023. 5				2023. 6		
					1-8	9-16	16-23	23-31	7-14	14-21	22-29
1	프로젝트 시작	2023-05-01	2023-05-01	1d							
2	고객 요구사항 이해	2023-05-01	2023-05-10	10d							
3	문제 기술 명료화	2023-05-05	2023-05-13	9d							
4	연구 수행	2023-05-12	2023-05-17	6d							
5	기능 요구사항 분석	2023-05-15	2023-06-02	19d							
6	대안 생성	2023-05-28	2023-06-06	10d							
7	시험결과 보고	2023-06-17	2023-06-24	8d							
8	대안 중 선정	2023-06-20	2023-06-25	6d							
9	설계프로세스 문서화	2023-06-23	2023-07-03	11d							
10	프로젝트 종료	2023-07-01	2023-07-04	3d							

[그림 2-1] **간트 도표**

■ 작업분해구조

작업분해구조(Work Breakdown Structure : WBS)는 설계 프로젝트를 완수하기 위해 수행해야 할 모든 과업을 계층적으로 나타낸 관리도구이다.

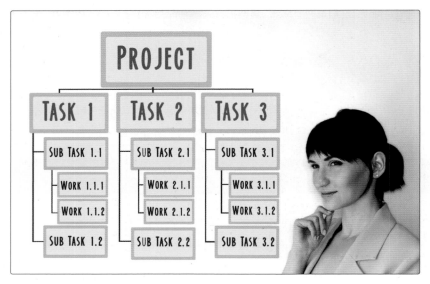

[그림 2-2] **작업분해구조**(WBS)

■ 팀 일정표

팀 일정표(team calendar)는 각 작업이 완료돼야 할 최종 기한과 시간 프레임을 강조하며, 설계 팀이 사용할 수 있는 모든 시간을 정리하는 관리도구이다.

2023년 5월						
월요일	화요일	수요일	목요일	금요일	토요일	일요일
1	2	3	4	5	6	7
				오후 5:00 원형 제작		
8	9	10	11	12	13	14
	오후 7:00-8:15 팀 회의			오전 11:00 개념 검증 기한		
15	16	17	18	19	20	21
오전 11:00 대략 개요 기한	오후 7:00-8:15 팀 회의			오후 5:00 주제기술문 개요 기한		
22	23	24	25	26	27	28
오전 11:00 발표 개요 기한	오후 7:00-8:15 팀 회의	오전 11:00 슬라이드 기한		오후 5:00 최종보고서 초고 기한		
29	30	31	6/1	2	3	4
	오후 7:00-8:15 팀 회의		오후 5:00 최종보고서 제출 기한			

[그림 2-3] **팀 일정표**

■ 선형책임도표

선형책임도표(Linear Responsibility Chart : LRC)는 WBS의 각 과업을 성공적으로 완수할 책임자와 과업을 완료하기 위해 참여해야 할 사람들을 식별하는 관리도구이다.

선형책임도표	가온	나훈	다미	라나	튜터	외부 전문가	기호
1.0 주제 브레인스토밍	1						1=일차 책임
1.1 문제 기술 명료화	1	2	2	2			2=보조/작업
1.2 연구 수행	1	2		2		4	3=자문 필수
2.0 기능 요구사항 분석	2	2	1	2	5	3	4=자문 가능
3.0 대안 생성				1			5=검토
4.0 대안 평가	5	1	2	2			6=최종승인
5.0 선호하는 설계 선정	1	2			5	4	
6.0 설계결과 문서화		1					
7.0 프로젝트 관리	1						
7.1 주간회의	1	2	2	2			
7.2 프로젝트 계획 개발	1	2	2	2			
7.3 진척도 추적	1				5		
7.4 진도보고서	1						

[그림 2-4] 선형책임도표(LRC)

이제 여러분의 팀을 구성할 차례이다. 팀 이름과 팀장을 정하고, 프로젝트 관리도구를 활용하여 다양한 프로젝트 팀별 업무를 정해 보자.

팀별 수행 계획서 작성하기 (60분 활동과 토의) [문제탐색 ★]

01 팀을 구성해 보자.

- 팀 이름 :

- 팀장 :

02 프로젝트 관리도구를 활용하여 팀별로 필요한 업무를 작성해 보자.

다양한 팀 프로젝트 관리도구를 활용하면, 효과적으로 팀원들과 프로젝트를 진행할 수 있다. 특히 프로젝트의 특성상 기간이 정해져 있기 때문에, 계획을 세우고 체계적으로 진행해야 원하는 기간 안에 마무리 지을 수 있다.

팀원들과 함께 프로젝트 진행 계획을 세웠다면, 이제 회의를 통해 앞으로 지켜야 할 **팀 규칙**을 만들어 보자.

나훈
프로젝트를 효율적으로 진행하려면 팀 규칙이 필요할 것 같아.
예를 들면 회의시간이나 자료 업로드 기한 같은 것들 말이야.

그럼, 회의시간은 일정한 요일을 정해 두고 진행하는 게 어때?
그렇게 하면 과제를 계획적으로 할 수 있을 것 같아.

가온

라나
정말 미안한데, 난 가끔 회의가 길어지면 어떤 이야기를 나눴는지 잊어버려.
회의록도 매번 업로드하면 어때?

그래. 다들 시간이 되는 화요일 2시에 만나기로 할까?
그리고 회의록은 그날 저녁 9시까지 서로 돌아가면서 업로드하기로 하자.
모두 함께 활동하는 거니까 우리가 정한 규칙은 꼭 지키도록 하자!

다미

팀원 간의 약속을 지키는 일은 서로 신뢰를 쌓고 프로젝트를 끝까지 효율적으로 진행할 수 있도록 도와준다. 각 팀은 프로젝트를 본격적으로 진행하기에 앞서, 앞으로의 진행에 필요한 팀 규칙을 만들어 보자. 팀 규칙이 정해졌다면, 사이버캠퍼스나 각종 SNS의 해당 게시판에 팀 규칙을 업로드 해보자. 프로젝트 진행 상황도 공유할 수 있다. 혹시라도, 팀 회의에 자주 늦는 팀원이 있을 경우, 팀별 내규를 잘 만들어 놓으면 어느 정도 도움이 되곤 한다.

학습활동 2-2   팀별 규칙 만들기   [문제탐색 ★]

01 앞으로 프로젝트를 진행하면서 서로 지켜야 할 규칙을 작성해 보자.

팀 회의를 하며 결정된 내용이나 아이디어들을 기록으로 남기면 나중에 필요한 정보를 찾을 때 편리하다. 회의를 할 때마다 [그림 2-5]의 양식을 참고하여 회의록을 작성해 보자.

회의 일시		시간		회의 장소	
참석자					

회의 주제	

	내용	비고
회의 내용 및 논의 사항		

	내용	진행 일정
결정 사항		
특이 사항		

[그림 2-5] 회의록 양식

2.2 프로젝트 주제 탐색하기

이 절에서는 우리 주변의 불편사항을 조사하며 프로젝트 주제를 정해 보고자 한다. 이 과정에서 아이디어 도출 도구를 활용하면 좋다. 또 필요성과 해결방안(Needs & Objective)에 대한 명시를 통해 시스템의 개선 필요성과 시스템 목표를 설정해 볼 것이다. 우리 일상생활 가운데 불편했던 점이나 개선하고 싶은 시스템이 있었는지 떠올려 보자.

2.2.1 우리 주변의 불편사항 조사하기

팀을 구성했다면 이제 본격적인 활동을 시작해 보자. 먼저 프로젝트 주제를 정해야 한다. 2.1절에서 튜터(교수자)는 "우리 학교의 시스템이나 캠퍼스에 소프트웨어 기술로 향상시킬 수 있는 아이디어를 제시해 보자"라는 과제를 던져 주었다. 제시되는 과제를 진행해도 좋지만, 독자들만의 팀 프로젝트 주제를 새롭게 정해 보기를 권한다.

다미는 팀원들과 함께 캠퍼스에 불편한 점을 생각해 보고, 직접 밖으로 나가 걸어 다니면서 찾아보기로 했다. 평소 불편했던 학생식당 시스템을 사진으로 찍어 보고, 셔틀버스를 타려고 길게 늘어선 학생들의 모습을 동영상에 담아 보기도 했다. 이렇게 돌아다녀 보니 평소 생각만 하고 지나친 것들이 다시 눈에 들어오기 시작한다.

다미

난 평소에 학교 셔틀버스가 너무 불편했어.
이용하는 학생수에 비해 버스 운행이 너무 비효율적인 것 같아.
항상 저렇게 줄을 길게 서서 기다려야 해. 다들 학교생활하며 어떤 점이 불편했니?

나훈

난 오히려 셔틀버스가 있어 편했어.
버스가 많아 대기 중인 상황도 많고, 긴 줄도 금세 줄어드는 편이었어.
내 경우엔 도서관 무인대출 기기가 사용하기 불편하다고 느꼈어.
사용법에 대한 설명도 없고, 시간도 오래 걸려.

가온

혹시 학교에서 '공간 대여'해 본 적이 있어?
난 캠퍼스 내 공간 대여 절차가 너무 번거롭다고 느꼈어.
어떻게 예약해야 하는지 알 수도 없고,
대여하는 공간에 따라 예약 사이트가 달라서 불편하더라고.
특히 스터디 목적이 아닌 활동 목적으로 공간을 대여하려면
비용이나 다른 부수적인 게 필요한데, 자세한 설명을 찾을 수 없었어.

여러분도 팀원들과 함께 캠퍼스 혹은 생활공간에서 쉽게 지나쳤던 불편한 점들을 찾아보자.

(a) 열람실 사용

(b) 이동수단

(c) PC실 사용

(d) 도서반납

[그림 2-6] 캠퍼스 조사 항목 예시

학습활동 2-3   **학교 캠퍼스에서 불편하다고 느낀 점 조사하기**   [문제분석 ★]

01 각 팀별로 캠퍼스를 돌아다니면서 평소에 불편하다고 느낀 점을 찾아보자. 그런 다음 조사한 내용을 보고서로 작성해 제출해 보자.

- 제출방식 : 워드(docx) 또는 아래 한글(hwp) 양식, 2쪽 이내

2.2.2 아이디어 도출 도구 활용하기

이제, 여러 아이디어 도출 도구 중 브레인스토밍, 브레인라이팅, 마인드맵이라는 대표적인 세 가지 도구를 소개하고자 한다. 팀별로 다양한 방법을 사용하여 아이디어 도출에 활용하면 좋을 것이다.

첫 번째 아이디어 도출 도구는 **브레인스토밍**(brainstorming)이다. 브레인스토밍이란 뇌에 폭풍을 일으킨다는 의미로, 문제의 해결방안을 머릿속에 떠오르는대로 제시하는 방법이다. 여러 명이 모여 아이디어를 구상할 때 자기 생각을 자유롭게 제시할 수 있어, 누구나 다 알고 있는 개념적인 의견부터 이해하기 어려운 의견이나 심지어 유치한 발상까지도 말할 수 있다. 이때 중요한 것이 있다. 부담 없는 대화를 거쳐 머릿속에서 나온 생각들이 획기적이고 창의적인 아이디어가 되고, 문제를 해결하는 접근 방법의 중요한 힌트로 나타난다는 점이다. 브레인스토밍을 할 때 다음 네 가지 기본 원리를 지키면서 진행하면 더욱 효과적이다.

> 첫째, 비판금지의 원리. 다른 팀원의 아이디어에 대해 비판하지 않는다.
>
> 둘째, 다양성의 원리. 가능한 많은 아이디어를 제시한다.
>
> 셋째, 독창성의 원리. 터무니없더라도 새롭고 창의적인 아이디어를 제시한다.
>
> 넷째, 결합의 원리. 팀원이 제시한 아이디어에 자기 생각을 추가하여 새로운 아이디어를 제시한다.

두 번째 아이디어 도출 도구는 **브레인라이팅**(brain writing)이다. 브레인라이팅은 자기 의견을 종이에 기록하면서 토론을 진행해 나가는 방식이다. 앞서 설명한 브레인스토밍은 자유롭게 의견을 나눌 수 있지만, 일부 학생(튜티)은 다른 사람에게 자기 의견 말하기를 어렵게 생각하거나 부담을 느낄 수 있다. 그뿐만 아니라 상대방을 배려해야 한다는 생각이 주제에 대한 자유로운 의견을 제시하는 데 방해하는 요인이 되기도 한다. 따라서 종이에 자기 의견을 써서 붙여 나가는 방식은 방해받지 않으면서 자유롭게 생각을 전달하고, 대화 중 놓칠 수 있는 작은 의견까지 다시 한번 확인할 수 있다는 장점이 있다.

세 번째는 아이디어 도출 도구는 **마인드맵**(mind map)이다. 아마도 브레인스토밍과 브레인라이팅보다 훨씬 자주 경험해 본 대표적인 아이디어 구상 방법일 것이다. 주제에 대한 중요한 사실이나 관련 개념을 연결시켜 그것들이 서로 어떻게 연관되어 있는가를 알아보는 방법이다. 흔히 마인드맵은 간단한 문자나 그림을 거미줄 모양으로 서로 연결해 나가며 표현하는데, 이러한 연결 과정을 통해 주제에 대해 끊임없이 연상할 수 있다. 이로써 아이디어 구상 방법뿐 아니라 논리적인 사고력을 높일 수 있고, 학습에 필요한 내용의 요점을 일목요연하게 시각적으로 보여 줄 수 있는 자료로 사용할 수 있다.

가온, 나훈, 다미, 라나는 학교 곳곳을 돌아다니며 캠퍼스 내 불편한 점을 찾아보았다. 그중 '도서관 대출 시스템'에 관하여 집중적으로 브레인스토밍을 해 보았다.

다미

도서관을 직접 가지 않고 책을 대출하는 시스템에 대해 생각해 보자.
우선, 터무니없는 아이디어라도 상상력을 마음껏 발휘해 보는 게 좋을 것 같아.
그 과정에서 독창적인 아이디어가 나온다고 배웠잖아.
아! 이런 아이디어는 어때? 학교 건물마다 와이어를 연결해서 책을 운반하는 거야.
내가 대출한 책이 실시간으로 이동하는 것도 볼 수 있고 재미있을 것 같아!

그 의견도 좋긴 한데, 만약 하늘로 이동한다면
와이어보다는 드론으로 운반하는 게 더 현실적이지 않을까?

나훈

다미

맞는 말이네. 요즘음 여러 곳에서 드론을 사용하던데.

최근에 드론의 활성화 때문에 사생활 보호가 안 된다는 이야기를 들었어.
그래서 법적 규제도 생긴다고 하더라고. 드론을 활용하려면 관련법도 알아봐야 할 것 같아.
내가 관련 법에 대해서 찾아볼게. 사람이 직접 운반하는 방법은 어때?
아니면 기차처럼 작은 레일을 설치해서 운반한다면 좋지 않을까?
레일이 생기면 도서관뿐 아니라 다른 부서에서도 사용할 수 있을 거야!

가온

라나

다들 아이디어가 많네. 정말 대단하다. 난 매일 학교를 별 생각 없이 다녔나 봐.
딱히 아이디어가 바로 떠오르지 않아.

라나야, 괜찮아. 천천히 생각해 봐.

가온

라나

음, 그럼, 있잖아. 우리가 매일 타는 셔틀버스를 이용하는 건 어때?
우리 학교 셔틀버스는 시간 간격이 일정하고, 모든 건물을 다 돌아다니잖아.
건물마다 대출된 책을 운반하는 수단으로 사용하면 좋을 것 같아. 아, 좀 이상한가?

셔틀버스 운반이라? 라나야, 아이디어 좋은데!
정류장마다 기기를 설치해서 셔틀버스에서 책을 꺼내 운반한다면?

다미

가온

그 부분은 내가 찾아볼게.
단순한 기기가 아니라,
AI 기술로 로봇이 책을 받아 운반한다면 괜찮지 않을까?

팀원들은 브레인스토밍 방식으로 주제에 대한 다양한 의견을 자유롭게 공유했다. 이처럼 브레인스토밍을 활용하면 주어진 문제에 대한 새롭고 독창적인 아이디어를 만들고 문제를 창의적으로 해결할 수 있다.

팀원들과 브레인스토밍을 진행해 보자.

| 학습활동 2-4 | 브레인스토밍 결과보고서 작성 | [문제분석 ★] |

01 평소 학교생활 중 불편하다고 느꼈던 점을 떠올려 보자. 다음의 예시를 참고하여 팀별로 브레인스토밍을 해 보고 보고서를 작성하자.

> - 식당/도서관/병원 등에서 학생들에게 편의를 줄 수 있는 기술에 무엇이 있을까?
> - 홈페이지나 각종 소프트웨어 시스템에서 부족하다고 느낀 점 중 개선할 점은 무엇인가?
> - 강의와 관련하여 불편하다고 느낀 점을 정보통신 기술로 해결할 수 없었는가?
> - 외부 방문자에게 편의성을 제공해 줄 정보통신 기술이 없는가?
> - 무선 랜을 쓸 수 있는 장소의 범위는 얼마나 되는가?
> - 홈페이지 등 학교 서버들은 어떻게 구성되어 있는가? 누구에게 이와 관련된 것을 물어야 할까?
> - 학교에 설치된 임베디드 시스템에는 어떤 것이 있을까?

캠퍼스의 문제점을 파악했다면, 이제 찾아낸 문제들에 대한 해결 방법을 강구해야 한다. 막막할 수도 있으니 실생활에서 이용되는 아이디어나 서비스를 캠퍼스에 특성화시킬 수 있을지 적용하여 생각해 보는 것도 좋은 방법이다. 다음의 몇 가지 사례연구를 참고해 팀별로 학습활동을 진행해 보자.

학습활동 2-5	사례연구하기	[문제분석 ★★]

01 각 팀별로 캠퍼스에 적용할 수 있는 사례연구를 찾아보고, 사례연구에서 제안된 내용을 캠퍼스에도 특성화할 수 있는 방법을 브레인스토밍해 보자.

- 여러 창의발명대회의 수상작 등을 살펴보고 사례연구를 해 보자.

[그림 2-7] 마이크로소프트가 매년 주관하는 이매진컵(http://imaginecup.microsoft.com)

- 캠퍼스에 적용할 만한 여러 가지 공공사업에 대해 조사해 보자.
  (예 : 스마트도시 해외 우수 사례 등)
- 레스토랑이나 공공장소에서 적용되고 있는 다양한 무인화 시스템에 대해 조사해 보자.
  (예 : 무인 레스토랑, 무인 마트 등)

전공 융합 사례에 대해서도 알아보자. 요즘 대학에서는 변화하는 시대에 발맞춰 한 가지 전공만 고집하기보다 여러 분야를 다양하게 접목시킨 융합전공 학과를 개설하고 있다. 우리 주변에도 다양한 전공과의 융합을 IT에 적용한 사례가 많다. 팀별로 학습활동을 통해 전공 융합 사례를 찾아보자.

학습활동 2-6	다양한 전공과의 IT 융합 사례 브레인스토밍	[문제해결 ★★]

01 다양한 전공과의 IT 융합 사례를 찾아보고, 해당 사례에서 제안된 내용을 캠퍼스에 특성화할 수 있는 방법에 대해 브레인스토밍해 보자.

- 식당 / IT와 의학의 융합 : 디지털 병원
- IT와 의류의 융합 : 스마트 의류
- IT와 농업의 융합 : 첨단 비닐하우스

주제에 대해 다양한 아이디어를 구상한 후 팀원들은 한 가지 고민에 빠졌다.

다미

얘들아, 우리 프로젝트 주제는 실현 가능성이 있어야 해!
지금까지 우린 주제에 대한 다양한 사례연구도 알아봤잖아.
이제는 프로젝트를 구체적으로 설계하기 전에
주제를 광범위하게 넓히지 않으면서 구체적이고 자세하게
설정하는 시간을 가져 보면 어때?

그래! 좋은 생각이야!
우리 프로젝트를 실제로 사용하면서 응용할 수도 있어야 하니까.

가온

나훈

그것도 좋긴한데, 그뿐만 아니라 주제의 방향성도 명확하게 설정해야 해.
프로젝트 중간에 좋은 아이디어가 나온다면 추가하거나 수정하면 되지만,
주제의 방향은 초반에 제대로 잡아야 프로젝트를 올바르게 진행할 수 있을 거야.

난 거기까지 생각해 보지 못했는데, 너희들 이야기를 들어 보니까
정말 그러는 게 좋을 것 같아.

라나

다미

프로젝트 주제에 대한 명확한 방향과 정확한 해결책을 기술하려면
어떻게 해야 할까?

2.3 프로젝트 주제 정하기

팀원들과 함께 정한 주제는 앞으로 진행할 팀 프로젝트가 된다. 그렇다면 여러분이 정한 팀 프로젝트의 주제가 실현 가능성이 있는지 고민해 봐야 한다. 지금까지는 정보를 수집하며 주제를 찾아봤다면, 이제 부터는 결정한 프로젝트 주제를 보다 자세하게 구성하고 방향을 명확하게 설정해야 한다. **필요성과 해결방안(Needs & Objective)**을 기술하여, 문제에 대한 해결 방법을 명확하게 정리해 보자.

2.3.1 개선의 필요성과 목표 정하기

필요성(Needs)은 문제 해결의 필요성을 간단명료하게 작성한 것으로, 이때 문제에 대한 해결책은 언급하지 않는다. 단지 주제에 대한 현재 문제점을 제기하고 설명하는 것이다. 즉, 팀 프로젝트 주제의 필요성을 의미한다. **해결방안(Objective)**은 앞서 필요성에서 언급한 문제의 해결을 위해 필요한 기술과 구체적인 방법을 설명하는 것으로, 프로젝트의 목표를 이루기 위한 솔루션을 담을 수 있다.

예를 들어 프로젝트 주제를 '야간 교내 조명 조절 시스템'으로 잡는다면, 필요성과 해결방안을 다음과 같이 기술할 수 있다.

❶ **필요성(Needs)** : 현재 우리 학교 캠퍼스는 가로등이 차도를 중심으로 밝히고 있어 야간에 이동하는 학생들의 편의와 에너지 절약에 기여하지 못하고 있다. 이에 학생들이 이동하는 경로를 따라서 가로등이 켜지는 야간 교내 조명 조절 시스템이 필요하다.

❷ **해결방안(Objective)** : NFC 태그를 이용한 본교 학생 인증시스템으로 본교 학생인지 판단하여 시스템을 시작할지 결정하고, 센서 조명등을 이용한 센서 감지를 이용하여 본교 학생이 야간에 교내를 이동할 때 해당 경로를 따라서 가로등 불이 켜지게 한다.

가온, 나훈, 다미, 라나는 여러 주제를 조사한 끝에 팀 프로젝트에 가장 적합해 보이는 '도서관 대출 시스템'을 주제로 프로젝트를 진행하기로 결정했다. 필요성과 해결방안을 도출하기 위해 다시 한번 모였다.

다미

프로젝트가 정해졌으니 이제 '필요성과 해결방안'에 대해 얘기해 보는 건 어때?
'필요성'에는 무엇이 있을 것 같니?
도서관 시스템의 문제를 떠올려 보면 도출하기 편할 거야.

당연히 중앙도서관이나 공대 도서관이 너무 멀다는 것 아니겠어?
도서관을 방문하지 않아도 빌린 책을 수령할 효율적인 방법이 있으면 좋을 텐데.
정문 가까이에 위치한 건물에서 책을 받아 보는 방법이 있지 않을까?

나훈

라나

좋은데! 나도 좀 더 생각해 볼게.

우선 '필요성'은 도서관 대출 시스템이 불편한 것이라고 정의해 볼 수 있을 것 같아.
이제 '해결방안'을 정해 보자.
기술을 활용해 어떻게 '필요성'을 해결할 수 있을까?

다미

가온

'해결방안'에 책을 가까운 캠퍼스 건물에서 수령할 수 있는 방법을 넣으면 좋겠어.
책을 효율적으로 운반하는 작업이 필요할 것 같아.
난 셔틀버스 정류장에 도서운반기기를 설치하는 건 어떨까 생각해 봤는데.
관련 기기에 관한 정보가 필요하면 내가 알아볼게!

아주 좋은 아이디어인걸?
도서관 대출 시스템을 통합적으로 이용할 수 있는
애플리케이션을 개발해 보면 어떨까?

다미

나훈

그렇다면 둘 다 활용하면 되는 거잖아!
소프트웨어적으로는 애플리케이션을 만들 수 있고,
하드웨어적으로는 책 운반을 위한 기기 설치가 있겠네.

가온, 나훈, 다미, 라나는 도서관 대출 시스템을 주제로 다음과 같이 필요성과 해결방안을 정리했다.

필요성(Needs)

현재 우리 학교의 도서관 시스템은 도서 수령에 다소 불편함이 있다. 캠퍼스 내 중앙도서관과 공대도서관까지 너무 거리가 멀다. 도서관을 직접 방문하여 대출도서를 수령하는 현 시스템은 비효율적이고 불편하다. 그러한 이유로 도서 대출 시 도서관을 방문하지 않고 정문 가까이 위치한 건물에서도 도서를 수령할 수 있는 시스템을 구축해야 한다.

해결방안(Objective)

하드웨어와 소프트웨어 두 측면에서의 해결책이 필요하다. 하드웨어적으로는, 학생이 본인과 가까운 건물에서 수령할 수 있게 책이 운반돼야 한다. 또 도서관이 아닌 건물에서도 도서를 보관해 주는 기기가 필요하다. 소프트웨어적으로는, 애플리케이션을 개발하여 도서관 사서와 사용자가 도서를 더 편리하게 대출하고 관리할 수 있도록 하는 것이 중요하다. 사용자가 도서 대출 시 '도서관 수령'과 '가까운 건물 수령' 중에서 선택할 수 있어야 한다. 또 사서가 타 건물에 위치한 도서를 쉽게 관리할 수 있도록 앱으로 도서의 위치와 수량 등을 한눈에 확인할 수 있어야 한다.

이처럼 **필요성과 해결방안**을 기술하면, 팀 프로젝트 진행에 보다 정확한 해결책을 제시할 수 있도록 도와준다. 두 용어에 대해 더 자세히 찾아보고, 정의를 내려 보자.

학습활동 2-7   **필요성과 해결방안의 정의 알아보기**   [문제탐색 ★]

01 팀별로 필요성과 해결방안의 개념을 정확하게 구분하여 작성해 보자.

이와 같이, 필요성과 해결방안을 기술하여 다양한 문제와 해결방안을 찾아보았다면, 지금까지 여러분이 결정한 팀 프로젝트 주제를 정리해 보자. 아직까지 해결방안에 대한 뚜렷한 방향성에 대해 감을 잡지 못했다면 다음과 같이 웹상에서 자주 언급되는 소프트웨어 기술 및 전문 용어의 의미를 찾아보는 것으로 시작해 보면 좋다. 물론 다음의 용어들은 출발점이 될 뿐으로, 각 프로젝트의 해결방안이 될 수 있는 기술들은 좀 더 광범위하고 깊게, 광대한 웹의 여러 곳을 살펴보고 찾아보아야 할 것이다.

[표 2-1] 소프트웨어 기술 종류

분류	용어
데이터 처리 기술	자연언어처리(Natural Language Processing : NLP), 텍스트마이닝(Text Mining), 빅데이터(Big Data), 웹스크래핑(Web Scraping), 웹크롤링(Web Crawling), 맵리듀스(Map reduce), 엠비언트 컴퓨팅(Ambient computing), 오피니언 마이닝(Opinion Mining), 데이터 마이닝(Data Mining), OLAP(On-line Analytical Processing), 데이터배기가스, 스마트팩토리, 스토리지(빅데이터 관리), 센싱(센서를 통한 데이터 수집), RSS(Really Simple Syndication or Rich Site Summary), Open API(Open Application Program Interface), ETL(Extraction, Transformation, Loading), 유용한 데이터 셋 소개(Kaggle Dataset, Google Dataset, AI Hub 외 공공포털 사이트), 문화 콘텐츠 사업에서의 빅데이터 처리 기술 사례연구(Netflix, Apple TV+, Prime Video 외 택일)
네트워크	서버 컴퓨터와 일반 컴퓨터의 차이, 서버 컴퓨터의 종류, IoT(Internet of Things), IoE(Internet of Everything), 클라우드, WoT(Web of Things), O2O(Online to Offline), 5G(5G Networks), 비콘(Beacon), RFID, 신경망 네트워크 또는 인공신경망(artificial neural network), 스토리지 에리어 네트워크(데이터 저장장치를 서버와 연결), 스케일아웃(서버 수 증가), 네트워크 장비의 종류(허브, 리피터, 브리지, 라우터, 게이트웨이), 최신 네트워크 보안 기술, DDOS(Distributed Denial of Service)
생체	게놈프로젝트, 바이오프린팅(Bio-printing), 3D 안면인식, 홍채인식, 생체모방기술(Biomimetics), 바이오메트릭스(Biometrics), 지문인식, 정맥인식, 얼굴인식, 음성인식, 행동인식, 챗봇(Chatbot), QR 코드, HCI(Human Computer Interaction)
제품	드론(Drone), 3D 프린터(3D printing), 로봇(Robot), 신소재, 자율주행차(Autonomous driving car), 전자문신(Electronic tattoo), 디지털 DIY, IBM왓슨, ChatGPT, Bard, 스마트헬스케어, U헬스케어(Ubiquitous Health Care), V2X(Vehicle to everything), 홈오토메이션(Home Automation), 센싱(Sensing), 스마트도시(SmartCity), 핀테크(Fintech), 스마트팜, 스마트다이닝, CPS(Cyber Physical Systems), 마이크로그리드(Microgrid), RFID(Radio Frequency Identification), 그린테크놀리지(Green technology), 메이커스 운동, 알파고(AlphaGo), 사이버전쟁, Up-cycle(제품 재탄생), 오프쇼어링(사업 일부를 외국기업에 맡겨 처리), 옴니채널(쇼핑채널 유기적 연결), 유비쿼터스(정보통신서비스 활용), 인터넷 0원칙(다수 피해 방지 원칙), 무인 매장 기술(Amazon Go 특허 기술 조사 외), IT 기반 재난재해 예방 해외사례, Starlink
일반 센서 관련 기술	센서의 종류와 특징, 특정 센서의 원리 조사(기계식 센서, 근접센서, 광전센서, 시스템형 센서 등), 특정 기기의 센서 사례 연구(휴대폰, 자동차, 항공기 등), 스마트센서, 체내삽입센서, 위치센서, GPS, 체내 삽입형 기기
딥러닝 관련 기술 외	인공지능(AI), 딥러닝(Deep Learning), CNN(합성곱신경망), RNN(순환신경망), GAN(Generative Adversial Network), 워드임베딩(Word Embedding), Word2Vec, Bert 임베딩, Elmo 임베딩
기타	가상현실(Vertual Reality : VR), 증강현실(Augmented Reality : AR) 또는 혼합현실(Mixed Reality : MR), 머신러닝(Machine learning), 메타버스(Metaverse), 뉴로모픽 컴퓨팅(Neuromophic computing), 블록체인(Block chain), 비트코인(Bitcoin), 온디맨드(On-Demand), 가상화폐, 특정 영화에서 쓰인 가상세계 관련 기술 사례연구(기술을 중심으로)

가온, 나훈, 다미, 라나의 필요성(Needs)과 해결방안(Objective) 기술 [문제탐색 ★★]

01 다음의 가온, 나훈, 다미, 라나의 아이디어를 참고하여 여러분의 팀 프로젝트를 기술해 보자.

[아이디어 모음]

다른 팀의 주제를 들어 보는 것도 많은 도움이 된다. 가온, 나훈, 다미, 라나가 여러 가지 주제로 브레인스토밍한 메모를 참고하면서, 여러분의 새로운 팀 프로젝트를 기술해 보기 바란다.

학습활동 2-9 **프로젝트 주제 확정하기** [문제해결 ★★]

01 각 팀별로 진행할 팀 프로젝트를 확정하고, 프로젝트의 제목과 함께 간단한 설명(150자 이상)을 다음과 같이 기술해 보자.

- 필요성과 해결방안(Needs & Objective)으로 나눠 기술할 것
- 간단한 시나리오(Scenario)를 기술할 것
- 기존 시스템에서 특성화할 수 있는 방안을 브레인스토밍할 것

2.3.2 프로젝트 초안 발표하기

팀 프로젝트의 주제가 결정됐고 필요성과 해결방안도 도출했다면, 현 시점에서 각 팀별 초안 발표를 진행해 보자. 지금까지의 아이디어와 계획을 정리할 수 있고, 좀 더 객관적으로 보는 계기가 될 것이다. 더불어 다른 팀의 발표를 들으며 생각하지 못한 아이디어를 떠올리거나 주제를 확장해 나갈 수 있다. 다음의 [학습활동]을 활용하면 좀 더 쉽게 발표안을 정리할 수 있을 것이다.

튜터

팀별로 프로젝트의 주제에 대해 간단히 발표하는 시간을 가지면,
학습자(튜티) 모두에게 더욱 효과적입니다.
팀 대표가 조 이름과 프로젝트 주제, 주제 선정 이유에 대해 간단히 발표해 보세요.
예 "우리 팀은 ○○○조이며, 프로젝트 주제는 ~입니다.
　　 프로젝트 주제를 선정한 이유는 ~입니다."

학습활동 2-10 | **팀 프로젝트 초안(기초 조사) 발표하기** [문제탐색 ★]

01 각 팀(또는 개인)은 확정된 주제에 관한 간단한 설명과 해당 주제에 관한 기초 조사를 발표해 보자.

> • 팀별로 1~2분 발표, PPT 3장 분량(또는 A4 2페이지 분량의 보고서)

팀별 발표 시 '어떤 주제를 선정했는지, 왜 선택하게 됐는지' 등을 이야기하기 위해 다음 [학습활동 2-11]의 양식을 채워 보자.

01 다양한 컴퓨터공학 기술을 응용하여 일상생활의 불편함을 해소하거나 최소화할 수 있는 대안을 제시하라. 이를 위해 일상생활에서 어떤 불편함을 인지했고, 이를 해결할 수 있는 방법이 무엇인지 발표해 보자.

- 팀명

- 프로젝트 주제

- 프로젝트 주제 선정 이유(계기)

- 팀 프로젝트에서 맡게 된 역할

- 팀 주제에 대해 각자 생각하는 해결방안

- 각자가 생각하는 불편함

- 그 외 작성하고 싶은 내용이나, 팀 회의할 때 필요한 내용 메모

2장에서는 프로젝트를 함께 진행할 팀원을 구성하고, 브레인스토밍을 통해 프로젝트 주제를 선정했다. 이제 프로젝트의 기본이 되는 틀이 구성됐다. 이 프로젝트는 팀 구성원이 브레인스토밍과 문제중심학습 방식을 통해 서로의 아이디어를 공유하며 발전해 나가는 것을 목표로 한다. 따라서 구성원들의 의견을 절충하면서 프로젝트 진행 방향과 계획을 잘 구성해야 한다. 팀원들과 프로젝트 주제에 알맞은 계획과 방법, 도구들을 사용하여 올바른 방향으로 프로젝트를 진행해 보자.

문제중심학습으로
프로젝트 설계하기

3장에서는 2장에서 정한 프로젝트 주제를 소프트웨어로 개발하기 위해 알아야 할 '소프트웨어 개발 생명주기 7단계'와 '세 가지 소프트웨어 개발 프로세스 모델'을 학습할 것이다. 또 '페르소나 기법'으로 가상의 인물을 만들어 해당 아이디어나 프로젝트에 대한 목적, 동기, 불편한 점 등을 작성하고 발표해 보는 실습도 진행할 것이다.

아직 프로그래밍을 잘 모르더라도, 전반적인 소프트웨어 개발 절차에 대한 시야를 키울 수 있는 장이기 때문에 프로젝트 아이디어들을 하나의 소프트웨어로 만들 수 있는 능력을 기를 수 있을 것이다. 기초 프로그래밍만 하면서 좁은 시야에 갇혀 나무만 바라보기보다 소프트웨어 프로젝트를 이해하면서 좀 더 높은 곳에서 숲을 바라보길 바란다.

3.1 소프트웨어 개발 생명주기 작성하기

2장에서는 프로젝트를 함께 해결해 나갈 팀을 구성했다. 또 팀별 프로젝트의 주제를 찾아보고, 브레인스토밍을 활용하여 팀원들과 다양한 아이디어를 공유하는 시간을 가졌다. 팀 프로젝트의 주제를 선정한 가온, 나훈, 다미, 라나는 이제 주제를 어떻게 표현해야 할지 막막하다. 주제를 시각화하기 위해 어떻게 접근해야 하는지, 코딩을 하지 않고 어떻게 표현할 수 있는지 감이 잡히지 않는다.

튜터

자, 여러분 지난 시간까지 팀원들과 아이디어 회의를 진행해 봤죠?
각 팀의 아이디어 회의록을 보니까 독특하고 재미있는 아이디어를 많이 제시해 주었어요.
정말 잘하고 있습니다!

프로젝트 주제와 아이디어를 정했지만,
이렇게 정해진 것들을 앞으로 어떻게 표현해야 할지 막막해요.
어떤 순서로 프로젝트를 진행해야 할지도요.
예시를 찾아보기도 했지만 여전히 잘 모르겠어요.

가온

다미

몇 가지 알아봤는데,
'소프트웨어 개발 생명주기'나 '프로토타이핑'으로 우리 팀의 주제를 표현한다면,
지금보다는 체계적이고 구체적인 프로젝트가 만들어질 것 같아요.

소프트웨어 개발 생명주기? 프로토타이핑?
그게 뭐지? 나는 처음 들어보는걸.

라나

튜터

다미 학생이 많이 검색해 봤군요.
그래서 오늘은 소프트웨어 개발 생명주기에 대해 배우면서,
각 팀의 주제를 프로토타이핑 디자인으로 표현해 볼 예정이에요.

3.1.1 소프트웨어 개발 생명주기 7단계

디자인 프로세스란 디자인 프로젝트의 출발부터 완성된 디자인 결과를 만들어 내기까지 관련된 모든 활동을 단계별로 그린 설계도라고 할 수 있다. 그뿐만 아니라 기업 측면에서 본다면, 제품이나 서비스를 새롭게 창조하고 소비자들과 커뮤니케이션하는 과정과 관리를 디자인하는 일도 넓은 의미의 디자인 프로세스라고 정의할 수 있다. 디자인 프로세스는 제품 또는 서비스를 개발하는 과정에서 크게 문제 정의, 아이디어 도출, 프로토타이핑, 검증, 디자인 제작, 테스트, 출시 및 유지보수 단계로 구성된다.

디자인 프로세스는 크게 3단계 과정으로 나눌 수 있다. 첫 번째는 **계획** 단계이다. 아이디어 개발부터 시장 분석, 경쟁 분석, 제품 분석 등과 전략과 디자인 브리프 등을 계획한다. 두 번째는 **개발** 단계이다. 디자인의 콘셉트를 정하고 실행 가능한 구체적인 디자인을 개발하며 시장성과 기술 실험을 실시한다. 세 번째 단계에서는 **마케팅 계획과 시장 점검, 생산 공정 점검** 등을 실시한다. 이러한 3단계 과정을 통해 실패의 위험 요소를 최소화하며 성공적인 디자인 프로세스를 관리할 수 있다.

반면, **소프트웨어 개발 생명주기**는 소프트웨어를 개발하는 데 사용되는 일련의 단계를 의미한다. 일반적으로 요구 분석, 계획, 설계, 개발, 테스트, 배포 및 유지보수 단계로 구성된다. 두 개념 간에는 일부 공통점이 있지만, 주요한 차이점은 소프트웨어 개발 생명주기가 소프트웨어에 특화된 단계를 포함하고, 디자인 프로세스는 제품 및 서비스 디자인에 특화된 단계를 포함한다는 것이다.

소프트웨어 개발에서 디자인 프로세스의 개념과 요소는 중요하다. 소프트웨어의 사용자 경험(UX), 사용자 인터페이스(UI), 시각적 디자인 및 기타 디자인 요소는 모두 소프트웨어 개발 생명주기의 여러 단계에서 고려되어야 하기 때문이다.

💡 UX 디자인과 UI 디자인의 차이

TIP

- **사용자 경험 디자인**(User Experience design : UX design)

  사용자가 어떤 제품, 시스템, 서비스 등을 직접적 혹은 간접적으로 이용하면서 느끼는 반응과 행동들과 같은 경험을 총체적으로 설계하는 것(내용, 구성)

- **사용자 인터페이스 디자인**(User Interface design : UI design)

  사용자가 제품을 어떤 방식으로 이용하게 만드는지를 디자인(레이아웃, 구조, 색상, 모양)

[그림 3-7] UX 디자인과 UI 디자인(https://pin.it/76bKBo3 ©Wassai Estudio Creativo)

2장에서 프로젝트 아이디어를 정했다면, 이제는 소프트웨어 개발 생명주기와 프로토타이핑을 사용하여 프로젝트를 구체화해 보자. 디자인 프로세스와 프로토타이핑을 반드시 알아야 할 필요는 없지만, 알아두면 인터넷이나 응용 소프트웨어(Application Software)를 활용해 프로젝트와 연동할 때 큰 도움이 될 것이다.

> 💬 **TIP** **응용 소프트웨어**란, 운영체제에서 실행되는 모든 소프트웨어를 말합니다. **애플리케이션**이라고도 하죠. 이러한 응용 소프트웨어와 인터넷을 활용하여 프로젝트와 연동한다면, 프로젝트를 효과적으로 구성하고 표현할 수 있습니다.

소프트웨어 개발 생명주기는 시스템의 개발부터 유지 보수, 폐기까지 어떠한 작업이 이루어지는지 단계별로 정리한 것이다. 전체 과정에 대한 구조화된 프레임워크를 제공하기 때문에, 각 단계에 맞춰 개발 과정을 문서화하면 프로젝트 관리에 용이하다. 소프트웨어 개발 생명주기는 계획, 요구분석, 설계, 구현, 테스트, 유지보수, 폐기의 7단계를 가진다. 소프트웨어의 요구사항 충족, 개발 절차 관리, 품질향상, 효율성, 안전성, 생산성 증대를 위해 반드시 필요한 과정이라고 할 수 있다.

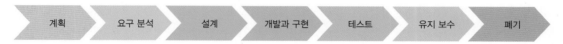

[그림 3-1] **소프트웨어 개발 생명주기 7단계**

1. **계획** : 프로젝트를 수행하는 데 필요한 것들을 계획하는 단계이다. 사용자의 요구사항을 수집하고, 수집한 요구사항들이 실현 가능한지, 합리적인지를 판단하여 프로젝트의 진행 및 수행 가능 여부를 결정한다.

2. **요구 분석** : 고객들의 요구사항을 식별하고, 상세화하고, 요구사항의 우선순위를 지정하는 단계이다. 요구사항을 식별하고 상세화한다는 것은 다양한 요구사항 가운데 기능적 요구사항과 비기능적 요구사항을 구분한다는 것을 의미한다.

   ❶ 기능적 요구 사항은 말 그대로 사용자가 원하는 기능을 말한다. 사용자는 그 기능을 시스템을 통해 제공받기를 원하며, 시스템은 사용자에게 필요한 기능을 제공해 주어야 한다. 이를 위해서는 사용자의 요구를 빠진 것 없이 정확하게 도출하고, 도출된 기능을 요구 분석 명세서에 완전하고 일관성 있게 표현해야 하며, 시스템에도 전부 반영하여 사용자에게 확실하게 제공해야 한다. 예를 들어, 쇼핑몰 시스템에서는 장바구니 기능, 다양한 결제수단(신용카드 결제, 무통장 입금 등) 선택 기능이 가능해야 한다는 것이 이에 해당할 수 있다.

   ❷ 기능적 요구 사항이 소프트웨어가 제공하는 기능이라면, 비기능적 요구 사항은 수행 가능한 환경, 품질, 제약 사항을 가리킨다. 예를 들어 시스템은 24시간 가동되어야 하며, 프로그램 동작상 특정 함수 호출은 3초 초과 금지, 주기적인 업그레이드 등이 있다.

3. **설계** : 이는 요구사항들을 준수할 수 있는 소프트웨어를 설계하는 단계이다. 설계 디자인은 프로토타이핑으로 할 수 있는데, 이후 더 자세히 살펴볼 것이다.

4. **개발과 구현** : 앞서 정리한 요구사항들과 소프트웨어적 요소를 활용하여 설계한 것을 바탕으로 개발하고 실행시켜 보는 단계이다.

5. **테스트** : 구체화된 내용이 제대로 기술됐는지 확인하고, 잘 동작하는지 검증하고, 고객이 원하는 대로 개발됐는지를 확인하는 단계이다.

6. **유지 보수** : 테스트 단계에서 발견하지 못한 오류나 버그를 수정하고, 새로운 요구사항에 맞춰서 시스템을 수정하는 단계이다.

7. **폐기** : 소프트웨어 기간이 만료됐거나, 수명이 끝나는 경우 또는 사업성 결여로 요소가 변경되고 철수되는 경우 폐기하는 단계이다.

3.1.2 소프트웨어 개발 생명주기 작성하기

바로 앞에서 소프트웨어 개발 생명주기에 대해 배웠다. 프로세스를 7단계로 나누고 각 단계를 설계하는 부분에서 다소 어려움을 느낄 수 있다. 이번에는 팀별 아이디어를 활용하여 소프트웨어 개발 생명주기 7단계를 구성해 보는 실습을 진행하려 한다. 다음 대화를 살펴보자.

튜터

소프트웨어 개발 생명주기에 대해 감이 잡혔나요?
이제 팀 회의에서 나온 아이디어를 바탕으로 소프트웨어 개발 생명주기 7단계 설계를 해 볼까요?
팀별로 다음의 예시를 참고해 종이나 컴퓨터에 작성해 봅시다.
여러분이 작성하는 동안 저는 각 팀을 방문해 볼게요.
어렵거나 막막한 부분이 있다면 자유롭게 질문해 주세요.

네, 팀원들과 함께하면 쉬울 것 같아요!

가온

– 조금 시간이 흐른 뒤 –

튜터

어떤가요? 예시를 보면서 단계별로 작성하니 그리 어렵지 않았죠?
각 팀에 방문했는데, 모두들 아주 잘해 주었어요.

네, 처음엔 조금 걱정했는데 막상 해 보니까 쉬워요!
프로젝트를 효율적으로 설계할 수 있으니 편리하고요.

다미

01 2장의 활동을 통해 정한 주제를 가지고, 소프트웨어 개발 생명주기 7단계를 작성해 보자. 각 팀의 주제에 맞게 구체적으로 작성하자.

이렇게 소프트웨어 개발의 생명주기 7단계를 직접 프로젝트에 맞게 작성하는 연습을 해 보았다. 처음에는 어려울 수도 있지만, 몇 번 연습하다 보면 이후에는 크게 어렵지 않을 것이다.

3.2 페르소나 설정하기

페르소나란 어떤 제품이나 서비스를 사용할 만한 사용자 유형을 대표하는 가상의 인물을 말한다. 가상의 인물에 대해 연령, 성별, 직업, 취미, 성격, 좋아하는 것과 싫어하는 것 등을 설정하여 묘사해 보고, 사용자를 특정 집단으로 한정시킴으로써 그들의 요구사항을 이해하는 데 도움을 준다.

목표 & 동기부여	페르소나		문제점
목표 & 동기부여 1	이민호	**프로필** • 나이: 26 • 성별: 남성 • 직업: 대학원생	문제점 1
목표 & 동기부여 2			문제점 2
목표 & 동기부여 3			문제점 3
목표 & 동기부여 4			문제점 4
목표 & 동기부여 5			문제점 5

[그림 3-2] 페르소나로 설정된 '이민호'

예를 들어, 카페 고객으로 페르소나 기법을 적용해 보자. 먼저 배경 정보를 부여한다. 나이, 성별, 직업, 장소 등을 설정하면 된다. 나이의 범위는 19~49세, 성별은 남성과 여성 50:50 비율, 직업은 학생과 교수로 가정한다.

이어서 각각의 **페르소나 서사(narrative)**를 준비한다. 페르소나가 카페에 가는 동기와 목적, 그가 가진 카페에 대한 불만사항 등을 구상한다. 이용 동기로는 라떼 맛이 좋아서, 카페 위치가 좋아서, 음료 양이 많아서 등이 있다. 불만사항으로는 파니니를 주문했는데 주문이 들어가지 않아 오랫동안 기다렸던 경험, 음료가 너무 연했던 점, 공기가 탁하고 소음이 커서 환경이 불편했던 점 등이 있다. 이 설정들을 구체화하여 다음과 같이 '이민호'라는 대학원생을 설정해 보았다.

(1) 프로필 : 그는 방해 없이 조용히 공부하고 책을 읽을 수 있는 장소가 필요한 대학원생이다. 캠퍼스 내에서 대부분의 시간을 보내고 커피를 매우 좋아하기 때문에 카페의 이상적인 고객이다. 빠르고 제대로 된 서비스를 받기 원하며, 스마트폰으로 온라인 주문을 하기 원한다. 직원들이 방해하는 것을 싫어하고, 질 좋고 카페인 함유량이 높은 커피로 동기부여가 된다.

(2) 동기부여 : 질 좋고 카페인 함유량이 높은 커피, 공부하기 좋은 조용한 분위기, 캠퍼스와 가까운 위치

(3) 불만사항 : 커피를 사기 위해 오래 기다리는 것, 공부하기 바쁜데 카페 직원에게 방해받는 것, 카페인이 충분히 강하지 않아 공부하다 잠이 오는 것

(4) 목적 : 양질의 커피를 고르기 위해 커피에 대한 충분한 설명이 필요하고, 메뉴와 오늘의 메뉴를 빨리 찾고자 하며, 스마트폰을 이용해 주문하려고 한다.

이처럼 페르소나 기법을 사용하면 고객의 입장, 즉 사용자의 입장에서 우리가 진행하는 소프트웨어 프로젝트 같은 특정 시스템을 바라볼 수 있게 한다. 이렇게 만든 자료는 사용자에게 최적의 경험을 제공하는 시스템 디자인을 위한 중요한 기초자료로 활용할 수 있고 시사점도 제공한다.

이제부터 카페 고객들의 요구사항을 분석하여 카페 웹사이트 메인 화면을 작성하고, 이를 바탕으로 각자의 프로젝트에 맞는 페르소나까지 설계해 보자.

학습활동 3-2   **카페 웹사이트 메인 화면 작성하기**   [문제분석 ★★]

01 학교 캠퍼스 내 카페 사장이 여러분에게 웹사이트 디자인을 의뢰했다. 이 카페는 음료, 샌드위치, 디저트를 판매하고 있고, 주 고객은 학생들과 교수다. 그들은 카페에서 휴식을 취하고 대화를 나눈다. 카페 사장은 이러한 타깃층을 지속적으로 유지, 관리하기 위해 새 웹사이트를 제작하려고 한다. 현재 상태를 파악한 후 타깃층에 따른 요구사항을 참고하여 카페 웹사이트 메인 화면에 노출돼야 할 요소들을 구분하여 작성해 보자.

> **타깃층 1. 요구사항**
> - 방해 없이 조용히 공부하고 책을 읽을 수 있는 장소
> - 질 좋고 카페인 함유량이 높은 커피
> - 빠르고 정확한 서비스
> - 스마트폰으로 주문 가능(메뉴를 빨리 찾고자 함)
> - 커피에 대한 충분한 설명

타깃층 2. 요구사항

- 친구들과 만날 편한 장소가 필요(휴식과 수다)
- 저렴하고, 양 많고, 다양한 메뉴 제공
- 가격을 한눈에 보기 쉽게 정리한 메뉴
- 할인 혜택(쿠폰)
- 음료와 음식에 대한 풍부한 설명

타깃층 3. 요구사항

- 질 좋은 커피
- 샌드위치와 디저트의 현재 재고수량 확인
- 빈자리 확인 가능

- 적용해야 할 요구사항 :

- 메인화면에 노출돼야 할 요소 :

학습활동 3-3　　**페르소나 작성하기**　　　　　　　　　　　　[문제해결 ★★]

01 페르소나 기법을 이해한 뒤 페르소나의 이름, 성격, 특성 등을 자유롭게 생각해 보고, 각 팀의 프로젝트에 해당하는 페르소나를 구체적으로 작성해 보자.

3.3 소프트웨어 개발 프로세스 모델 선정하기

소프트웨어 설계에 기본이 되는 소프트웨어 개발 생명주기 7단계를 잘 이해했다면, 이제 이를 잘 표현할 수 있는 기본적이고 대표적인 소프트웨어 개발 프로세스 모델 세 가지를 살펴볼 것이다. 소프트웨어 개발 프로세스 모델은 소프트웨어 개발 생명주기를 기반으로 각 단계를 일련의 순서로 연결하여 소프트웨어 개발 프로세스를 정의한 것이다. 소프트웨어 개발 프로세스 모델에는 폭포수 모델과 애자일 모델, 프로토타이핑 모델, 나선형 모델 등 여러 가지가 있다. 이 절에서 설명하는 각 모델의 특징을 살펴보고, 어떤 모델 사용했을 때 팀 프로젝트에 해당하는 소프트웨어 개발에 유리할지 생각해 보자. 모델 명칭은 다소 어려울 수 있으나, 설명을 보면 쉽게 이해할 수 있다.

3.3.1 폭포수 모델

첫 번째 모델은 **폭포수 모델**(waterfall model)이다. 폭포수 모델은 위에서 아래로 순차적으로 진행하고, 각 단계마다 확실하게 마무리한 뒤 다음 단계로 이동해야 하는 모델이다. 요구사항이 명확한 경우나, 기술적 위험이 낮은 경우, 유사한 프로젝트 경험이 있는 경우에 사용 가능하다. 폭포수 모델의 장점과 단점은 [표 3-1]과 같다.

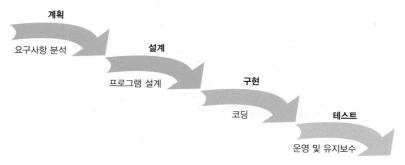

[그림 3-3] **폭포수 모델 모형**

[표 3-1] 폭포수 모델의 장점과 단점

폭포수 모델의 장점	폭포수 모델의 단점
단계별 진척 관리가 용이	소프트웨어 거대화
단계별로 명확한 산출물	요구사항의 구체적 정의가 어려움
전체 과정 이해 용이	후반 문제에 대한 대처가 어려움

3.3.2 애자일 모델

애자일 모델(agile model)은 빠른 변화와 불확실성이 특징인 프로젝트 환경에서 효과적으로 작업을 수행하기 위해 개발되었다. 개발하고자 하는 기능을 작은 단위로 나누어 작업하고, 짧은 개발 주기를 통해 지속적인 개선과 반영을 가능하게 한다. 따라서 애자일 모델은 소프트웨어 개발 방법에 있어 아무런 계획이 없는 개발 방법과 계획이 지나치게 많은 개발 방법들의 단점들을 해결할 수 있다.

[그림 3-4] 애자일 모델 모형

[표 3-2] 애자일 모델의 장점과 단점

장점	단점
새로운 요구 사항에 적극적으로 대응 가능	자신이 담당할 역할에 대한 높은 기술력 필요
높은 속도의 개발 가능	시간 예측이 어려움
적극적인 고객 참여로 인한 높은 고객 만족도	높은 테스트 비용

■ 폭포수 모델과 애자일 모델 비교

흔히 소프트웨어 개발을 할 경우 [그림 3-3]과 같이 단계별로 진행된다. 폭포수가 위에서 아래로 떨어지듯이 한번에 진행되어 '폭포수 모델'이라고 불리는 이러한 전통적인 방식은, 완벽하게 계획을 세우고 꼼꼼하게 설계를 진행해야 한다. 완벽히 계획이 설계됐다면 그 후에 소프트웨어를 만들기 시작한다. 즉, 한 단계가 완벽하게 끝나야 다음 단계로 넘어 갈 수 있다. 팀 프로젝트를 폭포수 모델과 같이 진행한다면 처음부터 완벽한 분석과 설계를 해야 한다. 또 중간에 더 좋은 아이디어가 생겨도 처음부터 다시 설계해야 하는 문제가 생기고, 결국 프로젝트 전반에 큰 차질이 발생한다. 소프트웨어 초보자들이 이렇게 하면 무척이나 어려울 것이다.

반면, [그림 3-4]는 '애자일 모델'이다. 이 순환형 방식을 활용하면, 프로젝트를 진행할 때 팀 회의에 많은 시간을 쓸 수 있다. 이 과정에서 새로운 아이디어나 수정할 부분이 생기면 곧바로 변경하고 다시 반복해서 진행할 수 있다. 새로운 요구사항을 즉각적으로 반영할 수 있는 이러한 순환 반복형은 팀 프로젝트 주제 선정에 큰 도움이 될 뿐만 아니라, 이후에 알아볼 가시화 도구인 UML로 소프트웨어를 설계할 때 그 위력이 발휘된다. 애자일 모델 방식은, 무언가 실수하거나 생각이 바뀌어서 설계를 변경할 때도 비교적 용이하게 일을 처리할 수 있다는 장점이 있다.

지금까지 소프트웨어 개발 프로세스 모델 두 가지를 살펴보았다. 개념을 다시 한번 읽어보고, 인터넷을 활용하여 직접 사례나 활용 등을 찾아보고 그 내용들을 정리하여 다음의 [학습활동]에 적어 보자.

학습활동 3-4	폭포수 모델 조사하기	[문제탐색 ★]

01 폭포수 모델의 개념과 모형을 이해했다면, 인터넷을 활용하여 직접 사례나 활용 분야를 찾아보고, 그에 해당되는 설명을 작성해 보자.

- 폭포수 모델 사례 :

- 폭포수 모델의 활용 분야 :

01 폭포수 모델의 모형을 그리는 방법을 인터넷으로 찾아보고, 팀에서 선정한 주제에 맞게 폭포수 모델의 모형을 작성해 보자.

01 애자일 모델의 개념과 모형을 이해했다면, 인터넷을 활용하여 직접 사례나 활용 분야를 찾아보고 그의 해당되는 설명을 작성해 보자.

- 애자일 모델의 개념 :

- 애자일 모델 사례 :

- 애자일 모델의 활용 분야 :

01 애자일 모델의 모형을 그리는 방법을 인터넷으로 찾아보고, 팀에서 선정한 주제에 맞게 애자일 모델의 모형을 작성해 보자.

3.3.3 프로토타이핑 모델

세 번째 소프트웨어 개발 프로세스 모델은 **프로토타이핑 모델**(prototyping model)이다. 이는 고객과의 원활한 의사소통을 통한 모델이며, 고객의 요구사항에 대한 충분한 분석과 핵심 기능을 파악하여 완성품의 예측이 가능하다. 다시 말해, 정식 절차에 따라 완전한 소프트웨어를 만들기 전에 고객의 요구를 기반으로 빠른 UI/UX 개선을 위한 프로토타입을 만들고, 이 프로토타입을 고객과의 의사소통 도구로 사용하는 것이다. 프로토타이핑 모델의 장점과 단점은 [표 3-3]과 같다.

[표 3-3] **프로토타이핑 모델의 장점과 단점**

장점	단점
요구사항 도출 용이	폐기할 때 비용 부담
시스템의 이해 및 의사소통 원활	일회용

프로토타이핑 모델은 시제품이라고도 불리며, 이 모델을 사용함으로써 수많은 아이디어를 구체화할 수 있고, 사용자에게 테스트를 할 수도 있다. 프로토타이핑을 만드는 방법에는 아날로그와 디지털이 있다.

아날로그 프로토타이핑 방법은 종이, 카드, 접착제, 전극 및 나무와 같은 기초적인 재료를 사용하여 손으로 직접 프로토타입을 만드는 것이다. 이 방법은 아주 빠르게 제작할 수 있으며 개발자와 디자이너가 빠르게 아이디어를 시각화하고 팀 간에 공유할 수 있다.

아날로그 프로토타이핑은 매우 낮은 비용으로 제작이 가능하며 수정과 개선이 용이하다. 그러나 실제 제품과 다른 모양과 크기일 수 있고, 기능적으로 테스트하기 어렵다. 페이퍼 프로토타이핑은 저비용이고 빠르게 구현 가능한 아날로그 프로토타입에 속하며, 주로 초기 디자인 단계에서 아이디어를 시각적으로 표현하고 검증하는 데 사용된다.

인터넷에서 검색해 보면 다양한 페이퍼 프로토타이핑 사례와 관련 동영상이 제공되어 있다. '잘 만든 페이퍼 프로토타이핑 사례들'을 비롯해 다양한 결과물을 직접 검색해 보고 동영상을 시청한 뒤 페이퍼 프로토타이핑을 연습해 보자. 페이퍼 프로토타이핑이 어렵다면, 기존에 사용하고 있는 웹사이트, ATM 기기 등으로 연습해 보자.

[그림 3-5] 페이퍼 프로토타이핑

디지털 프로토타이핑 방법은 컴퓨터 소프트웨어를 사용하여 프로토타입을 만드는 것이다. 디지털 프로토타입은 3D 모델링이나 CAD 소프트웨어를 사용해 제작할 수 있다. 이 방법은 아날로그 프로토타이핑보다 더 높은 정확성과 기능성을 제공한다. 또 프로토타입이 실제 제품에 더 가깝기 때문에 기능과 성능을 테스트하는 데 유용하다. 디지털 프로토타이핑은 정확성 면에서 이점이 있지만, 복잡한 소프트웨어를 사용하기 때문에 비용이 높을 수 있다.

또 프로토타이핑의 정밀도와 상세함에 따라 낮은 완성도(low fidelity)와 높은 완성도(high fidelity)로 구분할 수 있다. 낮은 완성도는 최소한의 구성요소를 갖춘 형태로, 아날로그나 디지털 방식으로 제작된 상대적으로 정밀도가 낮은 프로토타입을 말하며, 아이디어 검증이나 초기 개념 검증 등에 많이 사용된다. 높은 완성도는 완벽에 가까운 형태를 의미하며, 디지털 방식으로 제작된, 높은 정밀도와 디테일을 가진 프로토타입을 말하고 디자인 검증이나 기능 검증 등에 많이 사용된다.

(a) 아날로그

(b) 디지털

[그림 3-6] 프로토타이핑 방법

[표 3-4]는 프로토타이핑 모델을 분류하여 특징, 장점과 단점을 한눈에 볼 수 있도록 정리한 것이다.

[표 3-4] 프로토타이핑 모델의 분류에 따른 특징

분류	특징	장점	단점
아날로그	연필, 종이 등 사용	빠르고 간단	구체적이지 않고, 구현할 항목이 많을 시 오래 걸림
디지털	3D 모델링 및 CAD 소프트웨어 등 사용	높은 정확성과 기능성	비용 높을 수 있음
낮은 완성도 (low fidelity)	보여 주기, 인터랙션 기능	하나 혹은 다수의 프로세스 표시 가능, 수정이 비교적 간단	시스템의 특징을 살리기 어려울 수 있음
높은 완성도 (high fidelity)	인터랙션, 장식적 요소까지 구현	가장 구체적이며 이해가 빠르고, 특징을 모두 구현할 수 있음	제작이 오래 걸리며, 수정이 힘듦

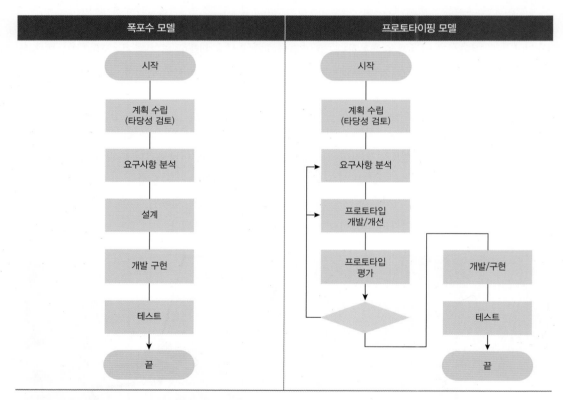

[그림 3-8] 폭포수 모델과 프로토타이핑 모델의 프로세스

앞에서 [학습활동]을 통해 직접 프로젝트에 대한 폭포수 모델과 애자일 모델을 그려 보았다. 프로토타이핑 모델을 포함한 세 가지 모델의 쓰임이 용도나 활용도에 따라 조금씩 차이가 있음을 알 수 있었을 것이다. 여러분의 프로젝트는 세 가지 모델 중 어떤 모델로 설계해야 한눈에 알아보기 쉽게 정의할 수 있을지 팀 구성원과 상의하고 발표해 보자.

학습활동 3-8 | **프로젝트에 적합한 모델 선정하기** [문제분석 ★★]

01 소프트웨어 개발 프로세스 모델 세 가지를 이해했다면, 팀 구성원끼리 상의하여 프로젝트에 가장 적합한 모델이 무엇인지 찾아보고, 왜 해당 모델이 적합하다고 생각했는지 발표해 보자.

- 프로젝트에 알맞은 적합한 모형 :

- 적합하다고 판단한 이유 :

문제중심학습으로
프로젝트 실행하기

지금까지 팀 프로젝트의 주제와 방향을 정했다면, 이제는 팀에 필요한 다양한 자료와 정보를 수집하면서 프로젝트를 진행한다. 문제중심학습 방식으로 프로젝트를 진행하면, 팀 모임 때마다 매번 새로운 아이디어들이 나올 것이다. 그렇게 모임을 진행하다 보면 생소한 소프트웨어나 기술 관련 전문용어들을 사용해야 할 경우가 많이 생긴다. 이때는 함께 검색하고, 서로 이해시켜 주어야 한다.

문제중심학습 방식에서, 좀 더 심화된 전문용어를 튜터가 가르쳐 주지 않고 독자(튜티)들이 스스로 찾고 이해해야 하지만, 이 장에서는 일부 소프트웨어 전문용어에 대해 설명하려 한다.

이 책은 전문용어를 교수자(튜터)가 설명하는 방식을 지향하지 않으므로, 이 장에서 모든 소프트웨어 용어를 다루지는 않는다. 하지만 소프트웨어 프로젝트를 수행하는 데 기본이 되는 '센서, 임베디드, 네트워크, 서버–클라이언트'의 개념을 간략히 다루었다. 독자(튜티)들이 좀 더 심화된 전문용어를 검색하고 이해해야 할 때, 시드(seed) 전문 지식으로 활용할 수 있기 바란다.

4.1 센서 알아보기

여러분이 생각하는 것 그 이상으로 우리 주변에 수많은 센서들이 작동하고 있다. 지금부터 다양한 센서에 대해 알아보면서, 각 팀의 프로젝트에 유용하게 사용할 수 있는 센서에 무엇이 있는지 대화를 통해 생각해 보도록 하자.

여러분이 가장 자주 접하는 센서는 아마도 키보드일 것이다. 하지만 소프트웨어에 입력으로 처리해야 하는 데이터는 키보드를 통한 입력보다 다양한 센서에서 나오는 신호일 확률이 높다. 즉, 센서에 대한 개념을 잘 잡으면, 소프트웨어 프로젝트에 좋은 아이디어를 내는 출발점이 될 수 있다.

다미

센서는 우리가 편리하게 생활할 수 있게 도와줘.
우리 주변에 어떤 센서가 있는지 다 같이 이야기 나눠 보자~

음, 오늘 학교 강의실을 들어올 때도 자동문을 통해 들어왔어.
자동문에 있는 센서가 나를 인식하고 문을 열어준 거잖아.

가온

자동문도 센서를 활용하는 거였구나!
지금 처음 알았네.

라나

흠흠! 너희들 센서에 대해 잘 모르는구나!
지금 내가 들고 있는 스마트폰에도 50개가 넘는 센서가 존재해.
우리가 아는 센서보다 모르는 센서가 훨씬 많을 거야.

나훈

우리 주변에 어떤 다양한 센서가 있는지 찾아보자.
우리 프로젝트에 적합하게 사용할 수 있는 센서를 찾을 수 있을 거야!

다미

센서(sensor)는 온도, 압력, 속도와 같은 물리적인 정보를 전기적인 신호로 바꿔주는 장치이다. 온도 센서, 습도 센서, 가스 센서, 속도 센서, 초음파 센서부터 맥박, 호흡, 혈압 등을 측정하는 바이오 센서, 얼굴 또는 동작 인식 센서, 뇌파로 생각을 읽는 센서 등 다양한 종류가 있다. 사람이 시각, 후각, 촉각 등의 감각기관을 통해 주위 환경이나 대상을 인지하는 것처럼 기계나 로봇이 주위 환경을 인지하게 해주는 역할을 한다. 센서는 로봇이나 사물에 들어가 사물인터넷이 가능하게 하는 필수 구성요소이다.

예를 들어, 로봇 청소기에 들어있는 충돌 센서는 벽에 부딪히거나 장애물을 만났을 경우 방향을 바꿔 이동하게 한다. 침대에 들어 있는 바이오 센서는 맥박, 혈압 등을 체크해 건강 상태를 알려주고, 누운 사람이 잠이 들었는지 아닌지 확인할 수도 있다. 이처럼 물리적인 정보를 전기 신호로 바꿔주는 장치인 센서는 로봇이나 사물에 부착되어 사물인터넷 시대에 중요한 구성요소로 활용된다.

[부품 더 보기]

[그림 4-1] 다양한 종류의 센서

다미

강의실에는 강의 녹화 시스템이 있어.

수업을 녹화해서 사이버캠퍼스에서 언제든지 다시 학습할 수 있지.

강의실 카메라는 교수님이나 발표자의 움직임에 따라 자동으로 이동하며 화면을 보여 줘.

이때 적외선 센서나 동작인식 센서를 이용하거든.

가온

내가 찾아본 센서는 이거야. 다들 학교 열람실에서 자리 예약해 본 적 있지?

예약 화면을 마우스로 이동하지 않고 손으로 직접 스크린터치해 예약하잖아.

찾아보니까 터치 센서를 이용하는 원리였어.

나훈

난 강의실 천장의 화재경보기에 대해 알아봤는데, 여기에도 센서가 있더라고.

화재경보기는 온도센서로 온도를 감지하고, 일정 온도 이상이 되면 작동해.

이건 다들 몰랐지?

프로젝트를 진행 중인 여러분도 팀원들과 함께 또는 개인으로 학교(교내 보안 시스템, 강의실, 열람실, 매점 등)와 평소 쉽게 지나쳤던 주변을 돌아다니면서 어떤 다양한 센서가 있는지 직접 찾아보고, 각자 찾은 센서를 정리해 보자. 각 팀(혹은 개인)은 센서의 정의를 찾아보고 조사한 내용을 보고서로 작성해 본다. 조사하며 찍은 사진이 있다면 첨부해도 좋다.

학습활동 4-1　　**캠퍼스 곳곳의 센서 찾기**　　　　　　　　　　　　　[문제탐색 ★]

01 우리가 상상하는 이상으로, 다양한 곳에서 수많은 센서가 작동하고 있다. 센서의 정의를 찾아보고, 그동안 보지 못하고 지나쳤던 캠퍼스 곳곳에 있는 센서를 찾아 보고서를 간략하게 작성해 보자.

학습활동 4-2　　**일상생활 속 센서 찾기**　　　　　　　　　　　　　[문제탐색 ★★]

01 센서는 사람이 감지하기 어려운 부분까지 정확하게 측정해 준다. 우리 실생활의 다양한 곳에서 센서를 사용한다. 다음의 리스트 가운데 3개를 선정하고, 사용되는 센서에 대해 조사해 보자.

❶ 스마트폰
❷ 자동차
❸ 컴퓨터
❹ TV
❺ 백화점
❻ 공항
❼ 전철
❽ 화장실
❾ 병원
❿ 식장
⓫ 기타 (　　　　)

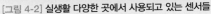

[그림 4-2] 실생활 다양한 곳에서 사용되고 있는 센서들

4.2 임베디드 시스템 알아보기

소프트웨어 관련 프로젝트 아이디어를 제안할 때 알아 두면 도움될 두 번째 전문용어는 **임베디드 시스템**(embedded system)이라는 개념이다. 임베디드 시스템에서 'embed'란 '파묻다', '박아 넣다'를 뜻한다. 그 의미처럼 겉모습은 컴퓨터가 아닌데 그 안에 컴퓨터가 내장된 시스템이라고 볼 수 있다. 임베디드 시스템은 어떤 장치가 다른 시스템에 의존하지 않고 독립적으로 기능을 수행하는 것을 의미하거나, 하드웨어나 소프트웨어가 다른 하드웨어나 소프트웨어의 일부로 들어가 있는 내장형을 의미한다. 즉, 어떤 제품에 추가로 탑재되어 그 제품 안에서 특정한 작업을 수행하도록 하는 솔루션이라고 이해할 수 있다.

예를 들어 주된 용도가 전화인 휴대폰에 텔레비전 기능이 들어가 있다면, 그 텔레비전 기능(시스템)이 바로 임베디드 시스템이다. 첨단 기능이 들어 있는 컴퓨터, 가전제품, 공장 자동화 시스템, 엘리베이터, 휴대폰 등 현대의 각종 전자 · 정보 · 통신 기기는 대부분 임베디드 시스템을 갖추고 있다. 대개 그 자체로 작동할 수도 있지만, 다른 제품과 결합해 부수적인 기능을 수행할 때에 한해 임베디드 시스템이라고 한다.

컴퓨터의 경우에는 전용 동작을 수행하거나 특정 임베디드 소프트웨어 응용 프로그램과 함께 사용되도록 디자인된 특정 컴퓨터 시스템 또는 컴퓨팅 장치를 일컫는다. 이 개념이 중요한 이유는, 소프트웨어 프로젝트라면 항상 PC가 있어야 한다고 착각하기 쉽기 때문이다. 컴퓨터칩이 내장된 모든 사물이 소프트웨어 프로젝트의 대상이 된다는 개념을 이해하면 프로젝트의 제안 범위를 무한대로 넓힐 수 있기 때문이다.

임베디드 시스템은 일반적으로 범용 컴퓨터나 장치를 상업적으로 대체해 사용할 수는 없다. 그러나 임베디드 리눅스와 같은 프로그래밍 도구로는 일반 퍼스널 컴퓨터와도 연동이 가능하다. 컴퓨터 외에 휴대용 개인정보 단말기(personal digital assistants : PDA)에 들어 있는 음성솔루션, 텔레비전 · 전기 밥솥 · 냉장고 · 자동차 등에 내장된 웹 기능 등도 모두 임베디드 시스템이다.

임베디드 시스템은 범용 컴퓨팅 시스템보다 요구사항이 까다롭다. 휴대폰의 경우, 무겁고 수시로 충전해야 한다면 고유의 기능을 수행할 수 없을 것이다. 자동차의 경우, 특정 계절에 엔진제어가 불가능하다면 상품성이 없을 것이다. [표 4-1]에 정리한 임베디드 시스템의 주요한 특징을 살펴보자.

[표 4-1] 임베디드 시스템의 주요 특징

특정기능 수행	다양한 작업보다 특별한 작업을 수행하기 위해 설계된다.
강한 제약성	모바일 기기나 대형 시스템의 일부 기능을 수행하기 때문에, 소형이며, 전력소모량이 작고, 실시간 반응을 요구한다.
제한된 시스템 자원	가격이나 휴대성과 연관되다 보니 최적화된 상품을 위해 하드웨어와 소프트웨어를 병행하여 개발한다.
호환성	무수한 종류의 임베디드 시스템에 최적화된 코드, 특히 어셈블리 언어의 사용으로 인하여 이식성이 매우 적다.
깔끔한 오류처리	임베디드 시스템은 대부분 비전문가가 사용하므로 가능한 사용자의 개입을 최소화해야 한다. 이를 위해 오류가 발생할 경우 깔끔한 처리가 요구된다.

다음은, 다미 학생의 일과를 담은 다음의 메모에서 하루 동안 몇 가지의 임베디드 시스템을 이용했는지 살펴보자.

- 아침 8시 스마트폰 알람을 들으며 일어나 하루 일과를 시작한다. TV를 보며 토스트기로 토스트를 만들고, 커피 머신으로 커피를 내려 아침을 먹었다.

- 화장실에서 전동칫솔로 이를 닦고, 수업을 듣기 위해 학교로 출발했다. 오늘은 평소보다 일찍 출발해 전철이 아닌 버스를 타고 학교에 갔다.

- 학교에 가는 동안 스마트폰으로 새로 앨범을 낸 가수의 노래를 들었다. 학교에 도착해 우선 무인 반납기에 책을 반납하고, 강의실로 뛰어갔다.

- 수업이 끝난 후, 점심을 먹으러 친구들과 학생식당으로 가서 주문 기기에서 돈가스를 주문해 점심을 먹었다. 학생식당에서 나와 곧 있을 중간고사 공부를 하기 위해 열람실에 자리를 예약한 후 저녁 8시까지 공부하고 집으로 돌아갔다.

스마트폰, 커피포트, 토스트기, 전동칫솔, 버스, 전철, 무인 반납기 등 다미 학생이 생활하는 대부분의 장소에 임베디드 시스템이 작동하고 있음을 알 수 있었다. 이렇듯 다양한 임베디드 시스템이 일상생활 속 곳곳에 활용되고 있다. 임베디드 시스템은 외형상 일반적인 컴퓨터 형태가 아니기 때문에 찾기 어려울 수 있다. 임베디드 시스템에 대해 알아본 학생들은 다음과 같은 궁금증이 생겼다.

가온

음, 임베디드 시스템은 우리가 사용하는 모든 기기에 들어있는 것 같아.
임베디드 시스템에 대해 더 자세히 알아볼게.

라나

맞아. 그래도 난 임베디드 시스템을 찾기가 어려워.
너희는 안 그래?
외관이 일반적인 컴퓨터 같지 않아 눈으로 찾아내기 힘든 것 같아.

나훈

시스템 사용 목적이나 용도에 따라 생김새가 천차만별이잖아.
눈으로 찾기 어려운 게 당연해.

다미

임베디드 시스템은 기능에 따라 다양한 모양으로 구성되어 있어.
우리 프로젝트에 임베디드 시스템을 활용하기 전에,
캠퍼스 내에 사용되고 있는 임베디드 시스템의 기능과 작동 원리에 대해 알아볼까?

가온

그래, 분명 프로젝트에 필수적인 소프트웨어 기술도 있을 거야.
내가 임베디드 시스템에 관련된 동영상도 찾아올게!

우리는 임베디드 시스템을 통해 알게 모르게 편리한 생활을 하고 있다. 지금부터는 학교 캠퍼스 안에서 사용되고 있는 임베디드 시스템에 대해 알아보도록 하자.

가온

도서관 입구에도 임베디드 시스템이 있어.
도서관에 들어가려면 출입기에 학생증을 태그하고, 기기에 신분이 확인돼야 입장할 수 있어.

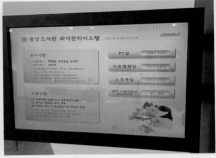

라나

도서관에 있는 복합기도 임베디드 시스템이구나! 정말 신기하네~
복합기를 사용하려면 우선 컴퓨터로 인쇄할 부분을 선택한 뒤, 복합기에 신용카드를 인증해야 해.

다미

도서관 로비에 있는 무인 대출반납기도
임베디드 시스템이지?
사서 선생님이 직접 해주지 않아도,
학생증과 원하는 도서를 기기에 인식하면
자동으로 대출과 반납이 가능해.

팀원들과 함께(또는 개인이) 학교 캠퍼스에서 임베디드 시스템이 사용되고 있는 곳을 조사해 보자.

학습활동 4-3   **교내 임베디드 시스템 찾기**   [문제분석 ★★]

01 학교에서 그동안 보지 못하고 지나쳤던 임베디드 시스템을 찾아보자.

학교 캠퍼스와 일상생활 속에서 임베디드 시스템을 찾아보며 불편한 점이나 보완할 점이 눈에 띄었을 것이다. 발견한 개선점과 보완점을 정리해 보자.

학습활동 4-4   **교내 임베디드 시스템 개선하기**   [문제해결 ★★]

01 주어진 고려사항을 참고하여 캠퍼스에 있는 다양한 종류의 임베디드 시스템에 대한 개선점과 보완점을 찾아보자.

- 임베디드 시스템을 사용할 수 있는 장소와 범위는?
- 학교에 설치된 임베디드 시스템들은 어떻게 운영되는가?
- 교내에서의 불편했던 점을 다른 기술로는 해결할 수 없는가?
- 교내에서 학생들에게 편의를 줄 수 있는 임베디드 시스템은 무엇인가?
- 기존 교내 임베디드 시스템 중 보완이 필요하다고 느낀 경우, 개선할 방법은 무엇인가?

4.3 네트워크 알아보기

이번 절에서는, 네트워크라는 개념을 설명한다. 네트워크에 대한 개념이 없다면, 여러분이 제안할 수 있는 소프트웨어 프로젝트의 범위는 극히 작은 공간에 기반한 시스템이 될 확률이 높다. 자세한 설명을 하기에 앞서, 다음 예시를 통해 '네트워크'라는 용어에 대해 감을 잡아보자.

학생들은 대학 캠퍼스에서 프린터를 편리하게 이용할 수 있다. 가온 학생 또한 수업을 들어가기 전 교내 인쇄실에서 수업 자료를 출력한다. 그러던 중 한 가지 궁금한 점이 생겼다.

가온

컴퓨터와 프린터가 멀리 떨어져 있는데 어떻게 출력이 가능한 걸까?
컴퓨터 한 대당 한 개의 프린터가 연결된 것 같진 않은데, 어떻게 출력정보가 전달되는 거지?

학생들은 캠퍼스에서 프린터를 편리하게 이용한다. 프린터를 이용할 수 있는 공용장소에 가서 보면 프린터가 컴퓨터 한 대에만 연결되어 있지 않다. 예를 들어 공용 컴퓨터 10대가 있을 때, 프린터가 똑같이 10대가 있는 것이 아니라 4대 정도만 설치되어 있는 것을 볼 수 있다. 대학 캠퍼스 안의 프린터 시스템이나 사무, 행정 업무를 많이 처리하는 장소에서 컴퓨터와 프린터의 일대일 연결은 경제적, 공간적으로 비효율적이라는 의미이다.

이러한 문제점을 네트워크를 통해 효율적으로 해결할 수 있다. 컴퓨터를 네트워크로 연결하고 프린터나 스캐너 등의 주변 기기를 공유하여 공간적, 경제적으로 효율성 있게 사용할 수 있다.

네트워크(network)는 센서와 임베디드 시스템으로 구성된 기기를 광범위한 범위에서 자유롭게 연결하여 사용할 수 있게 하는 IT 기술이다. 네트워크로 인해 시간과 공간의 제약을 받지 않고, 언제 어디서든 편리한 생활을 할 수 있게 됐다. 사용하는 규모나 용도에 따라 다양한 종류로 사용할 수 있다.

넓은 의미의 네트워크는 전화기, 팩스, 컴퓨터 등 지리적으로 떨어져 있는 장치들 간 정보를 교환할 수 있도록 연결된 것을 말한다. 이를 위해서는 각각의 장치들뿐만 아니라 연결하는 선, 정보를 전자 기호로 바꾸어 주는 장치, 통신 위성 등 여러 매체가 필요한데 이 모든 것을 포함하는 의미이다.

그렇다면 **좁은 의미의 네트워크**는 무엇을 뜻할까? 컴퓨터들 사이에 데이터를 주고받으면서 정보처리를 하는 통신망 역시 네트워크라고 한다. 두 컴퓨터 사이에 정보를 주고받으려면 회선이 하나만 있으면 되지만, 세 컴퓨터가 동시에 정보를 주고받으려면 망 구조의 회선이 필요하다. 컴퓨터가 많아질수록 회선이 복잡하게 얽히는데, 이 모양이 그물과 같아서 네트워크라고 부르게 된 것이다.

예를 들어, 각 교실마다 컴퓨터가 한 대씩 배치되어 있지만, 한 교실의 컴퓨터는 다른 교실에 있는 컴퓨터와 연결되어 있다. 서로 떨어져 있어도 네트워크 구조를 통해 다른 컴퓨터와 데이터를 주고받을 수 있고 함께 작업을 처리할 수 있다. 하지만 네트워크가 반드시 컴퓨터나 전자적 연결을 의미하는 것은 아니다. 네트워크 자체가 그물처럼 얽혀 있는 조직이나 짜임새를 말하는 것이기 때문에 사람, 조직, 기관 사이의 관계를 두고 사용하기도 한다.

전통적인 분류법으로 좁은 의미의 네트워크에는 다음 네 가지가 있다.

❶ **PAN**(Personal Area Network) : 가장 작은 규모의 네트워크
❷ **LAN**(Local Area Network) : 근거리 영역 네트워크
❸ **MAN**(Metropolitan Area Network) : 대도시 영역 네트워크
❹ **WAN**(Wide Area Network) : 원거리 네트워크

그렇다면 캠퍼스 안에서는 어떤 네트워크를 사용하고 있을까? 함께 찾아보자.

01 팀별(또는 개인)로 네트워크의 개념을 찾고, 캠퍼스 안에서 사용되는 네트워크에 대해
조사해 보자.

u-Bulletin
- 공지사항, 실황중계
- UCC, 방송 요청

모바일 서비스
- 인트라넷 편의정보
- 도서관, 벼룩시장 등

열람실 좌석 관리
- 도서관/열람실 좌석 관리
- 좌석표 발권/연장/반납

개인화 서비스
- 개인별 맞춤정보 제공
- 채용정보 추천

u-Conference
- 화상강의, 다시보기
- 화상회의, 화상대화방

[그림 4-3] 캠퍼스 내 네트워크 사용 사례 예시

네트워크는 그 규모와 용도에 따라 다양한 종류로 구성되어 있다. 캠퍼스 내에서 사용되는 네트워크와 국가적으로 사용되는 대규모 네트워크가 동일하다면 경제적으로 비효율적일 것이다. 다음 [학습활동]을 통해 넓은 범위의 네트워크 사용에 대해 고민해 보자.

학습활동 4-6	네트워크에 대해 조사하기	[문제분석 ★★]

01 네트워크는 사용 범위에 따라 다양한 종류의 네트워크를 사용한다. 다음의 제시된 범위에 따라 사용되는 네트워크에 대해 조사해 보고, 팀원들과 토론해 보자.

- 집
- 공공기관
- 대한민국
- 해외

4.4 서버-클라이언트 알아보기

네트워크의 개념을 이해했다면, 보충 개념으로 조금 어려울 수 있지만 **서버-클라이언트**라는 용어에 대해서도 설명해 보고자 한다. 서버-클라이언트의 개념을 알고 나면 소프트웨어 프로젝트 주제를 구상할 때도 많은 도움이 될 것이다.

서버-클라이언트에 대해 알아보기 전에 평소에 자주 사용하는 스마트폰을 떠올려 보자. 우리는 매일 스마트폰으로 포털 사이트 혹은 SNS에서 다양한 정보를 검색한다. 이때 검색한 정보는 그전부터 휴대폰에 모두 저장돼 있었던 걸까? 물론 아니다. 그렇다면 이러한 정보는 과연 어디서 오는 것이고, 어떠한 방법으로 정보가 보여지는 것인지 곰곰이 생각해 보자.

튜터

여러분 모두 스마트폰으로 다양한 정보를 검색하고 있겠죠?
그렇게 검색한 정보는 어디서 오는 것이고,
어떠한 과정으로 여러분에게 보여지는 것일까요?

음, 그러고 보니 한번도 고민해 보지 않았어요.
스마트폰 안에 있는 정보를 가져오는 게 아닐까요?

라나

나훈

이렇게 작은 스마트폰 안에 전 세계의 모든 정보가 들어 있다고?
그건 말이 안 되잖아.

맞아. 어디선가 내가 검색한 정보를 가져오는 것 같아.

가온

다미

우리가 지난 시간에 배운 네트워크를 통해 정보를 가져오는 게 아닐까?

다들 다양한 의견을 내주었네요. 모두 궁금하죠?
함께 고민해 보면서 서버-클라이언트에 대해 알아볼까요?

튜터

우리는 스마트폰이나 TV, 신문 같은 매체를 통해 정보를 전달받을 뿐만 아니라, 실생활 중 다양한 방식으로 정보를 제공받는다. 먼저 우리가 평소에 사용하는 스마트폰의 정보는 어떻게 제공되는 것인지, 어떻게 다른 장소에서 정보를 전송을 주고받을 수 있는지에 대해서는 서버-클라이언트를 통해 알 수 있다. 지금부터 서버-클라이언트에 대해 알아보자.

나훈

우리 학교 공학관 계단에 붙어 있는 스티커를 통해 건강 정보를 얻을 수 있어!
꼭 스마트폰 건강 관련 앱이 없더라도 계단을 한 칸 오를 때마다
칼로리 소모량과 수명이 몇 초 늘어나는지 정보를 받을 수 있지.

가온

눈금이 표시된 물컵으로도 내가 얼마큼의 물을 마시는지 알 수 있어.
따로 계량컵을 사거나 전자저울을 사지 않아도 내가 원하는 물의 양을 알 수 있어서 편리해.

인터넷과 스마트폰이 발달함에 따라 직접 정보를 찾으러 다니지 않아도 원하는 정보를 손쉽게 제공받을 수 있다. 이러한 정보 제공에는 서버-클라이언트가 이용된다. 스마트폰으로 포털 사이트에 날씨를 검색하면 단 몇 초 만에 날씨 정보를 볼 수 있는데, 이 정보가 어디서 오는 것일지 생각해 보자. 만약 작은 스마트폰 안에 방대한 양의 정보들이 미리 다 들어가 있는 것이라면, 스마트폰은 우리가 흔히 아는 '슈퍼컴퓨터'로 명칭을 바꿔도 무관할 것이다. 우리가 검색한 정보가 어떤 과정을 통해 화면으로 제공되는지 살펴보자.

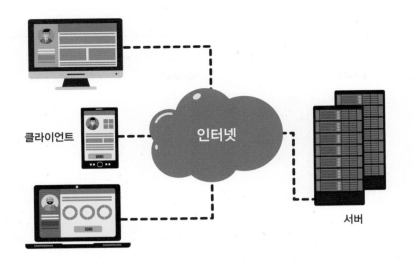

클라이언트

인터넷

서버

[그림 4-4] 서버-클라이언트 연결구조

[그림 4-4]는 서버-클라이언트 간에 이루어지는 일을 개념도로 나타낸 것이다. 여러분의 PC 컴퓨터로 학교 홈페이지에서 원하는 정보를 검색했을 때, 컴퓨터 자체에서 검색한 정보를 찾아 결과를 바로 제공하는 것이 아니다. 컴퓨터는 여러분이 원하는 정보를 멀리 있는 웹 서버에게 요청하고, 웹 서버에서 해당 정보를 찾아 보내주는 것이다. 웹 서버는 방대한 양의 정보를 다룰 수 있는 '슈퍼컴퓨터'이기에 여러분을 포함하여 수많은 사람들이 동시에 요청하는 다양한 정보를 짧은 시간 내에 찾아 그 결과를 한꺼번에 전달할 수 있다.

클라이언트 컴퓨터를 스마트폰이라고 가정하여 예를 들어 보면, 먼저 학생이 필요한 정보를 스마트폰(클라이언트 컴퓨터)으로 검색했을 때 클라이언트 컴퓨터는 학생이 검색한 정보를 서버 컴퓨터에 요청한다. 서버 컴퓨터는 검색한 것을 찾아 클라이언트 컴퓨터에 전송한다. 클라이언트 컴퓨터는 전송받은 결과의 화면을 학생에게 제공한다.

이렇게 서버-클라이언트를 통해 컴퓨터에서 검색된 내용이 화면에 출력되는 과정을 알아보았다. 서버-클라이언트의 더욱 자세한 이야기는 10장에서 볼 수 있다. 이어지는 학습활동을 통해 각자 서버-클라이언트에 대해 생각해 보는 시간을 가져 보자.

01 각자 서버-클라이언트에 대한 개념을 찾아보고, 정보가 단계별로 이동하는 과정을 그림으로 표현해 보자. (개념을 찾을 때 가끔 서버, 클라이언트라는 용어가 아니라 (이 책에서 언급하지 않은) 프론트엔드(front-end), 백엔드(back-end)라는 용어가 검색되어도 당황하지 말자.)

팀 프로젝트 중 대부분 인터넷이나 스마트폰을 이용한 시스템을 구성했을 것이다. 이때 서버-클라이언트 개념을 적용해 정보 이동 과정을 보다 구체적으로 설명할 수 있어야 한다. 예를 들어 도서관 대출 애플리케이션을 제작한다면, "원하는 책을 검색해 예약 버튼을 누른다"와 같은 단순한 설명이 아니라, 서버-클라이언트 개념을 넣어 정보가 이동되는 과정을 자세히 설명해야 한다. 서버-클라이언트 개념을 생각하며 캠퍼스에서 찾아볼 수 있는 서버-클라이언트 시스템을 떠올려 보자.

학습활동 4-8　서버-클라이언트를 그림으로 표현하기　　　　　　[문제해결 ★★]

01 다음은 학교 내에서 사용되고 있는 서버-클라이언트 시스템의 예시이다. 각 팀은 제시된 시스템 중 한 가지를 선택해 서버-클라이언트를 그림으로 표현하고 설명해 보자.

❶ 도서관 자리 예약 앱
❷ 도서관 홈페이지 도서 예약 시스템
❸ 열람실 자리 예약 시스템
❹ 구내식당 식권 구매 시스템
❺ 교내 프린트실 시스템
❻ 도서관 대출 반납 시스템
❼ 캠퍼스 공간 예약 시스템
❽ 사이버 캠퍼스 시스템
❾ 기타 (　　　　　　　　　)

몇 가지 소프트웨어 개념을 더 배웠으니, 팀 회의를 통해 팀 프로젝트에 추가적으로 필요할 만한 소프트웨어 기술을 더 찾아보자.

학습활동 4-9   소프트웨어 기술 조사하기   [문제분석 ★★]

01 팀 프로젝트와 관련된 3가지 정도의 전문용어를 선정하고, 그에 대해 조사한 뒤 각 팀원들과 지식을 공유해 보자. ([표 2-1] "소프트웨어 기술 종류"의 전문 용어표 참고)

지금까지 팀을 구성하여 프로젝트의 주제를 찾고, 그 주제에 대한 브레인스토밍을 해 보았다. 팀원들과 토론을 하면서 아이디어를 더 풍요롭게 발전시키기 위해서는 전문적인 기술의 이해가 필요하다고 느꼈을 것이다. 실제로 융합 소프트웨어 프로젝트를 진행하려면 기본적인 소프트웨어 기술이 뒷받침되어야 하기에 센서, 임베디드 시스템, 네트워크, 서버-클라이언트 개념을 학습했다.

1부에서 프로젝트를 설계해 보았다면, 5장부터는 우리가 설계한 프로젝트를 소프트웨어 개발에 쓰이는 모델링 언어 'UML'을 활용해 표현해 볼 것이다. 복잡한 코딩 없이 다양한 다이어그램을 이용해 프로젝트를 표현할 수 있게 될 것이다.

UML 다이어그램 소개

5.1 UML의 개념 이해하기

5.2 UML 다이어그램 에디터 살펴보기

5장에서는 지금까지 제안한 다양한 아이디어들을 시각화하여 표현할 수 있는 UML에 대해 학습한다. 다양한 시각화 방법 중에서도 UML을 사용하는 이유가 무엇일까? UML의 기본 개념에 대해 알아보고, UML을 사용하여 여러 가지 다이어그램을 작성하는 이유와 그 필요성을 살펴본다. 더불어 UML 다이어그램을 작성하는 에디터인 비주얼 패러다임(Visual Paradigm)을 설치해보는 시간을 가진다. 비주얼 패러다임을 설치하면 간단한 다이어그램을 그릴 수 있게 될 것이다.

5.1 UML의 개념 이해하기

모호한 아이디어를 체계적으로 표현하는 다양한 방식이 있지만, 이 책에서는 UML(Unified Modeling Language)의 여러 다이어그램을 사용해 소프트웨어적인 아이디어를 표현해 볼 것이다. 지금까지 모호하게 생각한 프로젝트 아이디어를 좀 더 구체적으로 나타내 보기로 하자.

튜터
여러분, 각자의 팀 특성에 맞게 프로젝트를 잘 진행하고 있나요?

네! 주제에 관한 소프트웨어 기술을 찾아보고 나니 주제가 더 탄탄해진 것 같아요.

다미

튜터
여러분이 발전해 가는 모습이 아주 멋있네요.
그렇다면 오늘은 여러분의 아이디어를 표현해 보는 방법을 알아보도록 합시다.
여러분이 진행하는 프로젝트의 주제를 컴퓨터 기술을 사용해
다른 사람에게 소개할 수 있는 방법이 있을까요?

대부분 프로그래밍 언어를 사용해서 시스템을 만드는 것 같아요.

나훈

튜터
그래요. 하지만 C언어 같은 프로그래밍 언어를 사용하지 않고
소프트웨어 시스템으로 표현하는 방법을 여러분에게 소개해 보려고 해요.
코딩을 몰라도 여러분의 아이디어를 컴퓨터로 충분히 소개할 수 있는 방법이에요.

우와! 프로그래밍 언어를 몰라도 시스템을 만들 수 있어요?
안 그래도 코딩이 어려웠는데,
코딩을 안 하고도 시스템을 표현할 수 있군요!

라나

튜터
UML은 다양한 다이어그램으로 구성되어 있어요.
몇 가지 다양한 UML 다이어그램을 이용해
여러분의 프로젝트 주제를 표현해 보세요.

꼭 여러 가지 다이어그램을 이용해야 하나요? 한 개만 사용하면 안 되나요?

라나

튜터

다이어그램은 프로젝트를 다양한 측면에서 표현할 수 있어요.
각 다이어그램마다 프로젝트를 보는 관점이 다른데,
대표적인 다이어그램 네 가지를 먼저 소개해 줄게요.
그런 다음 각 팀별로 추가적으로 필요한 다이어그램을 알아봅시다.

코딩을 하지 않아도 주제를 표현할 수 있다니 정말 신기해요.
우리 팀 주제를 좀 더 명확하게 표현할 수 있을 것 같아요.
단순히 보고서로 작성하는 것보다 다른 사람에게 더 쉽게 설명해 줄 수 있겠어요!

다미

튜터

여러분이 UML에 관심을 가져주니 정말 기분이 좋네요.
지금부터 UML에 대해 알아볼까요?

5.1.1 UML이란 무엇일까?

다양한 다이어그램이 존재하는 UML은 시스템 개발 분야에서 주목받는 도구이다. UML이란 시스템 개발이나 프로젝트 아이디어를 상대방에게 효과적으로 설명하며 의사소통을 효율적이고 효과적으로 이루어지게 하기 위해 표준화된 모델링 언어이다.

UML은 여러분이 알고 있을 법한 프로그래밍과는 아주 다른 형태를 띠고 있다. 만약 자신의 프로젝트 주제를 프로그래밍 언어로 코딩을 해서 발표해야 한다고 생각해 보자. 우선 프로그래밍 언어를 높은 수준까지 배워야 할 것이고, 프로젝트를 오랜 기간 동안 작업해야 한다. 이러한 방법은 시간도 오래 걸리고 심지어 프로젝트에 대해 설명을 듣는 상대방 또한 어느 정도의 프로그래밍 지식이 있어야 한다.

그리고 프로젝트를 진행하는 과정에서 브레인스토밍을 할 때마다 다양한 아이디어가 나온다. 만약 프로젝트를 진행하는 중간에 '어! 이거 말고, 이걸 추가해 볼까?' 하는 생각이 들거나, 새로운 아이디어나 수정해야 할 부분이 생기면 어떻게 해야 할까?

UML로 표현해 놓으면 설명하는 사람뿐만 아니라 설명을 듣는 사람도 서로의 의도를 쉽게 이해하고 고칠 수 있기 때문에, UML을 보며 다양한 의견과 피드백이 오고 갈 수 있다. 그리고 컴퓨터 앞에 앉아서가 아니라 칠판이나 큰 이젤패드에 다양한 아이디어들을 즉각적으로 반영, 수정할 수 있다.

다양한 다이어그램으로 구성되어 있는 UML은 시스템을 다양한 시각에서 볼 수 있는 뷰(view, 관점)를 제공한다. 이러한 점에서 UML은 아이디어의 자세한 풀이 과정보다는 사용하는 목적과 흐름을 간단하게 설명하기 좋은 도구이다. 지금부터는 UML의 정의와 대표적으로 쓰이는 UML 다이어그램에 대해 살펴볼 것이다. 지금부터 UML 설치 방법과 각 다이어그램의 사용 방법을 미리 알아보도록 하자.

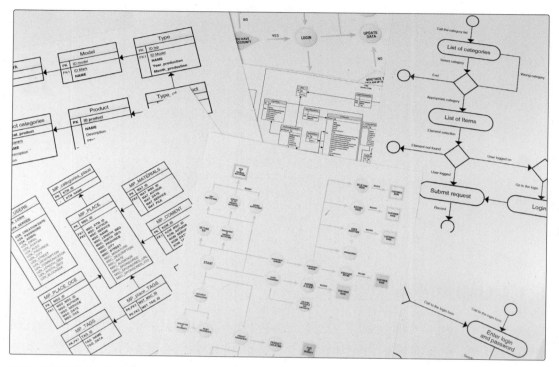

[그림 5-1] 다양한 UML의 예시

5.1.2 UML 다이어그램의 종류

UML에 대해 이해가 됐다면 UML의 다이어그램에 대해 알아보자. UML은 [그림 5-2]와 같이 다양한 다이어그램으로 구성되어 있다.

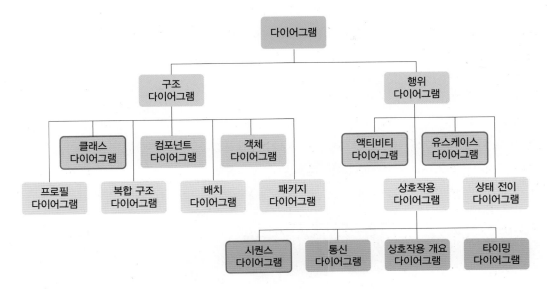

[그림 5-2] UML 다이어그램의 종류

그중 5장에서는 여러분의 프로젝트 구성에 필요한 대표적인 네 가지 다이어그램을 소개하려 한다. 후에 이어지는 6, 7, 8, 9장에서는 각각 유스케이스 다이어그램(Usecase Diagram), 액티비티 다이어그램(Activity Diagram), 시퀀스 다이어그램(Sequence Diagram), 클래스 다이어그램(Class Diagram)의 정의와 사용방법에 대해 알아보고, 프로젝트 아이디어를 이 네 가지 다이어그램으로 표현해 볼 것이다. 앞으로 계속해서 학습하면서, 진행 중인 프로젝트의 특성을 파악하여 적절한 다이어그램들을 선택해 사용할 수 있으며, 필요에 따라 네 가지 다이어그램 외에 다양한 다이어그램을 추가로 작성해 봐도 좋다.

5.1.3 왜 여러 가지 다이어그램을 사용해야 할까?

UML을 이용해 프로젝트를 표현할 때, 왜 다이어그램을 한 가지만 사용하지 않고 여러 가지를 사용해야 할까? 이는 표현 목적에 따라 사용하는 다이어그램이 다를 수 있기 때문이다. [그림 5-3]에 보이는 사람들은 눈을 가리고 코끼리를 만지기 때문에 코끼리의 전체 모습을 알 수 없다. 즉, 사람들은 각자 자신이 만지는 일부만으로 전체를 판단하게 된다. 코를 만진 사람은 뱀이라고 표현하고, 다리를 만진 사람은 기둥이라고 표현할 것이다.

과연 하나의 UML 다이어그램만으로 복잡한 소프트웨어 프로젝트를 완벽하게 표현하고, 다른 사람들을 이해시킬 수 있을까? [그림 5-3]에서 볼 수 있듯이, 보는 관점에 따라 하나의 시스템이 완전히 다르게 해석될 수 있으므로, 여러 가지 다이어그램을 통해 다양한 시각에서 시스템을 표현하는 것이 당연하다. 따라서 이 책에서는 소프트웨어 프로젝트를 유스케이스 다이어그램, 액티비티 다이어그램, 클래스 다이어그램, 시퀀스 다이어그램의 네 가지 관점에서 표현해 보려고 하는 것이다. UML 다이어그램들을 잘 이해하여, 팀 프로젝트의 아이디어 표현 작업을 좀 더 구체적으로 수행해 보자.

[그림 5-3] 눈을 가리고 코끼리를 만지는 사람들

5.2 UML 다이어그램 에디터 살펴보기

각 다이어그램의 개념과 다양한 학습 활동을 하기 전에, UML의 기본 구성과 각 다이어그램의 사용방법을 알아본다. 제시되는 다양한 활동을 통해 '각 다이어그램을 이렇게 표현할 수 있구나!' 하고 이해하는 시간을 가져 보자.

5.2.1 비주얼 패러다임 설치

앞으로 제시되는 학습활동을 통해 다이어그램의 기본 작성 방법을 배울 것이다. 그러기 위해 먼저 비주얼 패러다임(Visual Paradigm)사에서 제공하는 소프트웨어를 설치해야 한다. 다음에 제시된 방법에 따라 윈도우에 비주얼 패러다임을 설치해 보자.

실습 따라 하기

01 비주얼 패러다임 홈페이지에 접속한 후 홈페이지 상단의 [Try Now] 메뉴를 클릭해 다운로드 페이지로 접속한다.

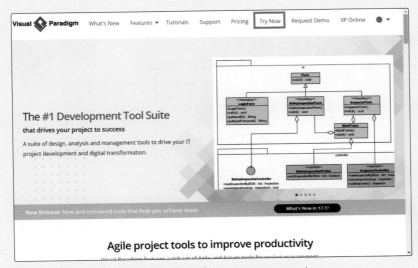

[그림 5-4] 비주얼 패러다임 홈페이지 접속(www.visual-paradigm.com)

02 다운로드 페이지 하단의 'Get Community Edition FREE for non-commercial use' 버전으로 설치를 시작한다. 빨간 상자와 화살표로 표시된 버튼을 눌러 설치한다. Community Edition을 설치하지 않을 경우, 30일 이후 유료로 전환될 수 있다.

[그림 5-5] 다운로드 버전 선택

03 다운받은 후 [그림 5-6]의 절차에 따라 [Next] 버튼을 클릭하면서 설치를 진행한다.

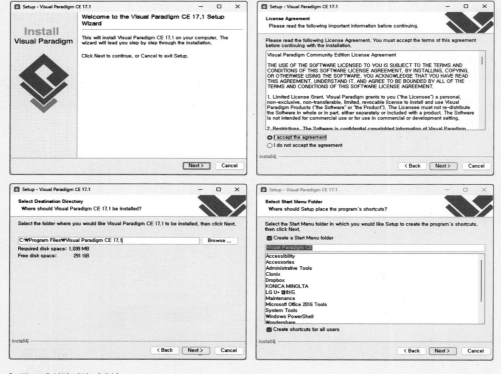

[그림 5-6] 설치 과정 1(계속)

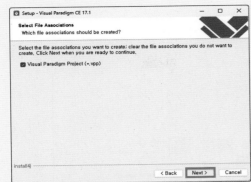
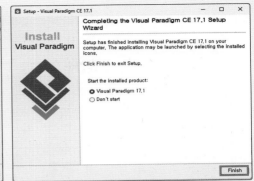

[그림 5-6] 설치 과정 1

04 이름과 이메일을 작성 뒤 [확인] 버튼을 누른다.

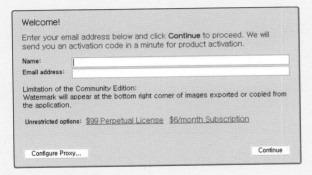

[그림 5-7] 설치 과정 2

05 메일로 발송된 '액티베이션 코드번호'(Activation Code)와 '이름'(Name)을 입력한 후 [Active] 버튼을 클릭한다.

[그림 5-8] 설치 과정 3

06 [그림 5-9]와 같은 창이 뜨면 설치가 완료된 것이다.

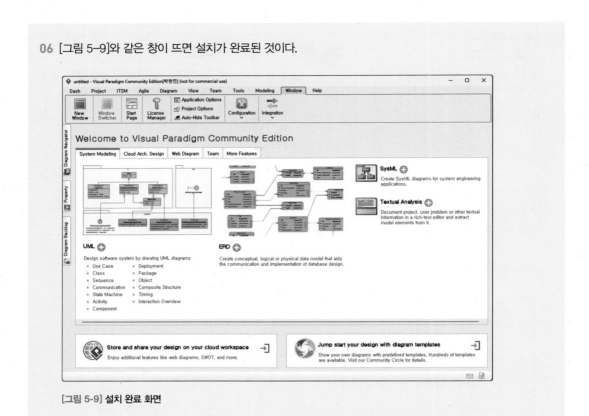

[그림 5-9] 설치 완료 화면

5.2.2 비주얼 패러다임 툴바 메뉴

툴바(Toolbar)는 비주얼 패러다임(Visual Paradigm) 응용 프로그램 창의 맨 위에 위치하며, 여러 기능 메뉴로 [그림 5-10]과 같이 분류되어 있고, 공통적으로 사용되는 버튼과 도구들의 모음으로 구성되어 있다. 기본적으로 표시되어 있지만 메뉴를 두 번 클릭하여 축소할 수 있다. 다음의 설명은 프로젝트 메뉴에 있는 기능에 대한 것이다.

[그림 5-10] 프로젝트 메뉴

❶ New : 프로젝트를 생성한다.
❷ Open : 기존의 프로젝트를 연다.
❸ Save : 프로젝트를 저장한다.
❹ Close : 열려 있는 프로젝트를 닫는다.

5.2.3 비주얼 패러다임 다이어그램 에디터

다이어그램 에디터는 [그림 5-11]처럼 UML 다이어그램을 그릴 수 있는 공간이다. 이곳에서 다양한 다이어그램을 작성할 수 있다. 다이어그램을 작성하기 위해서는 [표 5-1]과 같은 '비주얼 패러다임 다이어그램 에디터 설명'을 필요에 따라 사용하면 된다.

[VP 다이어그램 에디터]

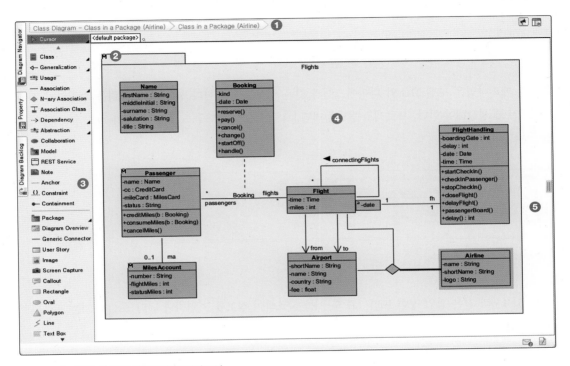

[그림 5-11] 비주얼 패러다임 다이어그램 에디터 보기

[표 5-1] 비주얼 패러다임 다이어그램 에디터 설명 (계속)

번호	이름	설명
❶	Breadcrumb bar	Breadcrumb bar는 두 부분으로 구성되어 있다. 왼쪽에는 그림의 이름과 위치를 보여 주는 바가 있다. 오른쪽에는 두 개의 버튼이 있다. 하나는 다른 다이어그램으로 전환하는 것이고, 다른 하나는 프로젝트 탐색기를 여는 것이다.
❷	Package header	다이어그램이 있는 패키지의 이름이다. Package header는 일부 다이어그램에서만 사용할 수 있으며 전부는 사용할 수 없다. 두 번 클릭하여 편집할 수 있다. 다른 패키지의 이름을 입력하면 다이어그램이 해당 패키지로 이동한다.
❸	Diagram toolbar	Diagram toolbar에서는 다이어그램을 그리는 데 필요한 도구를 제공한다. toolbar(도구 모음)에서 두 가지 종류의 도구를 찾을 수 있다. 1) 다이어그램 제작 유틸리티 – pan tool, sweeper and magnet tool 2) 유스케이스 다이어그램의 액터, 비즈니스 프로세스 다이어그램의 BPMN pool

[표 5-1] 비주얼 패러다임 다이어그램 에디터 설명

번호	이름	설명
❹	Diagram	편집할 다이어그램을 의미한다.
❺	Action bar	선택한 항목에 따라 도구에 액세스할 수 있는 수행 표시줄을 클릭하여 전환한다. 예를 들어 비즈니스 프로세스 다이어그램을 선택한 경우 작업 절차, 애니메이션과 같은 도구에 액세스할 수 있다. 유스케이스를 선택한 경우 유스케이스 세부 정보와 같은 도구에 액세스할 수 있다.

5.2.4 비주얼 패러다임에서 프로젝트 생성 방법

비주얼 패러다임은 모델 요소와 다이어그램과 같은 정보를 저장한다. 따라서 모델링을 수행하기 전에 프로젝트를 생성해야 한다. 프로젝트를 만들려면 [그림 5-12]의 도구 모음에서 [Project] 〉 [New] 메뉴를 클릭한다.

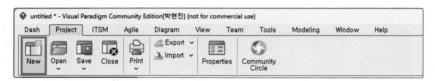

[그림 5-12] 새 프로젝트 만들기

[그림 5-13]과 같은 팝업 창이 뜨면, [표 5-2]를 참조하여 정보를 기입하면 된다. [표 5-2]는 프로젝트 창에 대한 자세한 설명이다.

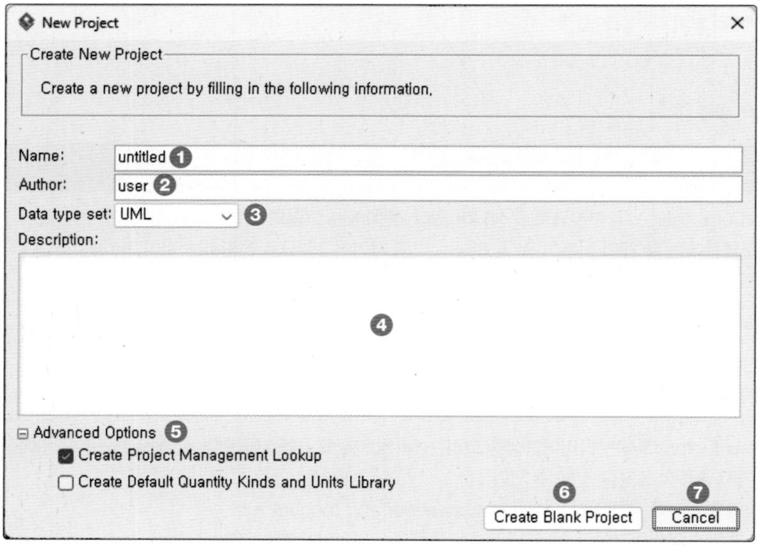

[그림 5-13] 새 프로젝트 창

[표 5-2] 새 프로젝트 창 설명

번호	이름	설명
❶	Name	프로젝트의 이름을 입력한다.
❷	Author	프로젝트를 생성한 사람 이름을 넣는다.
❸	Data type set	프로젝트의 프로그래밍/스크립팅 언어를 선택할 수 있다. 선택한 언어는 주로 클래스 모델링에 영향을 미친다. 예를 들어 선택 가능한 visibilities(가시성)와 primitive types(원시유형)는 언어마다 다르다.
❹	Description	프로젝트 설명이다. 설명 창 위에 있는 툴바를 사용하여 내용을 추가할 수 있다.
❺	Create Project Management Lookup	반복, 버전 등의 프로젝트 관리 Lookup을 기본 Lookup 값으로 자동으로 채울 때 선택한다.
❻	Create Blank Project	프로젝트를 만든다.
❼	Cancel	프로젝트 만들기를 취소하고 창을 닫는다.

5.2.5 다이어그램 생성

프로젝트의 이름을 정하고, 새로운 프로젝트를 생성했으면, 다음의 차례에 따라 UML 다이어그램을 생성해 보자.

실습 따라 하기

01 메뉴에서 [Diagram] 〉 [New] 메뉴를 클릭한다.

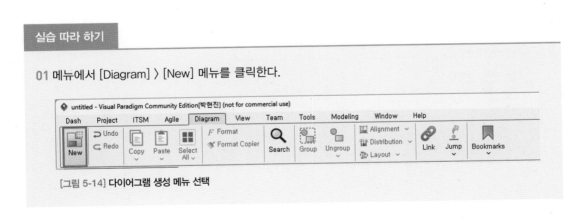

[그림 5-14] 다이어그램 생성 메뉴 선택

02 〈New Diagram〉 창에서 사용할 UML 다이어그램을 선택한다. ❶ '유스케이스 다이어그램'(Use Case Diagram)을 선택한 후 ❷ [Next] 버튼을 클릭한다.

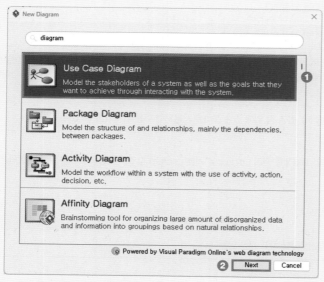

[그림 5-15] 사용할 다이어그램 선택

03 ❶ 'Diagram Name'에 다이어그램 이름과 설명을 입력하고, ❷ 'Location' 필드에서 다이어그램을 저장할 위치를 선택한 후, ❸ [OK] 버튼을 클릭한다.

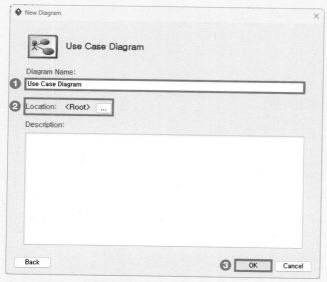

[그림 5-16] 다이어그램 이름과 저장 위치 설정

5.2.6 네 가지 UML 다이어그램

다이어그램을 작성하기 위해 사용하는 프로그램 비주얼 패러다임의 사용법을 익혀 보았다. 여러 UML 다이어그램 중 [그림 5-17]에서 소개하는 네 개의 다이어그램은 이후 계속되는 장에서 각 다이어그램에 대해 더욱 자세하게 배울 것이다. 그 전에 다이어그램을 구성하고 있는 기본 요소에 대해 알아보자.

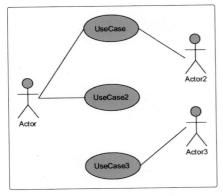

(a) 유스케이스 다이어그램

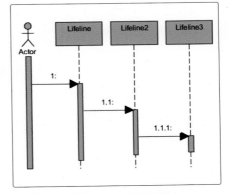

(b) 액티비티 다이어그램

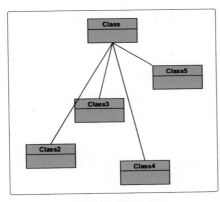

(c) 클래스 다이어그램

(d) 시퀀스 다이어그램

[그림 5-17] 네 가지 UML 다이어그램

튜터

각 다이어그램을 소개하기 전에, 다이어그램을 구성하고 있는 기본 요소에 대해 알아볼까요?
UML의 다이어그램(Diagram)은 크게 '사물(Things)'과 사물을 이어주는 선을 의미하는
'관계(Relationship)'로 구성되어 있습니다.

Diagram = Things + Relationships

UML 다이어그램은 결국 크게 두 가지로 구성되어 있는 거네요?

다미

튜터

맞아요.
예를 들어, 유스케이스 다이어그램의 경우, 사람이 시스템을 사용하는 행동을 표현할 수 있으므로,
다음과 같이 사물들과 그 관계를 선으로 이어 구성할 수 있습니다.
다른 다이어그램을 그릴 때도 마찬가지입니다.

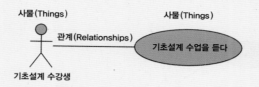

즉, UML 다이어그램을 그린다는 것은
사물(Thing)과 사물을 관계(Relationship) 선으로 이어주는 단순 작업입니다 :-)

네 개의 다이어그램을 그리다 보면, 프로젝트 창 왼쪽의 메뉴 버튼들이 각각 달라지는 것을 확인할 수 있다. 하지만 그리는 원리는 동일하다. 왼쪽 메뉴에서 사물들(Things)을 에디터 창에 끌어다 놓고, 사물과 사물은 왼쪽 메뉴의 선처럼 생긴 것을 가져와서 이어주는 작업을 하면 된다. [표 5-3]은 비주얼 패러다임 에디터 창의 왼쪽 메뉴에 보이는 네 가지 다이어그램의 사물과 관계의 아이콘 메뉴를 한눈에 볼 수 있도록 정리한 것이다.

예를 들어, 유스케이스 다이어그램의 메뉴를 잘 관찰해 보면, 액터(Actor), 유스케이스(Use Case)와 같은 대표적인 사물 아이콘이 보일 것이다. 또 포함, 확장, 연관, 일반화(include, extend, association, generalization)와 같은 다양한 종류의 관계선도 보일 것이다. 선의 모양이 다 조금씩 다르게 생겼다는 것도 관찰해 두기 바란다.

[표 5-3] 네 가지 다이어그램의 메뉴

유스케이스 다이어그램	액티비티 다이어그램	시퀀스 다이어그램	클래스 다이어그램
Cursor	Cursor	Cursor	Cursor
Use Case	Activity	Lifeline	Class
Association	Activity Parameter Node	Message	Generalization
Actor	Send Signal Action	Duration Message	Usage
System	Decision Node	Create Message	Association
Include	Initial Node	Self Message	N-ary Association
Extend	Activity Final Node	Recursive Message	Association Class
Dependency	Input Pin	Found Message	Dependency
Generalization	Object Node	Lost Message	Abstraction
Collaboration	Interruptible Activity Regi	Reentrant Message	Collaboration
Element Group	Expansion Region	Alt. Combined Fragment	Model
Note	Expansion Node	Interaction Use	REST Service
Anchor	Horizontal Swimlane	Frame	Note
Constraint	Control Flow	Actor	Anchor
Containment	Object Flow	Concurrent	Constraint
	Exception Handler	Continuation	Containment
	Structured Activity Node	Gate	

[표 5-3]의 아이콘들이 지금은 다소 생소하겠지만 6장, 7장, 8장, 9장에서 네 가지 다이어그램에 관한 구체적인 실습을 하다 보면 점차 익숙해질 것이다. 추가적으로 각 UML 다이어그램에서 활용할 수 있는 사물과 관계에 대해 사전식으로 잘 정리해 놓은 VP Gallery 사이트를 참조해 보기를 추천한다([그림 5-18] 참조). 본격적인 실습을 시작하기 전에, 시간을 할애하여 다이어그램별로 어떤 사물과 관계들이 정리되어 있는지 살펴보도록 하자.

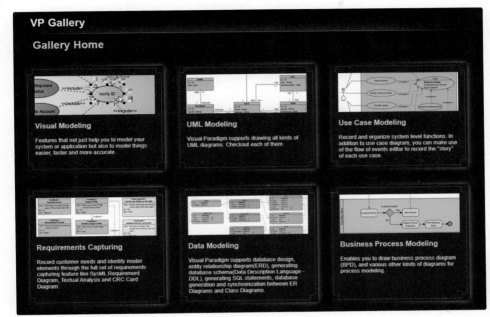

[그림 5-18] VP Gallery 사이트[1]

1   https://www.visual-paradigm.com/VPGallery/diagrams/index.html

유스케이스 다이어그램 소개

유스케이스 다이어그램은 소프트웨어 혹은 시스템의 기능과 사용자들의 관계를 나타낼 수 있는 다이어그램이다. 즉, 시스템과 사용자의 상호관계를 표현하는 다이어그램이다. 이 장에서는 유스케이스 다이어그램의 개념과 구성요소에 대해 알아보고, 비주얼 패러다임을 활용하여 다양한 사례를 유스케이스 다이어그램으로 작성하는 실습을 해 본다.

6.1 유스케이스 다이어그램 개념 알기

이 장의 목표는 [그림 6-1]의 예시와 같은 비주얼 패러다임의 유스케이스 생성화면 및 메뉴 화면을 이해하여 유스케이스 다이어그램을 직접 그리고, 자신이 작성한 다이어그램을 설명할 수 있게 하는 것이다. 그러기 위해 먼저 유스케이스 다이어그램의 개념 이해부터 시작해야 할 것이다. 여전히, 아직 우리가 무엇을 하려고 하는지 전체를 보지는 못할 것이다. 눈을 가린 채로 코끼리의 코를 먼저 만져본다는 기분으로 유스케이스 다이어그램 그리기부터 시작해 보자. 이 장을 시작하기 전에 설치한 비주얼 패러다임을 실행해 실습을 준비해 주기 바란다.

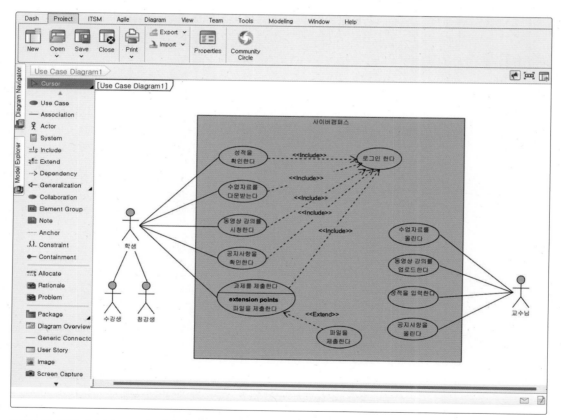

[그림 6-1] 비주얼 패러다임의 유스케이스 다이어그램 예시 화면

6.1.1 유스케이스 다이어그램이란?

유스케이스 다이어그램[1]은 소프트웨어와 사용자 간의 상호관계를 시각적으로 보여 주는 다이어그램이다. 또한 소프트웨어 혹은 시스템이 제공하는 다양한 기능과 사용자와의 관계를 명시하는 다이어그램이기도 하다. 소프트웨어는 사용자들에게 어떤 기능을 제공할 수 있는지, 사용자들은 소프트웨어를 활용하여 어떤 기능을 사용하고 어떤 목적을 달성할 수 있는지의 그 관계를 명시할 수 있다.

사용자는 컴퓨터에 대한 전문적인 지식이 없어도 유스케이스 다이어그램을 보고 "아, 이 시스템(프로젝트)에 이런 기능이 있구나!" 하며, 쉽게 해당 프로젝트의 기능이나 정보를 이해할 수 있다는 장점이 있다. 여러분도 개념적인 부분을 이해하고, 이 장에서 제공하는 단계별 학습활동을 차근차근 따라가며 문제를 해결하다 보면 유스케이스 다이어그램의 의미에 대해 자연스럽게 이해하게 될 것이다.

다미

얘들아! UML 다이어그램으로 우리 팀 주제를 코드 없이 쉽게 시각화해 보자!

라나

벌써? 아직 UML을 정확하게 사용하지도 못하는데?
좀 더 연습하고 우리에게 필요한 다이어그램이 무엇인지 생각해 봐야 해.

튜터

그래요. 아직 직접 표현해 보기에는 버거울 수 있으니 하나씩 같이 해보도록 해요.
우선 여러 가지 다이어그램 중에서도 유스케이스 다이어그램은
여러분이 진행하려는 시스템의 기능을 한눈에 보이게 시각화할 수 있어요.
코드를 구현하지 않아도 다양한 방법으로 아이디어를 컴퓨터로 표현할 수 있고,
특히 사용자의 관점에서 쉽게 표현할 수 있답니다.
개발하는 여러분도 좀더 편하게 시각화할 수 있을 뿐만 아니라
다른 사람들도 여러분의 의도를 좀더 쉽게 이해할 수 있을 거에요.

가온

그럼 다른 UML 다이어그램보다 유스케이스 다이어그램을 먼저 그려 보는 게 좋겠네요.

튜터

맞아요. 감을 잘 잡고 있네요 :-)
유스케이스 다이어그램은, 여러분이 개발하려는 시스템이
어떤 기능을 해야 하는지를 나열하는 것뿐이에요.
소프트웨어에 전문지식이 없어도 쉽게 접근할 수 있으니,
너무 부담 가지지 않아도 된답니다.
그럼 지금부터 유스케이스 다이어그램의 개념을 이해하고,
단계별 학습활동으로 따라 하기 실습을 해 볼까요?

---

1 UML 중 첫 번째로 설명할 유스케이스(Usecase) 다이어그램은 기능을 강조하는 특성 상 유즈케이스 다이어그램이라고도 하는데, 이 책에서는 유스케이스 다이어그램으로 통일하여 부르기로 하겠다.

6.1.2 유스케이스 다이어그램 구성요소

이제 유스케이스 다이어그램에는 어떤 사물(Things)이 있고, 어떤 관계(Relation ships)가 있는지 알아보고자 한다. 비주얼 패러다임에서 유스케이스 다이어그램을 그릴 때 나타나는 왼쪽 메뉴를 잘 관찰해 보자. 다양한 메뉴 중 자주 쓰이는 기능을 소개하고자 한다.

[VP Gallery]

■ 사물(Things)

유스케이스 다이어그램의 대표적인 사물로는 액터와 유스케이스가 있다. **액터**(Actor)는 사용자로, **유스케이스**(Usecase)는 서비스나 기능으로 생각하면 이해하기 쉽다. 다음 [표 6-1]에 구성요소를 설명하고 정리했다.

[표 6-1] 유스케이스 다이어그램의 구성요소

구성요소	표현	설명
시스템 (System)	열람실	• 만들고자 하는 시스템, 만들고 싶은 시스템의 범위를 설정/경계 나타낼 때 사용 • 사용자나 다른 기계가 특정 기능의 수행을 목적으로 이용하는 시스템 표현 • 유스케이스를 수행하는 장치
액터 (Actor)	학생	• 소프트웨어 시스템 외부의 독립적인 존재 • 시스템에 서비스 요청하고 시스템으로부터 정보를 제공받는 사용자 • 사람뿐만 아니라 하드웨어 시스템 가능 • 여러 명의 액터 생성 가능
유스케이스 (Usecase)	공부를 한다	• 시스템이 액터에게 제공하는 서비스나 기능 • 유스케이스 이름 : '~하다'와 같이 동사로 표현 • 유스케이스 하나에 한 개의 기능을 작성 • 액터의 요청에 반응하여 원하는 처리 수행 및 정보 제공

■ 관계(Relationships)

관계란, 액터와 유스케이스 사이의 의미 있는 상호관계를 의미한다. 액터와 유스케이스 사이를 선으로 연결시켜주며, 선의 종류에 따라 **연관 관계, 포함 관계, 확장 관계, 일반화 관계**로 구분된다.

[표 6-2] 선 종류에 따른 관계

구성요소	표현	설명
연관 관계 (association)	학생 — 공부를 한다	• 액터와 유스케이스 간의 상호작용 표시 • 액터가 시스템의 어떤 기능에 접근하는지 표현
포함 관계 (include)	수강신청한다 <<Include>> → 로그인한다	• 해당 유스케이스 수행을 위해 필요한 선수 과정 표시 • 화살표가 가리키는 유스케이스 선수 과정 • 하나의 유스케이스가 진행될 때, 〈〈include〉〉로 연결된 유스케이스가 반드시 진행되는 것을 의미
확장 관계 (extend)	글을 등록한다 extension points 사진을 첨부한다 <<Extend>> 사진을 첨부한다	• 유스케이스의 행위 확장 표시 • 유스케이스에서 추가 기능을 표현할 때 사용, 포함 관계와 다르게 반드시 일어나지 않아도 됨 • 화살표가 가리키는 "글을 등록한다"가 실행될 때, 화살표가 나가는 "사진을 첨부한다"는 추가기능 실행 의사가 있을 시 실행
일반화 관계 (generalization)	학생을 검색한다 — 학번으로 검색한다 / 이름으로 검색한다	• 액터나 유스케이스 사이의 상위/하위 개념 표시 • 화살표가 가리키는 쪽이 상위 개념, 화살표가 나가는 쪽이 상위 개념에 포함되는 하위 개념 • 일반적인 유스케이스와 조금 더 구체적인 유스케이스 사이를 표현

그렇다면 다음의 [그림 6-2]는 어떻게 해석할 수 있을까? 액터인 '학생'이 유스케이스 중 '공부를 한다'와 연결되어 있다. 즉, '학생이 열람실에서 공부를 한다' 정도로 해석할 수 있다. [그림 6-2]에서의 시스템(Sytem) 박스는 사물이나 관계라기 보다는 일종의 경계선이므로, 생략해도 큰 문제는 없다.

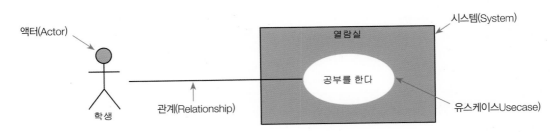

[그림 6-2] 유스케이스 다이어그램의 구성요소 예시

유스케이스 다이어그램을 구성할 때는 단순히 활동을 나열하는 것이 아닌, 유스케이스 사이의 관계를 고려하여, 어떤 유스케이스를 만들어야 하는지 생각해야 한다. 다음 [그림 6-3]의 두 예시를 비교해 보자. 프로모션의 정보를 소비자에게 보낼 경우, 이메일, 전화번호, 집주소를 구분해서 각각의 유스케이스를 따로 구성하는 것이 아니라, '프로모션 정보를 보내다(send promotion information)' 정도로 유스케이스 하나를 생성하는 것이 바람직하다. 유스케이스 다이어그램에서 유스케이스들은 너무 상세하게 구성하지 말고, 최상위 레벨에서 사용자가 해야 하는 행위를 단순하게 작성해야 한다는 점을 잊지 말자.

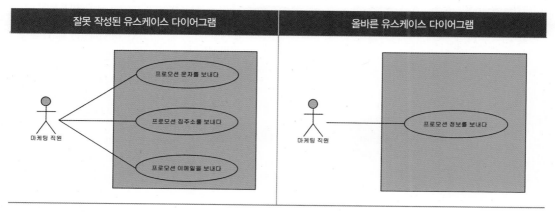

[그림 6-3] 유스케이스 다이어그램 예시

튜터

앞으로 유스케이스 다이어그램에 보이는 관계선들의 화살표 방향을 잘 관찰해 보세요.
포함 관계와 확장 관계의 화살표를 반대로 그리는 경우가 많습니다.
[그림 6-4]의 (a)는 포함 관계가 잘못 설정되어 있습니다.
학점(성적)을 기록하고 수정하려면 '학점 저장' 행위가 필수적으로 포함되어 있어야 해요.
즉 '학점 저장'의 유스케이스 방향으로 화살표가 진행되어야 합니다.
다시 말하지만, 화살표를 반대로 작성하지 않도록 조심하세요!

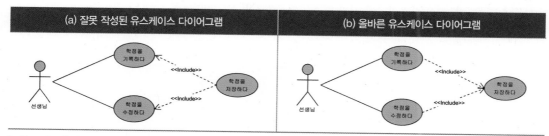

[그림 6-4] 포함 관계와 확장 관계

6.1.3 유스케이스 다이어그램 따라 그리기

유스케이스 다이어그램의 구성요소를 어느 정도 이해하게 되었다면, 드디어 비주얼 패러다임을 통해 실습하면서 유스케이스 다이어그램에 대한 이해도를 더 높여 보기로 하자.

실습 따라 하기

01 비주얼 패러다임 메뉴에서 [Diagram] 〉 [New] 메뉴를 선택한 후, 'Use Case Diagram'을 선택한다. 다이어그램의 이름을 "내 첫 번째 유스케이스 다이어그램"이라고 명명하고 실습을 시작한다.

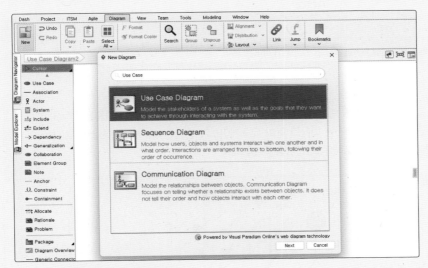

[그림 6-5] 유스케이스 다이어그램 만들기

02 '액터'는 해당 활동을 하는 사람 혹은 시스템을 의미한다. 액터를 그리기 위해 창의 왼쪽 다이어그램 도구 모음에서 [액터(Actor)]를 선택한 다음, 다이어그램 에디터 내 원하는 장소에 드래그하여 놓는다.

[그림 6-6] 액터(Actor) 만들기

03 유스케이스를 그리려면 메뉴 상단의 [유스케이스(Use Case)] 아이콘(❶) 혹은 [액터(Actor)]에서 오른쪽 상단에 생성되는 [리소스 카탈로그(Resource Catalog)] 아이콘(❷)을 선택한다.

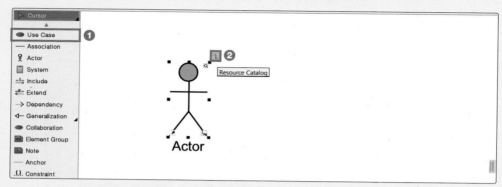

[그림 6-7] 액터의 우측 상단에 위치한 [리소스 카탈로그] 아이콘 클릭

04 [그림 6–8]과 같이, 생성될 사물 종류 및 관계선을 표시한 화면 목록에서 사용할 사물을 선택하고, 드래그 하여 원하는 곳에 마우스를 놓으면, 다음과 같이 유스케이스가 생성된다. Actor와 Usecase 사이의 관계 선은 [연관관계(Association)]로 설정되어 있음을 관찰하자.

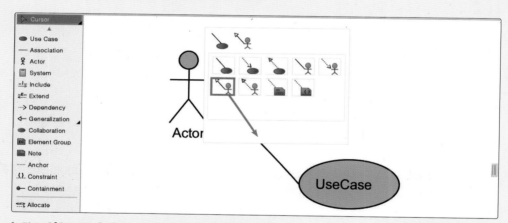

[그림 6-8] [유스케이스]와 [연관관계(Association)]가 생성된 모습

05 사용할 유스케이스를 선택하면, 만들어둔 '액터'와 새로 만들어진 '유스케이스'가 연결된다. 만들어진 '유스케이스'에 표현해야 하는 행동을 작성한다. 'Actor'를 더블 클릭하여, '학생'을 입력하고, 'UseCase'를 더블 클릭하여, '강의를 듣는다'를 입력해 보자. '학생이 강의를 듣는다'는 뜻을 표현한 것이다.

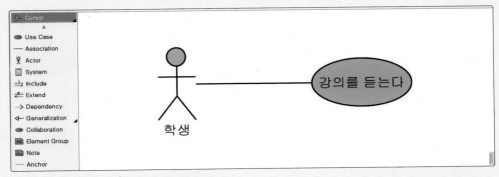

[그림 6-9] 유스케이스에 액터의 관계를 형성한 화면

06 [그림 6-9]와 같이 간단한 유스케이스 다이어그램을 작성해 보았다면, 왼쪽 메뉴를 관찰해 보자. 관계에 여러 종류가 있음을 관찰할 수 있다. 영어로 된 [연관 관계(Association)], [포함 관계(Include)], [확장 관계(Extend)] 등이 눈에 띈다. 만약, [확장 관계]와 [포함 관계]를 추가 작성하려면 어떻게 해야 할지 생각해 보자.

07 학생이 강의를 듣기 위해서는 튜터가 '튜터링한다'는 확장 관계가 필요하다. '강의를 듣는다'의 유스케이스에 대해 '리소스 카탈로그'에서 [확장 관계(Extend)]를 선택하여 '튜터링한다'라는 유스케이스와 확장 관계를 생성한다.

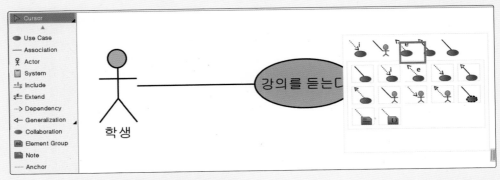

[그림 6-10] 유스케이스의 [확장 관계(Extend)] 선택 화면

08 기존 유스케이스인 확장 대상 유스케이스를 수행할 때, [그림 6-11]과 같이 새로 생성한 유스케이스에 해당하는 확장 기능 유스케이스를 수행할 수 있게 된다.

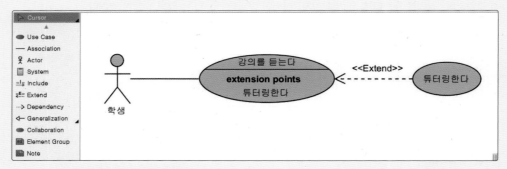

[그림 6-11] 확장 관계 유스케이스가 수행된 화면

09 학생이 강의를 들으려면 '로그인한다'는 구체적인 행위가 포함된다. 따라서 '강의를 듣는다'의 유스케이스에 대해 '리소스 카탈로그'에서 [포함 관계(Include)]를 선택하여 '로그인한다'라는 유스케이스와 포함 관계를 생성한다.

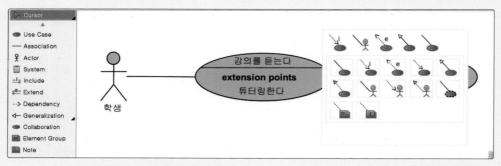

[그림 6-12] 유스케이스의 [포함 관계(Include)] 선택 화면

10 [그림 6-13]과 같이 기존 유스케이스를 수행할 때 필수적으로 실행돼야 하는 기능의 유스케이스를 수행할 수 있다.

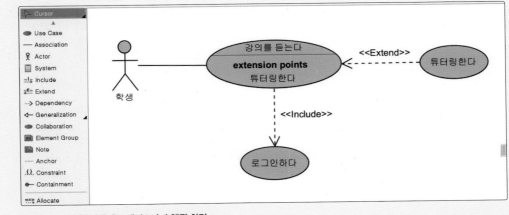

[그림 6-13] 포함 관계 유스케이스가 수행된 화면

[실습 따라 하기]를 모두 마쳤다면, 다음 [학습활동]을 진행해 보자.

학습활동 6-1 | **전자레인지 유스케이스 다이어그램 작성하기** | [문제탐색 ★★]

01 다음은 전자레인지에 대해 유스케이스 다이어그램으로 표현한 것이다. 각자 다음에 제시된 다이어그램의 설명을 이해하면서, 비주얼 패러다임으로 아래 다이어그램을 동일하게 작성해 보자.

다이어그램	표현	설명
유스케이스 다이어그램	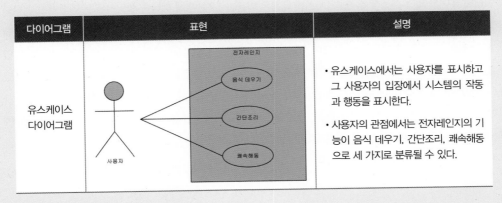	• 유스케이스에서는 사용자를 표시하고 그 사용자의 입장에서 시스템의 작동과 행동을 표시한다. • 사용자의 관점에서는 전자레인지의 기능이 음식 데우기, 간단조리, 쾌속해동으로 세 가지로 분류될 수 있다.

유스케이스 다이어그램 실습하기

이제 조금 더 구체적인 사례연구를 통해, 유스케이스 다이어그램으로 프로젝트 아이디어를 어떻게 표현할 수 있는지 알아 보고자 한다. 학교 캠퍼스 또는 소규모 회사에서 생각해 볼 수 있는 소프트웨어 프로젝트로, 구내식당 시스템, 도서관 대출 시스템, 사이버 캠퍼스 시스템 등을 다이어그램으로 표현해 보자.

6.2.1 구내식당 시스템

다음의 '구내식당 시스템'과 관련된 [시나리오]를 살펴보고, 비주얼 패러다임을 사용하여 단계별로 실습을 진행해 보자. 우선 제시된 [시나리오]에서 중요한 키워드를 하이라이트하고, 명사 중에서 액터를 찾으면서 유스케이스 다이어그램을 완성하면 된다.

시나리오   **구내식당 시스템**

애플리케이션의 액터(Actor)를 "사용자, 생협, 구내식당"으로 나누어 생각한 유스케이스 다이어그램으로 세 가지 액터의 측면을 각각 구성할 수 있다. 시스템 내용은 다음과 같다. 음식 메뉴를 열람하는 동시에 재고 여부를 팝업 창 알림으로 알 수 있다. 또 선불 충전방식으로 결제가 가능하다. 애플리케이션을 이용하여 결제 시 결제 금액의 5%를 포인트로 지급받을 수 있으며, 이 포인트는 잔액과 합쳐 실제 결제 가능한 금액으로 사용할 수 있다. 잔액이 부족할 시 push 알람으로 잔액 부족을 확인할 수 있고, 충전은 생협에서 바코드를 인식해 할 수 있다. 건의할 사항이 있다면 애플리케이션 건의사항 메뉴에서 본인 의견을 게시할 수 있게 하였고, 구내식당 사용자 또한 학생들의 의견에 대한 피드백을 바로 댓글 형식으로 게시할 수 있다. 구내식당은 사용자가 메뉴를 열람할 수 있도록 메뉴를 게시하고, 품절 알림을 관할한다. 품절 알림과 건의사항 게시와 피드백, 요금 충전 및 결제 기능은 로그인을 해야 사용할 수 있다.

하이라이트한 키워드와 명사를 바탕으로 비주얼 패러다임을 활용하여 유스케이스 다이어그램을 다음과 같이 작성해 보자.

01 애플리케이션의 액터(Actor)를 "사용자, 생협, 구내식당"으로 구성하여 유스케이스 다이어그램을 생성
   한다.

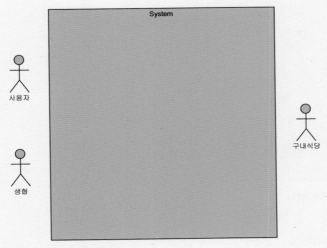

[그림 6-14] 액터(Actor) 설정

02 애플리케이션이 사용자에게 제공하는 기능을 유스케이스 다이어그램에 표현한다.

   ❶ 음식 메뉴를 열람할 수 있다.

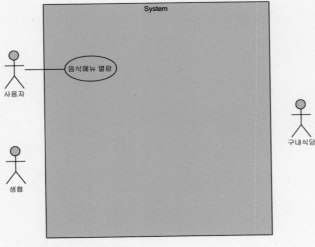

[그림 6-15] 음식 메뉴 열람 표현

❷ 팝업 창 알림을 통해 재료가 소진될 경우 품절의 여부를 알 수 있다.

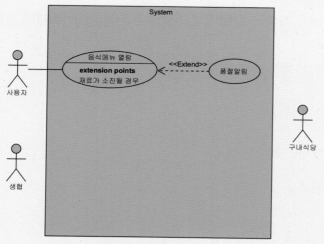

[그림 6-16] **팝업 창 알림을 통해 품절의 여부 표현**

❸ 결제는 선불 충전 방식으로 이루어진다.

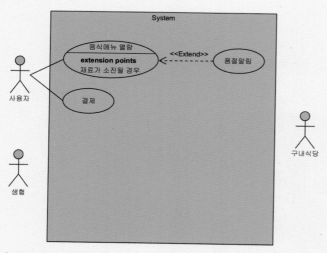

[그림 6-17] **결제 방법 표현**

❹ 애플리케이션을 이용하여 결제 시, 결제 금액의 5%를 포인트로 지급받을 수 있다. 포인트는 실제 결제 가능 금액으로 사용할 수 있다.

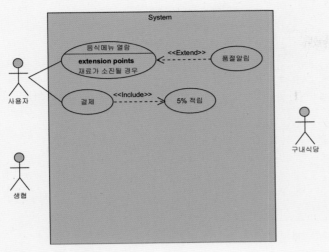

[그림 6-18] 포인트 지급 표현

❺ 잔액 부족 시, 생협에서 바코드를 인식하여 요금을 충전할 수 있다.

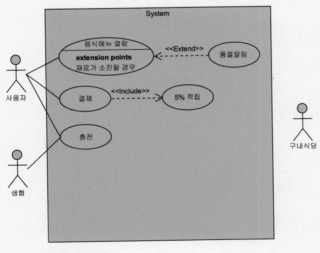

[그림 6-19] 요금 충전 표현

⑥ 잔액 부족 시, 푸시 알람을 통해 잔액 부족을 확인할 수 있다.

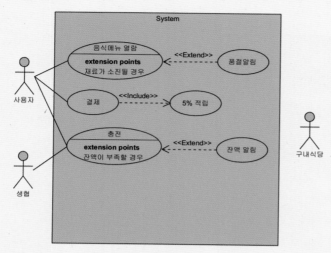

[그림 6-20] 푸시 알람을 통해 잔액 부족 확인 표현

03 사용자가 애플리케이션 건의사항 메뉴에서 건의사항을 게시할 수 있으며, 구내식당은 댓글의 형태로
게시글에 피드백을 제시할 수 있다.

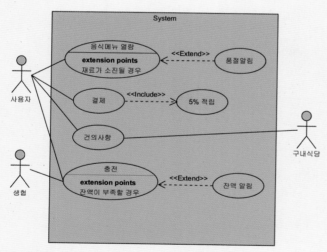

[그림 6-21] 사용자의 건의사항과 구내식당의 피드백 게시 표현

04 구내식당에서 애플리케이션 사용자에게 제공하는 기능을 유스케이스 다이어그램에 표현한다.

❶ 사용자가 메뉴를 열람할 수 있도록 식사 메뉴를 게시한다.

❷ 재료의 품절을 사용자에게 알리는 품절 알림을 관할한다.

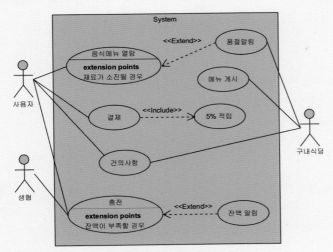

[그림 6-22] 구내식당에서 애플리케이션 사용자에게 제공하는 기능 표현

05 품절 알림, 건의 사항 게시 및 피드백, 결제 및 충전 기능은 로그인을 해야 사용할 수 있다.

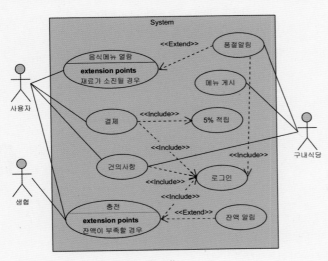

[그림 6-23] 로그인하여 사용할 수 있는 기능

6.2.2 도서관 대출 시스템

6.2.1절의 '구내식당 시스템' 유스케이스 다이어그램을 그리면서 하나의 시스템을 유스케이스 다이어그램으로 어떻게 표현하면 되는지 감을 잡았을 것이다. 이제는 한 단계 더 나아가서 '도서관 대출 시스템'에 대한 유스케이스 다이어그램의 시나리오부터 작성해 보자.

튜터

지금까지 유스케이스 다이어그램에 대해 알아봤어요. 잘 이해되었나요?
아무래도 사용자나 시스템 입장에서 크게 최상위 레벨 행위를
우선적으로 작성하는 것이라 비교적 쉬웠을 것 같은데,
유스케이스 다이어그램이 어떠한 형태로 그려지는지 정확하게 이해했나요?

코딩을 하지 않고 그림으로만 시스템을 표현할 수 있으니 너무 편리해요.
만드는 사람 입장에서도 쉽게 표현할 수 있어서 좋고,
보는 사람 입장에서도 다양한 관점에서 이해할 수 있어요.

다미

맞아요!
다양한 주제로 유스케이스 다이어그램을 작성해 보면 좋겠어요.

가온

그렇다면 이번에는 유스케이스 다이어그램으로
'도서관 대출 시스템'을 표현해 볼까요?
작성하는 방법은 지금까지 알아본 내용을 참고하면 쉬울 거예요.

튜터

'도서관 대출 시스템'은 우리 주제잖아. 유용하겠다!

다미

사실 내가 팀에 도움이 될까 걱정했는데,
도서관 대출 시스템을 팀원들과 함께 살펴보면
나도 팀 프로젝트에 참여하는 데 도움이 될 것 같아.

라나

잘 되었네요. 모두들 걱정하지 말고
도서관에서 대출을 어떻게 하는지 먼저 생각해 보세요.

튜터

시나리오의 경우 다음과 같은 몇 가지 규칙을 지키며 작성하면 명확하게 작성할 수 있고, 유스케이스 다이어그램으로 쉽게 표현할 수 있다.

❶ 유스케이스 다이어그램을 완성한 다음 식별된 유스케이스별로 유스케이스 시나리오를 작성한다.

❷ 유스케이스 시나리오에 대한 표준은 없으나 유스케이스 시나리오에는 일반적으로 유스케이스 이름 및 개요, 유스케이스를 수행하는 행위자, 선행 및 후행조건, 유스케이스의 이벤트 흐름이 포함된다.

❸ 유스케이스 시나리오를 작성할 때는 시스템이 무엇을 하는가에 대한 설명에 집중한다.

❹ 시나리오를 자세하게 작성하는 것도 좋지만 고객이 이해할 수 있는 수준으로 작성하는 것이 중요하다.

❺ 시스템이 해당 유스케이스를 수행하기 위한 방법과 같은, 구현 방법에 대해서는 설명하지 않도록 한다.

다음 [학습활동 6-2]의 [시나리오 예시]를 참고하여 '도서관 대출 시스템' 관련 시나리오를 스스로 작성해 보자. 마찬가지로 중요한 키워드를 표시하면서, 왜 해당 키워드를 표시하는지에 대한 이유를 적어 보면 학습에 도움이 될 것이다. 스스로 작성한 시나리오를 바탕으로 유스케이스 다이어그램을 작성하면 다이어그램을 더 쉽고 편하게 작성할 수 있다.

01 다음 예시를 참고하여 스스로 '도서관 대출 시스템'의 시나리오를 작성하며, 중요한 키워드가 무엇일지 생각해 보자. 자신이 생각하는 시나리오를 작성하여 가온, 나훈, 다미, 라나를 도와주자. **HINT** 주변 학교 도서관의 대출, 반납 절차를 웹사이트에서 참조하여, 다이어그램을 구상해 보자.

---

1. 대출자료 연장

① 도서관 홈페이지의 "로그인 → 자료이용 → 대출연장/예약/분관대출"에서 직접 연장할 수 있으며, 1책당 2회까지 가능하다.

② 반납예정일은 연장 신청한 날로부터 대출기간만큼 연장된다.

③ 대출 연장이 불가능한 경우 : 대출 연장하려는 도서가 지정도서이거나 예약도서이거나 연체도서이거나 미납 연체료가 있는 경우

2. 대출자료 반납

① 대출한 자료는 기간 내에 반납해야 한다.

② 직접 반납의 경우 중앙 도서관이나 분관도서관을 방문해야 한다.

③ 택배/퀵서비스 반납 시 발생하는 비용은 이용자가 부담한다.

④ 예약도서 및 지정도서는 중앙도서관 1층 서문 또는 도서자동반납기로만 반납 가능하다.

⑤ 연체도서는 자가대출반납기/도서자동반납기로 반납이 가능하다.

⑥ 비도서자료는 자가대출반납기/도서자동반납기로 반납이 불가하다.

⑦ 딸림자료는 연체 시 본책과 별도로 연체료가 부과된다.

3. 유의사항

① 자료 연체를 방지하기 위해 대출자료의 반납예정일을 꼭 확인하고 자료 반납 시에는 시스템에서 반납 처리가 되었는지 반드시 확인한다.

② 도서자동반납기는 한 번에 한 권씩만 반납 처리되므로 강제로 여러 권의 책을 넣지 않도록 한다 (강제반납 2회 시 도서관 열람실 30일 이용 제한).

③ 반납증은 반드시 보관해야 하며, 도서관 홈페이지에서 반납내역을 확인한다.

[학습활동 6-2]에서 작성한 시나리오를 바탕으로, 비주얼 패러다임을 이용하여 유스케이스 다이어그램을 작성해 보자.

01 [학습활동 6-2]에서 작성한 시나리오를 바탕으로, 다음 네 사람의 대화 내용을 반영하여 유스케이스 다이어그램을 작성해 보자.

다미: 우리가 작성한 '도서관 대출 시스템'의 시나리오에는 몇 명의 액터를 구성하면 좋을까?

라나: 사서 선생님이랑 회원으로 2명만 있으면 될 것 같아.

가온: 음, 회원의 종류도 다양하잖아. 그런 것도 다 표현하면 좋지 않을까?

다미: 가온이 말처럼 다양한 대상을 깊이 있게 생각해 보는 것도 좋겠네. 일단 어떤 유스케이스를 구성하면 좋을지 생각해 보자.

가온: 도서 대출기능, 도서 반납기능 두 부분으로 크게 생각해 보면 좋을 것 같아.

나훈: 음! 반납 유스케이스에는 연체료 계산하는 유스케이스를 포함시키면 좋을 것 같아.

다미: 함께 생각하니까 더 명확하고 자세한 유스케이스 다이어그램을 구성할 수 있겠는걸! 이제 작성해 볼까?

[학습활동 6-3]이 어려운 학습자를 위해 네 사람의 대화내용을 반영하여 간단히 유스케이스 다이어그램을 그리려 한다. 먼저, 라나의 말대로 '사서'와 '회원'이라는 두 액터를 배치한다. 그다음, 가온이 말한 것처럼 회원에 속하는 여러 대상(직원, 학생 등)을 액터로 배치한다. 그리고 상위 액터 회원에 "일반화" 관계를 설정해 준다. 다시 말하면, 회원의 종류로는 직원, 교수, 학생이 있음을 표시한 것으로 이해하면 된다.

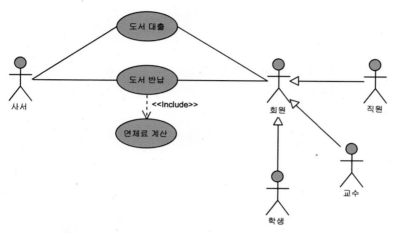

[그림 6-24] 다양한 회원 액터 표현

다음, 가온의 말대로 "도서 대출", "도서 반납" 기능을 가진 유스케이스를 배치한다. 나훈의 의견을 참고해 "반납" 유스케이스에는 "연체료 계산" 유스케이스를 "포함"(include)시킨다. 그러면 [그림 6-25]와 같은 형태의 유스케이스 다이어그램이 만들어진다.

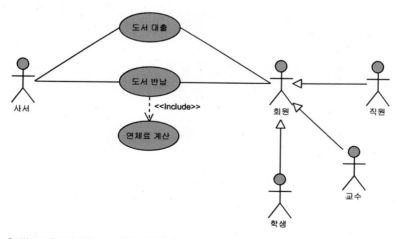

[그림 6-25] 도서 대출, 도서 반납, 연체료 추가 표현

조금 더 나아가, "사서"와 "회원" 액터에 도서 연장과 관련된 "연장" 유스케이스를 추가로 연결시킬 수 있다. "반납 기한" 유스케이스를 "연장" 유스케이스에 포함시키고, "사서"와 "회원"에 "기록갱신" 유스케이스를 연결시킬 수 있다. 여기까지 표현한 것이 [그림 6-26]이다. 해당 유스케이스를 기본으로, 다양한 구체적인 기능들을 자유롭게 추가할 수 있다.

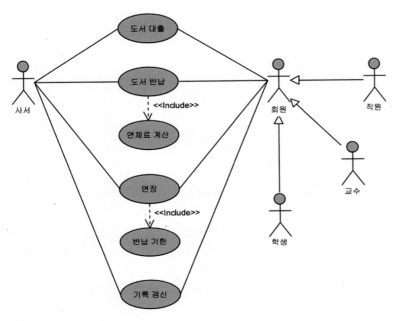

[그림 6-26] 사서와 회원 액터에 '연장', '반납 기한', '기록 갱신' 유스케이스 연결

유스케이스 다이어그램을 작성할 때 세 가지 주의할 점이 있어요.

튜터

첫째, 기능과 서비스의 순서는 중요하지 않습니다.
둘째, 포함 관계와 확장 관계는 반드시 작성해야 하는 부분은 아닙니다.
셋째, 통일된 관점을 사용해야 합니다.

6.2.3 사이버 캠퍼스 시스템

'구내식당 시스템'과 '도서관 대출 시스템'을 학습하며 유스케이스 다이어그램이 생각보다 간단해 쉽게 작성할 수 있겠다는 생각이 들었을 것이다. 하지만 유스케이스 다이어그램에 대한 이해가 부족하다면, 실제 작성 시 관계를 틀리게 지정하여 작성할 수 있으니 정확하게 인식하고 있어야 한다. 이번에는 '사이버 캠퍼스 시스템'을 통해 앞에서 배운 것들을 활용해 문제를 해결해 보자.

학습활동 6-4	'사이버 캠퍼스 시스템' 시나리오 작성하기	[문제분석 ★★]

01 다음의 예시(하이라이트된 부분)를 참고하여 여러분이 '사이버 캠퍼스 시스템'의 시나리오를 작성하고, 중요한 키워드가 무엇인지 생각해 보자.

사이버 캠퍼스 시스템

사이버 캠퍼스는 학생과 교수 모두 이용이 가능하다. 학생은 수강생과 청강생으로 구분되어 사이버 캠퍼스를 이용한다. 사이버 캠퍼스에 로그인하고, 자신이 수강하는 과목에 접속한다. 또 사이버 캠퍼스 안에서 교수가 업데이트한 수업자료를 다운받고, 수업을 듣는다. 교수는 수업에 참고할 수 있는 동영상 강의를 업로드하고, 학생은 해당 동영상 강의를 듣는다. 학생은 과제물을 사이버캠퍼스에 제출하고, 필요에 따라 파일을 첨부한다. 교수는 학생이 제출한 과제물을 평가해 성적을 입력한다. 교수는 매주 공지사항을 올려 다음 수업 내용을 소개하고, 학생들은 공지사항을 확인한다.

---

01 [학습활동 6-4]에서 작성한 시나리오를 바탕으로 유스케이스 다이어그램을 비주얼 패러다임을 활용해 작성해 보자. 시나리오의 동사 중에서는 유스케이스, 명사 중에서는 액터를 찾으면서 유스케이스 다이어그램을 완성하면 된다. 만약 감이 잡히지 않는다면 세 사람의 대화를 참고해 보자.

가온

이번에 액터는 학생, 교수님, 수강생, 청강생 정도면 되겠지?

그래, 내가 봐도 액터는 저 정도면 충분할 것 같아.

나훈

다미

제일 중요한 포인트는 로그인 기능을
학생의 여러 유스케이스에 잘 포함시키는 일 같아.

모든 다이어그램은 복잡하고, 어려운 시스템에만 적용되는 것이 아니라 우리의 일상생활이나 주변에서 발생할 수 있는 상황들에도 충분히 적용할 수 있다. 예를 들어, '우리는 월요일부터 금요일까지 학교에서 공부를 한다. 12시가 되면 동기, 선후배들과 점심을 먹고, 수업이 없는 시간에는 도서관 열람실에서 공부를 한다. 도서관에서는 열람실을 이용하여 공부도 하지만, 누군가는 책을 빌리기도 한다.'와 같은 일상생활도 유스케이스 다이어그램으로 표현해 볼 수 있다.

이제는 정해진 주제의 시나리오가 아니라, 각자의 프로젝트 주제로 시나리오를 작성하고 유스케이스 다이어그램을 만드는 작업도 가능할 것이다. 다음의 "실습문제"를 좀더 고민해 보면서 유스케이스 다이어그램을 완벽하게 이해해 보자.

실습문제

01 [문제해결 ★★★] 일상생활에서 많이 접하는 **ATM**(현금자동인출기) 시스템에 대한 다음의 지침을 읽고 이해한 대로 유스케이스 다이어그램을 완성해 보자.

> **[지침]**
>
> - Actor ⇨ System (Usecase)
> - Maintenance ⇨ ATM (perform routine maintenance)
> - Stocker ⇨ ATM (Fill ATM with cash)
> - Customer ⇨ ATM (Withdraw cash / Deposit funds / Check balance / Transfer funds)
> - Bank⟪system⟫ ⇨ ATM (Withdraw cash / Deposit funds / Check balance / Transfer funds)

02 [문제해결 ★★★★] '온라인 물품 배송 시스템'에 대한 시나리오를 작성하고, 액터와 유스케이스들을 구성하여 관계를 설정하면서 유스케이스 다이어그램을 완성해 보자.

> **[지침]**
>
> 1. 주제 : 온라인 물품 배송 시스템
> 2. 주제 시나리오 작성
> 3. 시나리오 안 액터와 시스템
> 4. 유스케이스 다이어그램 작성

03 [문제해결 ★★★★] 유스케이스 다이어그램으로 '호텔 예약 시스템'에 관하여 시나리오를 작성하고, 액터와 유스케이스들을 구성하여 관계를 설정하면서 유스케이스 다이어그램을 완성해 보자.

> **[지침]**
>
> 1. 주제 : 호텔 예약 시스템
> 2. 주제 시나리오 작성
> 3. 시나리오 안 액터와 시스템
> 4. 유스케이스 다이어그램 작성

04 [문제해결 ★★★★] 프로젝트에 해당하는 주제에 대한 시나리오를 작성해 보자. 시나리오에서 액터와 유스케이스에 해당하는 키워드를 찾아 내고, 관계를 설정하며 유스케이스 다이어그램을 작성해 보자.

> **[지침]**
>
> 1. 주제 : 호텔 예약 시스템
> 2. 주제 시나리오 작성
> 3. 시나리오 안 액터와 시스템
> 4. 유스케이스 다이어그램 작성

액티비티 다이어그램 소개

7.1 액티비티 다이어그램 개념 알기

7.2 액티비티 다이어그램 실습하기

실습문제

7장에서는 두 번째 UML 다이어그램으로, 시스템의 전체의 흐름을 표현하는 액티비티 다이어그램 (Activity Diagram)에 대해 알아보려고 한다. 이는 시스템의 순차적인 순서를 작성하는 동시에, 해당 시스템 기능들의 상호작용을 상세하게 표현할 수 있다. 학교에서 수학 시간이나 정보 시간에 순서도와 알고리즘 개념을 배웠던 기억이 나는가? 순서도는 어떠한 일이 일어나는 순서나 작업의 진행 흐름을, 기호와 도형을 이용해 순서대로 적어 놓은 것을 말한다. 기억이 난다면 액티비티 다이어그램이 조금 더 친숙하게 다가올 것이다.

7.1 액티비티 다이어그램 개념 알기

코끼리의 코는 만져 보았으니, 이제 코끼리의 다리를 만져볼 차례이다. 이 장의 목표는 [그림 7-1]의 비주얼 패러다임의 액티비티 다이어그램 생성화면 및 왼쪽의 메뉴 화면을 이해하고, 이와 비슷한 액티비티 다이어그램을 직접 그려 보고, 다이어그램을 설명할 수 있게 하는 것이다. 이 장을 시작하기 전에, 설치한 비주얼 패러다임을 실행하여 놓고 실습에 대비하기 바란다.

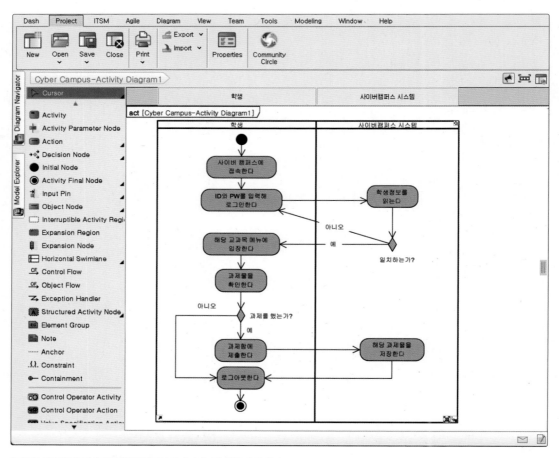

[그림 7-1] 비주얼 패러다임에서의 액티비티 다이어그램 생성 캡처 화면

7.1.1 순서도 먼저 살펴보기

액티비티 다이어그램(Activity Diagram)은 소프트웨어 교육을 경험해 본 적 있다면 한번쯤 들어보았을 순서도와 형태가 비슷하다. 순서도가 무엇인지 잠시 복습해 보자.

순서도(flowchart)는 [그림 7-2]와 같이 단계를 순차적으로 보여주며 알고리즘이나 과정의 흐름을 표현하는 데 사용하는 다이어그램이다. 다양한 종류의 도형을 화살표로 연결하여 순서를 표시하는 형태로, 프로그래밍과 아주 밀접한 관계가 있다. 프로그래밍의 흐름을 나타내는 다이어그램으로 순서도를 이용하여 프로그램을 시각화하기도 하고, 반대로 순서도를 보고 프로그래밍 코드를 작성하기도 한다.

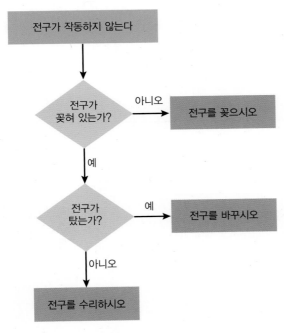

[그림 7-2] **전구 수리 과정에 대한 순서도**

순서도는 화살표를 이용하여 명령 순서를 알려주고, 작업 흐름이나 데이터 흐름을 보기 쉽게 시각화한 그림이다. 흐름도 그리기를 어려워할 수도 있는데, 직관적으로 생각보다 쉽게 그릴 수 있다. [표 7-1]에 설명된 기호만 잘 이해하고 있으면 복잡하게 생긴 흐름도도 쉽게 그릴 수 있다. 단, [표 7-1]의 기호 등을 눈으로만 익힐 게 아니라 직접 그려보는 연습을 한번 해 보는 것이 더 중요하다.

[표 7-1] 순서도의 대표적인 기호들

기호	명칭	설명
⬭	단말	순서도의 시작과 끝
➔	흐름선	작업 흐름을 명시
⬡	준비	작업 단계 시작 전 준비 (변수 및 초깃값 선언 등)
▭	처리	처리해야 할 작업을 명시 (변수에 계산값 입력 등)
◇	판단	조건 비교, 판단, 분기 등 결정

학습활동 7-1 순서도 기호 조사하기 [문제탐색 ★]

01 웹에서 '순서도 기호'를 검색하여, 해당 기호의 명칭, 설명 등을 조사하고 작성해 보자.

- 순서도는 비주얼 패러다임 온라인 버전을 참고하여 그릴 수도 있다.
- 단, 흐름도는 UML 다이어그램의 일부는 아니라는 점을 다시 한번 강조한다.

[순서도 사이트]

7.1.2 액티비티 다이어그램이란?

액티비티 다이어그램은 순서도와 형태가 비슷하며, 개발자와 사용자가 쉽게 이해하고 작성할 수 있는 다이어그램이다. 시스템이나 프로젝트, 업무 흐름, 활동 순서, 계산 과정을 단계적으로 작성할 수 있으며, 일의 흐름이나 화면의 흐름을 표현할 때 사용한다.

순서도는 모형과 화살표를 이용하여 어떤 명령의 순서만 보여 주는 반면에, **액티비티 다이어그램**은 프로그램 기능들의 상호작용에 대해 더욱 상세하게 설계할 수 있다는 차이점을 가진다. 따라서 액티비티 다이어그램은 화살표로 상호작용 과정을 표현함으로써 활동의 흐름을 보여준다.

튜터

프로젝트 주제를 가지고 유스케이스 다이어그램을 작성해 봤죠?
유스케이스 다이어그램을 이용하니 개발자와 사용자 입장에서
프로젝트의 기능을 전체적으로 한눈에 이해할 수 있게 작성할 수 있었을 거예요.
그렇다면 이번에는 활동(Activity)의 순서를 보여줌으로써
프로젝트를 구체적으로 시각화할 수 있는 액티비티 다이어그램을 작성해 보도록 합시다.
우선, 프로젝트 주제에 맞는 액티비티 다이어그램을 어떻게 작성하면 좋을지 토의해 보세요!

앞서 사용한 유스케이스 다이어그램은 사용자 측면에서
프로젝트의 기능이나 정보를 쉽게 볼 수 있게 도와주는 다이어그램이었어.
이번엔 활동 흐름을 설명할 수 있는 액티비티 다이어그램을 사용하니까
우리 프로젝트를 조금 더 구체적으로 표현해도 좋을 것 같아.

다미

가온

맞아. 하나가 아닌 여러 관점의 다이어그램으로 우리 프로젝트를 표현한다면
상대방의 입장에서도 보다 쉽게 이해할 수 있을 것 같아.
내가 액티비티 다이어그램 사용법에 대해 알아볼게!

그런데 일단 우리 프로젝트의 전체적인 주제가 어떤 방향으로
진행되는지에 대한 계획을 세워야 할 것 같아.
진행 순서를 알아야 액티비티 다이어그램을 작성할 거 아니야?

나훈

라나

정말, 계획을 잘 세워야겠구나~
난 그냥 우리가 배운 순서대로 그리면 될 줄 알았어.

튜터님이 알려주신 액티비티 다이어그램을 좀더 알아보며
우리 프로젝트에 적합한지 생각해 보고, 액티비티 다이어그램으로 표현해 보자!

다미

액티비티 다이어그램으로 조금 더 구체적인 아이디어를 표현하기 위해서 액티비티 다이어그램의 구성
요소에 대해 학습한 후, 단계적 학습 활동을 통해 연습하면서 팀 프로젝트 주제에 맞게 아이디어를 표현
해 보자. 6장에서 배운 유스케이스 다이어그램이 프로젝트의 기능이나 정보에 대해 이해를 돕는 다이어
그램이라면, 7장의 액티비티 다이어그램은 프로젝트 기능들의 상호작용에 관한 구체적인 디자인을 할
수 있고, 시스템의 흐름을 나타내 사람이나 시스템이 활동의 어떤 부분들을 진행하는지를 표현한다는
특징이 있다. 지금부터 액티비티 다이어그램이 무엇인지 알아보자.

7.1.3 액티비티 다이어그램의 구성요소

액티비티 다이어그램은 일정한 시간 동안의 작업이 진행되는 과정을 보여 주는 다이어그램이다. 기본적
으로 액티비티 다이어그램은 시작점이라는 동그라미에서 시작되며, 액션과 액티비티를 통해 과정을 표
현한 뒤, 종료점이라는 두 개의 겹쳐진 동그라미에서 끝난다. 이를 **사물**(Things)과 **관계**(Relations)
로 나누어 살펴보자.

■ 사물(Things)

액티비티 다이어그램의 대표적인 사물로는 액션, 규칙, 병합 노드 등이 있다. 액션은 액티비티 내에서의
한 단계를 의미하며, 더이상 나눌 수 없는 가장 작은 단위의 단계이다. 규칙이나 병합 등은 액션의 흐름
을 제어할 수 있는 노드이다. 다음 [표 7-2]에 구성요소를 설명하고 정리했다.

[표 7-2] 액티비티 다이어그램의 사물을 표현하는 요소들 (계속)

이름	그림	역할
시작점 (Initial Node)	●	• 액티비티를 호출하여 흐름의 시작을 알리는 노드
종료점 (Final Node)	◉	• 동작이나 과정의 끝을 알리는 노드
액션 (Action)	Action	• 액티비티 내에서의 한 단계 • 더 작은 단위로 분해 불가
액티비티 (Activity)	Activity	• 활동 모델 내의 구조 표현 • 액션과 하는 일들로 구성

[표 7-2] 액티비티 다이어그램의 사물을 표현하는 요소들

이름	그림	역할
조건 노드 (Decision Node)	DecisionNode	• 하나의 간선(edge)을 다수의 간선으로 분해 • 가드(Guard)라는 기능을 이용하여 한 액션에서 다른 액션으로 넘어갈 때의 조건을 표기함으로써 각 간선에 대해 설명
병합 노드 (Merge Node)	MergeNode	• 다수의 간선을 하나의 간선으로 병합하는 역할 • 들어오는 간선(incoming edge)은 여러 개, 나가는 간선(outcoming edge)은 한 개
포크 노드 (Fork Node)		• 병렬처리 노드 • 하나의 간선을 동시에 발생하는 다수의 간선으로 구분하는 역할
조인 노드 (Join Node)		• 병렬처리 노드 • 여러 흐름을 합쳐 동기화하는 역할

■ 관계(Relations)

액티비티 다이어그램의 대표적인 관계로는 제어 흐름(Control Flow)이 있다. 순서도에서의 선과 비슷하게 이해해도 좋다. 다음 [표 7-3]에 구성요소를 설명하고 정리했다.

[표 7-3] 액티비티 다이어그램의 관계를 표현하는 요소들

이름	그림	역할
제어 흐름 (Control Flow)	CF Control Flow	• 수행이 끝난 이전 노드와 수행을 시작할 다음 노드를 연결하는 선 • 각 액션들을 화살표로 연결하여 해당 액션의 순서를 나타냄
객체 흐름 (Object Flow)	OF Object Flow	• 액션에서 객체(object)로 연결된 선 • 액션이 객체에 영향을 미친다는 의미

이 외에도 다양한 사물과 관계가 존재한다. 앞서 제시된 표의 내용을 참고하여, 개인이나 팀별로 액티비티 다이어그램의 사물과 관계에 대해 조금 더 구체적으로 찾아보고 알아보자.

액티비티 다이어그램에서 사용하는 조건 노드, 병합 노드, 포크 노드, 조인 노드를 사용하는데, 실수하는 경우가 많다. 예를 들어 레스토랑 예약 대기명단에 이름을 작성한 뒤 대기하는 시간 동안 '칵테일바 이동'을 하거나 '대기장소로 이동'을 선택할 수 있다고 하자. 이 경우에 대해 [그림 7-3]과 같이 액티비티 다이어그램(조건 노드 또는 포크 노드)으로 나타낸다고 할 때, 과연 어떤 것이 올바르게 표현한 것일까? 경우에 따라 해석이 달라진다. 조건 노드를 사용할 때는 모든 조건들이 서로 배타적이어야 한다. 반면에 병렬처리를 위한 포크 노드를 사용할 때는 두 개의 흐름이 동시에 진행될 수 있음을 의미한다.

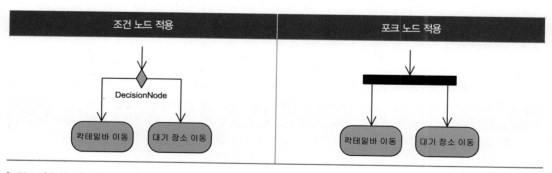

[그림 7-3] 분기 사용 예시

■ 구획면 작성하기

액티비티 다이어그램에서는 각 액션의 주체를 구분하기 위해 **구획면**(swim lane)이라는 것으로 경계선을 정하기도 한다. 구획면은 액티비티 다이어그램이 진행되는 동안, 각각의 활동을 진행하는 사람이나 시스템이 누구인지 혹은 시스템의 어떤 부분인지 나타낼 수 있고, 해당 활동을 구분해 작성할 수 있다. 예를 들어, [그림 7-4]에서 구획면이 없었으면, '식사를 한다', '좌석을 안내한다'라는 액션의 주체가 누구였는지 표시되지 않았을 것이다. '식사를 한다'라는 액션이 손님이 하는 것임을, '좌석을 안내한다'라는 액션이 서비스 담당자가 하는 것임을 구획면을 통해 명확하게 구분해 놓을 수 있다.

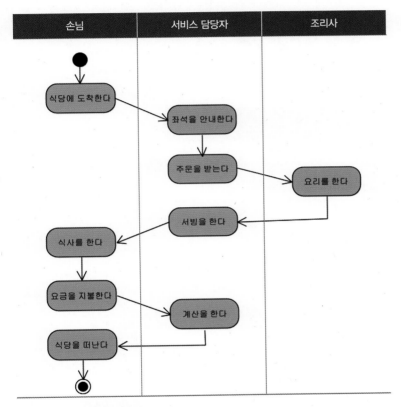

[그림 7-4] **식당에서의 식사 흐름**

7.1.4 액티비티 다이어그램 따라 그리기

액티비티 다이어그램의 사물과 관계에 대해 익혔다면, [실습 따라 하기]를 보며 비주얼 패러다임으로 액티비티 다이어그램을 직접 그려 보자.

01 비주얼 패러다임 상단 메뉴에서 [Diagram] 〉 [New]를 선택한 후, 'Activity Diagram'을 선택하여, 다이어그램의 이름을 "내 첫 번째 액티비티 다이어그램"이라고 명명하고 실습을 시작해 보자.

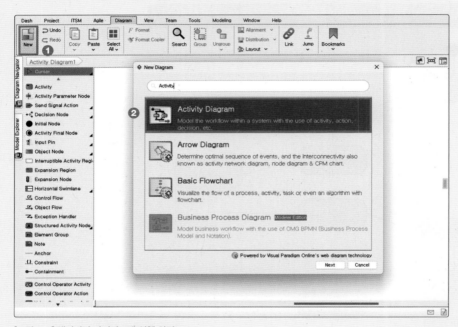

[그림 7-5] 액티비티 다이어그램 실행 화면

02 다음과 같이 '시작점(Initial Node)'을 만들어 준다. 액티비티 다이어그램을 시작한다는 의미이다.

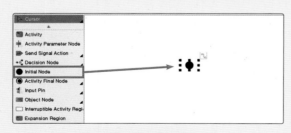

[그림 7-6] 시작점(Initial Node) 만드는 화면

03 메뉴 상단의 [액티비티(Activity)] 아이콘(❶) 혹은 시작점에서 생성되는 [리소스 카탈로그(Resource Catalog)] 아이콘(❷)을 선택해 액티비티를 그린다.

[그림 7-7] [액티비티(Activity)] 아이콘 선택 화면

04 [그림 7–8]과 같이 생성된 액티비티 종류가 표현되어 있는 화면에서 사용할 액티비티를 드래그하여 원하는 곳에 마우스를 놓으면, 다음과 같이 액티비티가 생성된다.

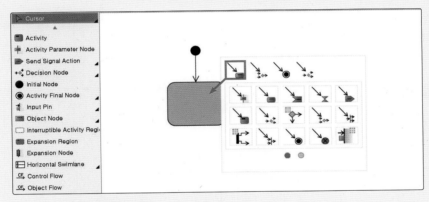

[그림 7-8] 액티비티가 생성된 화면

05 만들어진 새로운 액티비티에 표현해야 하는 행동을 작성한다.

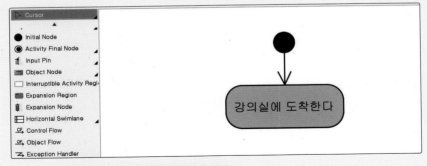

[그림 7-9] 액티비티에 표현해야 하는 행동을 작성한 화면

06 다양한 상황을 액티비티 다이어그램으로 나타내고 싶다면, [그림 7-10]과 같이 원하는 액티비티를 선택한 뒤, 만들어진 액티비티에 실행해야 하는 행동을 작성한다. [그림 7-11]과 같이, 선행돼야 하는 액티비티의 '리소스 카탈로그'에서 원하는 상황에 맞는 노드를 선택한다.

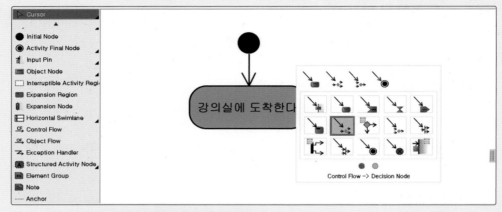

[그림 7-10] 만들어진 액티비티에 실행해야 하는 행위를 작성한 화면

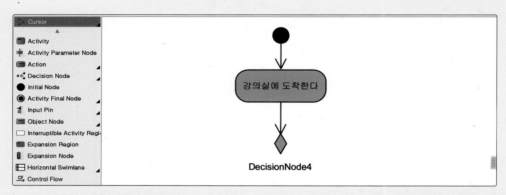

[그림 7-11] 원하는 상황에 맞는 노드 선택

07 [그림 7-12]와 [그림 7-13]과 같이 노드에서 다음 행동을 생성해 동작의 흐름을 만들어 준다.

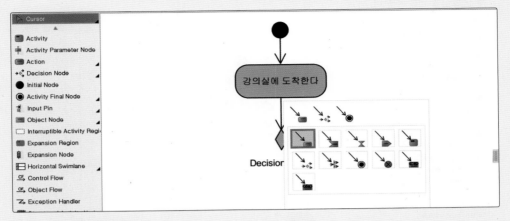

[그림 7-12] 동작의 흐름 만들기 1

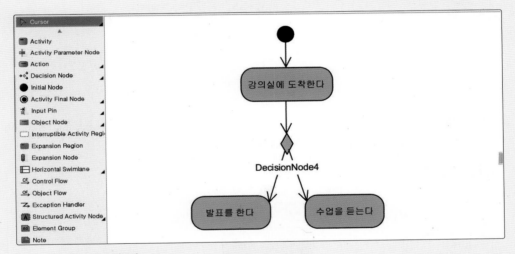

[그림 7-13] 동작의 흐름 만들기 2

08 액티비티 다이어그램을 종료하려면, 사용한 노드와 '종료점(Activity Final Node)'이 이어질 수 있도록 한 후 종료점을 만들어 준다.

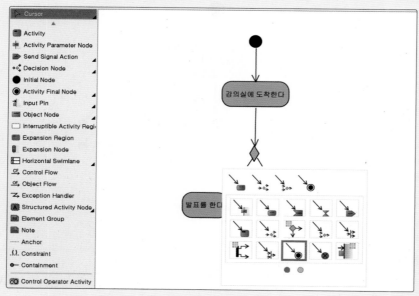

[그림 7-14] 종료점 만들기

09 여러 개의 액티비티를 수행한 후 다이어그램을 종료하고자 한다면 [그림 7-15]와 같이 종료점을 생성한 이후 각 액티비티에서 동일한 종료점으로 이어지도록 연결해 준다.

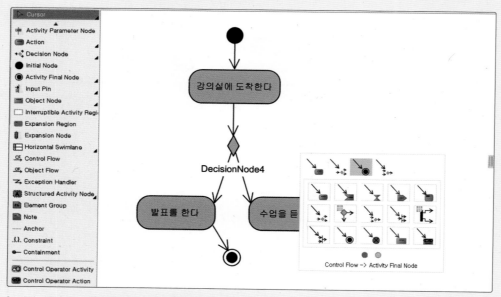

[그림 7-15] 여러 개의 액티비티 이후 다이어그램 종료시키기 1

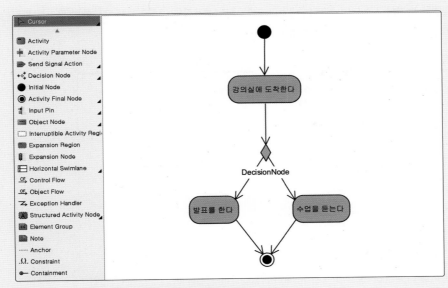

[그림 7-16] 여러 개의 액티비티 이후 다이어그램 종료시키기 2

10 추가적으로 액티비티의 주체를 분류하고 싶을 때, 수영장에서 레인을 구분하는 줄처럼 '구획면'을 그어서 구분할 수도 있다. [그림 7-17]과 같이 메뉴의 "세로 구획면(Vertical Swimlane)" 아이콘을 선택하면 화면에 구획면이 생성된다.

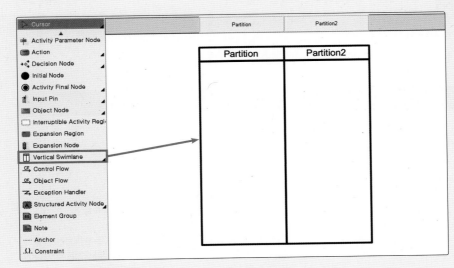

[그림 7-17] 구획면이 생성된 화면

11 만약 구획면을 추가하고 싶다면, [그림 7-18]과 같이 추가하고 싶은 구획면에서 오른쪽 마우스를 클릭한 뒤 "Insert Partition Before" 또는 "Insert Partition After"를 선택한다.

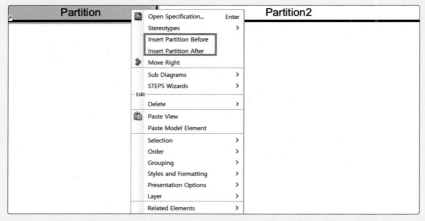

[그림 7-18] "Insert Partition Before" 또는 "Insert Partition After" 선택 화면

[실습 따라 하기]를 모두 마쳤다면 다음 [학습활동]을 진행해 보자.

| 학습활동 7-3 | 전자레인지 액티비티 다이어그램 작성하기 | [문제탐색 ★★] |

01 다음은 전자레인지 작동과정에 대한 액티비티 다이어그램이다. 각자 다음에 제시된 다이어그램의 설명을 이해하며, 비주얼 패러다임으로 동일하게 작성해 보자.

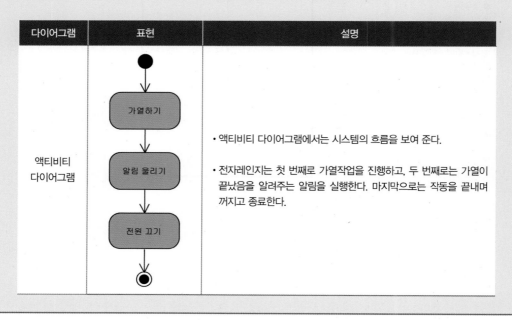

다이어그램	표현	설명
액티비티 다이어그램	(가열하기 → 알림 울리기 → 전원 끄기)	• 액티비티 다이어그램에서는 시스템의 흐름을 보여 준다. • 전자레인지는 첫 번째로 가열작업을 진행하고, 두 번째로는 가열이 끝났음을 알려주는 알림을 실행한다. 마지막으로는 작동을 끝내며 꺼지고 종료한다.

7.2 액티비티 다이어그램 실습하기

이제 조금 더 구체적인 사례연구를 통해 액티비티 다이어그램으로 프로젝트 아이디어를 어떻게 표현할 수 있는지 알아보자. 학교 캠퍼스 내에서 생각해 볼 수 있는 소프트웨어 프로젝트인 야간 교내 조명 조절 시스템, 도서관 대출 시스템, 사이버 캠퍼스 시스템 등을 액티비티 다이어그램으로 표현해 보자.

[VP Gallery]

액티비티 다이어그램의 사물과 관계에 대한 전체 리스트는 비주얼 패러다임에서 제공하는 갤러리 사이트를 미리 참고하면, 실습 시 좌측 메뉴 사용이 더 수월해질 것이다.

7.2.1 야간 교내 조명 조절 시스템

다음의 '야간 교내 조명 조절 시스템'과 관련된 시나리오를 살펴보고, 비주얼 패러다임을 사용하여 단계별로 실습을 진행해 보자. 우선 다음의 제시된 [시나리오]에서 중요한 키워드에 하이라이트를 하고, 명사 중에서 액터를 찾으면서 액티비티 다이어그램을 완성하면 된다.

시나리오　**야간 교내 조명 조절 시스템**

사용자가 시스템을 이용하려면 학생증을 태그하여 본교 학생임을 인증해야 한다. 태그가 실패한 경우에는 포탈 시스템에 로그인하여 인증에 성공해야 본 시스템 이용이 가능하다. 인증에 성공한 사용자는 이동할 경로를 선택한다. 경로를 선택하면 선택한 구간 내의 모든 센서가 활성화되고, 사용자가 출발하는 구간의 가로등을 켠다. 사용자의 이동 경로를 따라 가로등 조명을 켜려면 사용자가 이동할 경로를 선택하는 과정이 반드시 선행돼야 한다. 경로 선택 후 사용자가 이동하는 경로에 따라 가로등 조명을 켜고 끈다. 도착한 후에 다시 학생증을 태그하면 다시 시스템이 시작하여 활성화됐던 센서들이 비활성화되고 마지막 구간의 가로등을 끈다.

[시나리오]에 하이라이트한 키워드와 명사를 바탕으로 비주얼 패러다임을 활용하여 액티비티 다이어그램을 다음과 같이 작성해 보자.

실습 따라 하기

01 시스템을 사용하려면 사용자는 학생증을 태그하여 본교 재학생임을 인증한다.

[그림 7-19] **학생증 태그하기**

만약 태그가 실패할 경우, 로그인하여 인증한다.

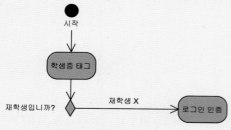

[그림 7-20] **로그인하여 인증하기**

02 인증에 성공한 사용자는 이동할 경로를 선택한다.

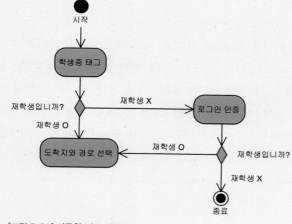

[그림 7-21] **이동할 경로 선택하기**

03 경로를 선택하면 선택한 구간 내의 모든 센서가 활성화되며, 사용자의 출발 구간에 위치한 가로등에 조명을 켠다. (사용자의 경로에 따라 조명을 켜기 위해서는 이동 경로를 선택하는 과정이 반드시 선행돼야 한다.)

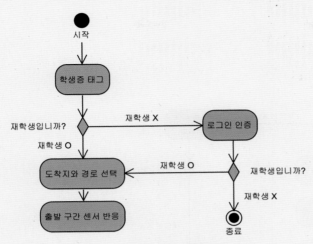

[그림 7-22] 사용자의 출발 구간에 위치한 가로등에 조명 켜기

04 사용자의 경로에 따라 가로등 조명을 켜고 끈다.

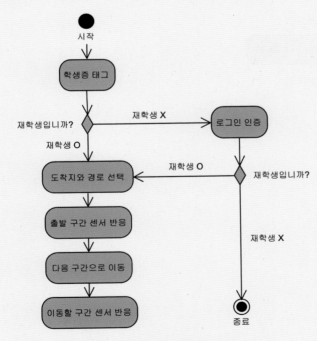

[그림 7-23] 사용자의 경로에 따라 가로등 조명 켜고 끄기

05 사용자가 지나온 경로에 다른 사용자가 있다면 조명을 켜두고, 다른 사용자가 없다면 지나온 길의 조명을 끈다.

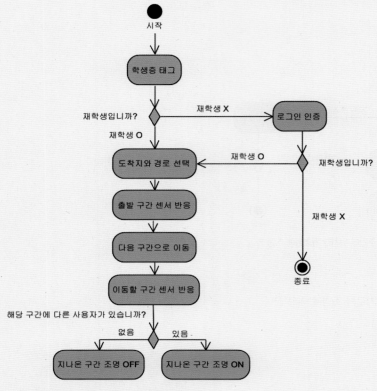

[그림 7-24] 사용자 유무에 따라 가로등 조명 점등하기

06 도착지에서 학생증을 다시 태그하면 활성화되었던 센서들이 비활성화되고, 마지막 구간의 조명이 꺼진다.

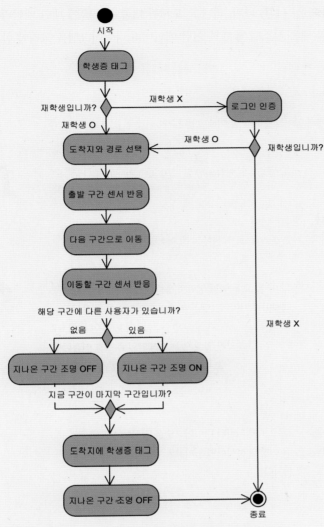

[그림 7-25] 사용자가 도착지에 도달했을 때 마지막 구간 조명 끄기

7.2.2 도서관 대출 시스템

액티비티 다이어그램에 대해 학습한 가온, 나훈, 다미, 라나도 '도서관 대출 시스템'에 대한 액티비티 다이어그램 그리기에 도전한다. '도서관 대출 시스템'에 대해 어떤 액티비티 다이어그램을 그려야 할지 상상해 보자.

튜터

> 액티비티 다이어그램에 대해 알아보았는데 잘 이해되었나요?

> 네, 설명이 단계적으로 잘 나와 있어 이해하기 쉬웠어요!

다미

라나

> 전 시나리오 작성은 쉬운데,
> 액티비티 다이어그램을 비주얼 패러다임으로 작성하는 게 어려웠어요.

> 친구들 모두 아직 정확하게 이해하지 못한 것 같은데,
> 액티비티 다이어그램을 비주얼 패러다임으로 작성하는
> 연습을 좀 더 하면 안 될까요?
> 우리가 알고 있는 실생활의 주제로 연습하면
> 모두가 정확하게 알 수 있을 것 같아요.

가온

> 그럴까요?
> 그럼 이번에는 '도서관 대출 시스템'으로 액티비티 다이어그램을 작성해 보도록 해요.
> '도서관 대출 시스템'의 시나리오는 어떻게 작성하면 될까요?
> 각자 작성하여 키워드를 표시해 봅시다!

튜터

01 액티비티 다이어그램을 만들기 전에 '도서관 대출 시스템'의 시나리오를 작성하여, 해당되는 액티비티 다이어그램의 활동, 기능 등 키워드를 알아보기 쉽게 표시해 보자.

도서관 대출 시스템

- 먼저, 도서 대출 관련 문의를 하고, 도서 검색을 해본 결과, 도서가 없을 경우 그대로 종료되고, 도서가 있다면 회원 여부를 확인한다.
- 회원이라면 대출 가능한 권수를 확인하고, 회원이 아니라면 회원 등록을 하고 대출 가능 권수를 확인한다.
- 대출이 가능한 권수가 없다면 도서 대출 불가로 프로세스가 종료되고, 대출이 가능한 권수가 있다면 도서 대출로 이어진다.
- 회원, 도서, 대출에 관한 세부사항을 기록하고, 도서 상태를 갱신하며 액티비티 다이어그램은 종료된다.[1]

---

01 [학습활동 7-4]에서 작성한 시나리오를 바탕으로, 비주얼 패러다임을 활용해 액티비티 다이어그램을 만들어 보자.

---

1 [대학通] 코로나19와 대학도서관, 한국대학신문, 2021.07.05, http://news.unn.net/news/articleView.html?idxno=511442
장래근, 20년후 도서관서비스 시나리오, 네이버 블로그, 2018.11.12, https://m.blog.naver.com/wkdforms/221396757163

[학습활동 7-5]를 수행하기 어렵다면, 다음과 같이 액티비티 다이어그램을 함께 작성해보자.

실습 따라 하기

01 시작 노드를 배치하고, "도서 대출 문의", "도서 검색"에 해당하는 액션을 만든다.

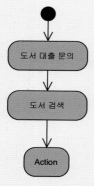

[그림 7-26] "도서 대출 문의"와 "도서 검색" 액션 만들기

02 "도서 검색"을 한 결과, 도서가 없을 경우 그대로 종료된다.

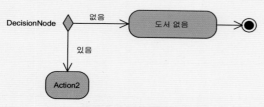

[그림 7-27] "도서 검색"을 한 결과, 도서가 없는 경우

03 도서가 있다면, "회원 여부를 확인"한다. 회원이라면 대출 가능한 권수를 확인하고, 회원이 아니라면 회원 등록을 하고 대출 가능 권수를 확인한다.

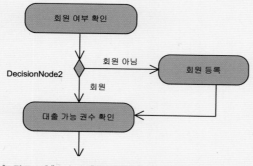

[그림 7-28] "도서 검색"을 한 결과, 도서가 있는 경우

04 대출 가능한 권수가 없다면 "도서 대출 불가"로 프로세스가 "종료"되고, 대출이 가능한 권수가 있다면 "도서 대출"로 이어진다. "회원, 도서, 대출 세부사항 기록"을 하고, "도서 상태 갱신"을 하며 액티비티 다이어그램은 "종료"된다.

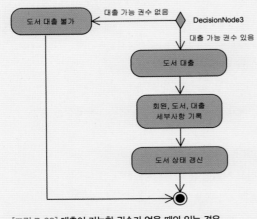

[그림 7-29] 대출이 가능한 권수가 없을 때와 있는 경우

7.2.3 사이버 캠퍼스 시스템

이번에는 '사이버 캠퍼스 시스템'에 관한 액티비티 다이어그램을 작성해 보자. 액티비티 다이어그램을 이용하여 표현하는 방법이 다양하므로 사이트에 제공되는 예시 답안을 먼저 보지 말고, 우선 자유롭게 작성한 후 예시 답안과의 차이점을 비교해 보길 권한다. 답이 정해져 있지 않고 개인의 특성이나 주제에 따라 편하게 학습활동을 진행하다가 순서를 기억해 두고, 필요할 때 적절하게 예시답안을 사용할 수 있도록 한다.

여러분은 평소에 사이버 캠퍼스를 자주 이용하는가? 언제 주로 이용하는지, 강의 특성에 따라 다르지만 과제를 사이버 캠퍼스에 제출한 적이 있는지, 제출하기 위해 개인이 어떤 활동이나 절차를 거쳐야 하는지 등을 떠올려 보자. 사이버 캠퍼스를 이용하는 과정을 생각하면서 '사이버 캠퍼스 과제 업로드 과정'에 대한 액티비티 다이어그램을 작성해 보자.

01 액티비티 다이어그램을 작성하기 전에 '사이버 캠퍼스 과제 업로드 과정'의 시나리오를 작성하여, 해당되는 액티비티 다이어그램 활동, 기능 등의 키워드를 알아보기 쉽게 표시해 보자.

사이버 캠퍼스에 과제를 업로드하는 과정

- 학생은 사이버캠퍼스에 접속한 뒤, 자신의 아이디와 비밀번호를 입력하여 로그인한다.
- 사이버 캠퍼스 시스템에서는 학생 정보를 확인하고, 일치할 경우 사이버 캠퍼스에 입장을 승인하고, 일치하지 않을 경우 다시 로그인한다.
- 학생은 로그인한 후, 해당 교과목 메뉴에 입장하여 과제물을 확인한다.
- 과제를 했다면 과제함에 제출한 뒤, 로그아웃하고 사이버 캠퍼스를 종료한다.
- 사이버 캠퍼스 시스템은 학생이 제출한 과제물을 시스템에 저장한다.
- 만일, 과제를 하지 않았을 경우, 로그아웃하고 사이버 캠퍼스를 종료한다.

* 구체화
- 사이버 캠퍼스 종료하고 난 후, 과제물을 완성하여 다시 로그인하고 과제물을 제출한다.
- 다시 로그인하여 제출한 과제물은 시스템에 저장한다.
- 시스템에 저장된 과제물을 평가한다.

[학습활동 7-6]에서 작성한 시나리오를 바탕으로, 액티비티 다이어그램을 작성해 보자. 비주얼 패러다임을 이용해 바로 작성하기 힘들다면, 종이에 먼저 그려 보고 프로그램으로 작성해도 좋다.

01 [학습활동 7-6]에서 작성한 시나리오를 바탕으로, 비주얼 패러다임을 활용해 액티비티 다이어그램을 만들어 보자.

실습문제

01 [문제해결 ★★★★] 'ATM(현금자동인출기) 시스템'에 대한 액티비티 다이어그램을 비주얼 패러다임을 활용해 작성해 보자.

02 [문제해결 ★★★★] '온라인 물품 배송 시스템' 이용에 대해 시나리오를 작성하고, 비주얼 패러다임을 활용해 액티비티 다이어그램을 작성해 보자.

03 [문제해결 ★★★★] '호텔 예약 시스템' 이용에 대해 시나리오를 작성하고, 이를 바탕으로 비주얼 패러다임을 활용해 액티비티 다이어그램을 작성해 보자.

04 [문제해결 ★★★★] 여러분들이 현재 생각하고 있는 소프트웨어 프로젝트 주제의 아이디어로 시나리오를 작성하고, 비주얼 패러다임을 이용해 액티비티 다이어그램을 작성해 보자.

클래스 다이어그램 소개

지금까지 유스케이스 다이어그램과 액티비티 다이어그램을 활용해 사용자의 관점에서 시스템의 요구사항과 시스템의 흐름을 표현하는 등 여러 방식으로 프로젝트의 시스템을 분석하고 나타내 보았다. 8장에서는 시스템 간의 관계와 시스템을 이루고 있는 구성요소들을 '클래스 다이어그램'(Class Diagram)을 통해 표현하게 될 것이다. 이 다이어그램은 프로그래머를 위한 다이어그램이라는 점에서 기존의 유스케이스나 액티비티 다이어그램과는 차이를 보인다. 클래스 다이어그램은 프로그래밍 코드와 직접적인 관련이 있어, 프로그래밍 초보자에게는 처음에 개념 잡기가 조금 어려울 수 있다. 하지만 책의 진도를 따라 가다 보면 자연히 학습이 이뤄질 것이다. 참고로, 클래스 다이어그램과 프로그래밍 언어(JAVA)의 직접적인 관계는 3부에서 자세히 설명할 예정이다.

8.1 클래스 다이어그램 개념 알기

이제 시스템 사용자의 관점이 아닌, 프로그래머로서의 관점에서 코끼리의 등에도 올라타 보기로 하자. 이 장의 목표는 비주얼 패러다임의 클래스 다이어그램 생성화면 및 좌측의 메뉴 화면에 등장하는 사물과 관계선을 관찰하여 [그림 8-1]과 유사한 클래스 다이어그램을 직접 그려 보고 다이어그램의 의미를 설명할 수 있게 하는 것이다. 이전 장과 마찬가지로 이 장을 시작하기 전에, 설치한 비주얼 패러다임을 실행하여 놓고 실습에 대비하기 바란다.

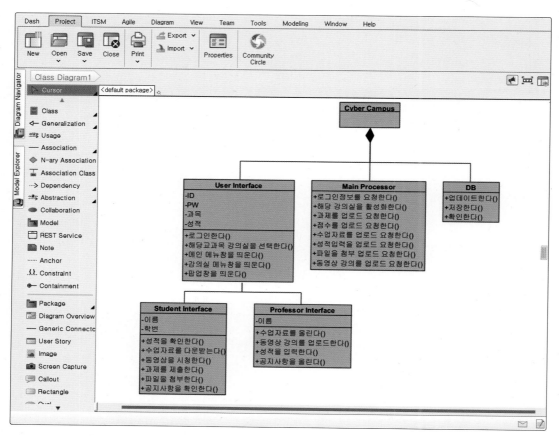

[그림 8-1] 비주얼 패러다임에서의 클래스 다이어그램 생성 캡처 화면

8.1.1 클래스 다이어그램이란?

프로그래밍에 관심이 있는 학생들이라면 이번 기회에 **클래스 다이어그램**(Class Diagram)을 잘 숙지한다면 많은 도움이 될 것이다. 클래스 다이어그램은 직접적으로 코드와 1:1 매핑이 되며, 클래스라는 개념도 코딩을 할 때 꼭 알아야 하는 개념이기 때문이다. 이번에 배운 것을 활용하면 클래스를 좀 더 넓은 시야로 바라볼 수 있을 것이다. 함께 하나씩 살펴보도록 하자.

튜터

그동안 다이어그램들을 통해 시스템의 흐름이나 구성 등
시스템을 독립적으로 표현해 보았는데요.
그렇다면 시스템 간의 관계를 잘 표현할 수 있는 다이어그램은 무엇일까요?

어떤 다이어그램이 적당할지 아직은 잘 모르겠어요.

가온

다미

저는 공부하면 할수록 궁금한 점들이 자꾸 생기는 것 같아요.
예를 들어 교내 '사이버 캠퍼스 시스템'을 생각해 보면,
학생이 로그인해서 사이버 캠퍼스 안에서 자료를 다운받거나
제출할 수 있는데, 이럴 때 필요한 여러 가지 정보들은
어디에 기록되어 있는 건지 궁금해요.

나는 잘 모르지만, 학생이 로그인하려면
시스템상으로 아이디랑 비밀번호가 어딘가에 저장되어 있어야 할 것 같아.
혹시 데이터베이스라는 그거 아닐까? 어디서 많이 들어봤거든.

라나

다미

오. 라나야! 맞는 것 같아! 그러면 시스템의 흐름도 중요하지만
시스템 간의 관계와 구성요소를 표현할 수 있는 다이어그램을 배우면 좋겠다.
오늘 다룰 다이어그램은 뭘까? 기대된다!

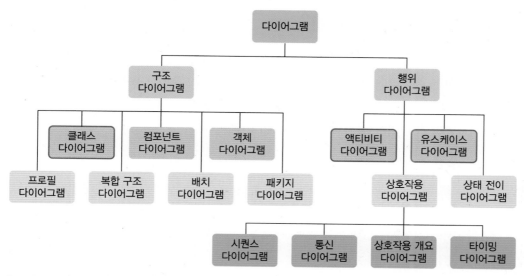

[그림 8-2] 다이어그램의 종류

클래스 다이어그램은 구조 다이어그램군에 속하며, 클래스 내부 구성요소 및 클래스 간의 관계를 도식화하여 시스템의 일부 및 전체를 구조화한다. 또는 프로젝트의 시스템 간의 관계를 표현하는 다이어그램이라고 한다. 글로 서술하지 않아도 시각적으로 표현이 가능하며, 해당 프로젝트의 시스템 정보에 대한 이해도를 높일 수 있도록 작성된다는 점이 장점이다. [그림 8-2]와 같이, 지금까지 배운 유스케이스, 액티비티 다이어그램과 달리 구조 다이어그램(Structure Diagram)의 큰 카테고리에 속한다.

클래스 다이어그램은 다양한 다이어그램 중 프로그래머가 시스템을 구축할 때 곧바로 코드로 변환시킬 수 있다는 특징을 갖고 있어 마치 현장 건축자가 아파트를 짓기 위해 작성하는 설계도와 유사하다고 할 수 있다. 여러 가지 다이어그램들은 궁극적으로 클래스 다이어그램을 이해하기 위한 보조적인 용도로 사용된다.

8.1.2 클래스 다이어그램 구성요소

클래스 다이어그램은 [그림 8-3]과 같이 명칭, 속성, 기능으로 이루어져 있다. 명칭(Name)은 클래스라는 사물의 명칭을 의미하며, 속성(Attribute)은 해당 클래스가 가지고 있는 상태를 의미한다. 기능(Operation)은 클래스의 동작. 즉, 클래스가 제공하는 서비스를 의미한다.

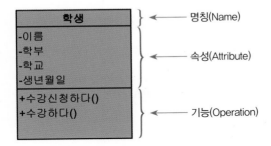

[그림 8-3] 클래스 다이어그램의 구성요소

■ 사물(Things)

클래스 다이어그램의 대표적인 사물로는 클래스가 있다. [그림 8-1]의 왼쪽 메뉴에서 클래스 다이어그램에 속하는 사물 중 일부를 [표 8-1]에 정리해 보았다.

[표.8-1] 사물을 표현하는 요소들

이름	그림	역할
클래스 (Class)	**Class** -속성 +행동()	• 클래스 이름(Class name), 속성(Attribute), 기능(Operation)으로 나눠 기술 • 공통된 속성과 행동을 갖는 객체들의 집합
추상 클래스 (Abstract class)	**Class**	• 내용이 비어 있는 추상 메서드(method)를 갖는 클래스

■ 관계(Relations)

클래스 다이어그램의 대표적인 관계로는 연관 관계, 일반화 관계 등이 있다. 다음 [표 8-2]에 구성요소를 설명하고 정리했다. 화살표의 방향을 잘 관찰하기 바란다.

[표 8-2] 관계를 표현하는 요소들

이름	그림	역할
연관 관계 (Association)	Association	• 클래스들 간의 관계를 나타내는 선 • 클래스 자신과 스스로 연결 가능 • 양방향 관계는 실선, 일방향은 화살표로 표시 • 동사구로 지어진 이름
집단화 관계 (Aggregation)	Aggregation	• 전체와 부분의 관계 • 전체와 부분은 서로 독립적으로 존재 가능 • 마름모 쪽 클래스가 전체, 실선 쪽 클래스가 부분
구성 관계 (Composition)	Composition	• 전체와 부분의 관계 • 집단화 관계와 유사하나 더 강력한 연관 관계 • 전체와 부분이 동시에 생성, 소멸 • 부분은 독립적으로 존재 불가
일반화 관계 (Generalization)	Generalization	• 상속 관계(inheritance) 혹은 특수한 것에서 일반적인 내용을 이끌어 낼 때 사용 • 일반화된 클래스(부모 클래스, parent class)와 구체적인 클래스(자식 클래스, child class) 간의 관계 • 자식 클래스는 부모 클래스의 속성과 기능을 공유하는 동시에 새로운 속성과 기능 추가 가능
의존 관계 (Dependency)	Dependency	• 한 클래스가 다른 클래스의 특정 부분에 구조적으로 의존, 사용하는 관계 • 클래스의 변화가 의존하는 클래스에 영향

위 내용을 참고하여 팀별로 클래스 다이어그램에 대해 자세히 찾아보자. 인터넷 검색을 활용하여, 관련된 사물과 관계를 찾아보고 다양한 예시도 찾아보기 바란다. 5장에서 소개한 VP Gallery라는 사이트가 다시 한번 좋은 출발점이 될 것이다.

[VP Gallery]

01 팀별로 앞서 제시된 내용을 참고하여, 클래스 다이어그램에서 사용하는 사물(Things)과
관계(Relationship)에 대해 구체적으로 조사하고 그 의미에 대해 팀원들과 논의해 보자.

실습 따라 하기

01 비주얼 패러다임을 실행하여 상단 메뉴에서 [Diagram] 〉 [New]를 클릭한다. "Class Diagram"을 선택하
여, 다이어그램의 이름을 "내 첫 번째 클래스 다이어그램"이라고 명명하고 실습을 시작해 보자.

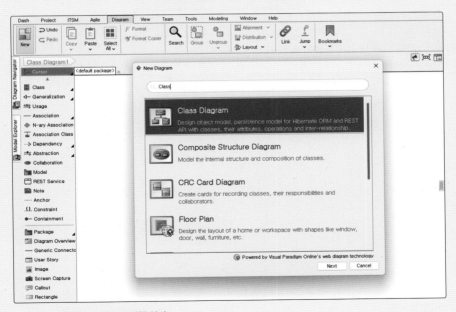

[그림 8-4] 클래스 다이어그램 실행 화면

02 클래스를 만들려면 메뉴의 [클래스(Class)] 아이콘을 선택한 후, 원하는 위치에 클릭한다. 생성되면 원하는 클래스의 이름을 작성한다.

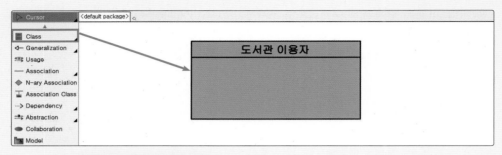

[그림 8-5] 메뉴의 [클래스(Class)] 아이콘 선택 화면

03 클래스 다이어그램으로 일반화 관계를 표현하려면 [그림 8-6]과 같이 [일반화 관계(Generalization)] 아이콘(❶)을 선택하거나, '리소스 카탈로그'(❷)에서 원하는 클래스 관계를 선택한다.

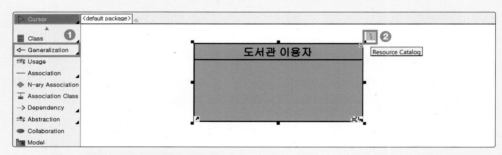

[그림 8-6] 클래스 다이어그램으로 [일반화 관계] 표현하기

04 [그림 8–7]과 같이 [일반화 관계(Generalization)] 아이콘을 클릭하면 새로운 클래스가 생성된다. 이후 원하는 이름을 작성한다.

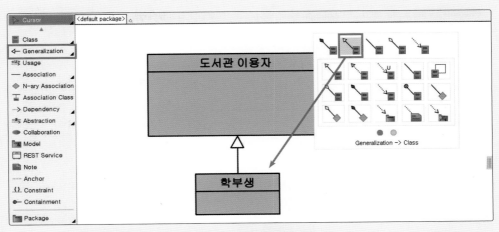

[그림 8-7] [일반화 관계(Generalization)] 아이콘을 클릭하여 새로운 클래스 생성하기

05 집단화 관계를 설정하려면, '리소스 카탈로그'에서 [집단화(Aggregation Class)] 아이콘을 선택하고, 원하는 정보를 입력한다. [그림 8–8]의 경우, '강의실은 의자, 책상, 컴퓨터 등으로 이루어져 있다' 정도로 해석하면 될 것이다.

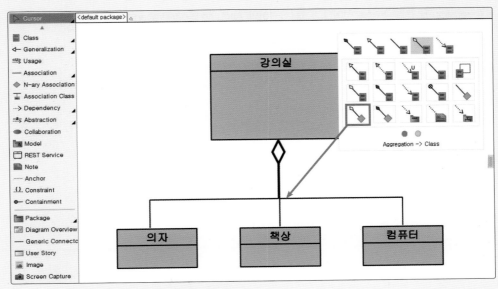

[그림 8-8] [집단화(Aggregation Class)] 아이콘 선택하기

06 연관 관계를 설정하려면, '리소스 카탈로그'에서 [연관 관계(Association)] 아이콘을 선택하고, 원하는 정보를 입력한다.

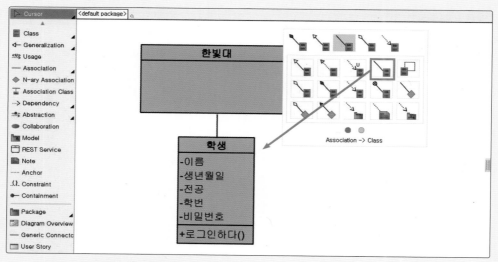

[그림 8-9] [연관 관계(Association)] 아이콘 선택 화면

07 [그림 8–9]와 같이 만들기 위해, '학생' 클래스에 속성(Attribute)과 오퍼레이션(Operation)를 그림과 같이 추가해 보자. 학생 클래스 위에 마우스의 오른쪽 버튼을 클릭하면 [Add] 메뉴에서 속성(attribute)과 기능(operation)을 찾을 수 있을 것이다. ([그림 8–10]의 'Attribute'와 'Operation'을 클릭하여 입력한다.)

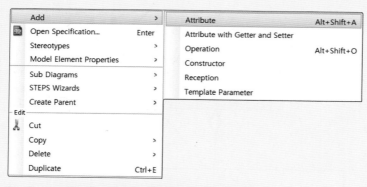

[그림 8-10] 속성(Attribute)과 기능(Operation) 추가하는 메뉴

[실습 따라 하기]를 모두 마쳤다면, 다음 [학습활동]을 수행해 보자.

전자레인지 클래스 다이어그램 작성하기 [문제탐색 ★★]

01 다음은 전자레인지에 대해 클래스 다이어그램으로 표현한 것이다. 각자 다음에 제시된 클래스의 설명을 이해하여, 비주얼 패러다임으로 동일하게 작성해 보자.

다이어그램	표현	설명
클래스 다이어그램	**전자레인지** -브랜드 -모델명 -일련번호 +음식 받기() +작동 시작() +작동 취소() +알람()	• 클래스 다이어그램에서는 프로젝트를 시스템 간의 관계로 나타낸다. • 속성(Attributes)에 전자레인지라는 클래스(Class)에 대한 모든 것이 포함될 수 있다. 예를 들어 전자레인지의 경우에는 브랜드, 모델, 일련번호가 속한다. • 기능(Operations)에서는 클래스(Class)가 수행하는 것들이 나열될 수 있다. 전자레인지의 경우에는 음식을 받는 것, 작동 시작, 작동 취소 등의 기능이 이에 속한다.

8.2 클래스 다이어그램 실습하기

이제 조금 더 구체적인 사례연구를 통해, 클래스 다이어그램으로 프로젝트 아이디어를 어떻게 표현할 수 있는지 알아보고자 한다. 학교 캠퍼스 내에서 생각해 볼 수 있는 소프트웨어 프로젝트로, 지식 공유 시스템, 도서관 대출 시스템, 사이버 캠퍼스 시스템 등을 다이어그램으로 표현해 보자.

클래스 다이어그램의 사물과 관계에 대한 전체 리스트는 비주얼 패러다임에서 제공하는 갤러리 사이트를 미리 참고하면, 비주얼 패러다임 실습 시 왼쪽 메뉴 활용이 더 수월해질 것이다.

[VP Gallery]

8.2.1 지식 공유 시스템

지금까지 클래스 다이어그램에 대한 기본적인 개념을 알아보았다. 이론으로는 이해했어도 실습해 보면 표현이 잘 안 되는 부분이 있을 수 있기에 비주얼 패러다임으로 천천히 단계별로 클래스 다이어그램 실습을 진행해 보자. [그림 8-11]은 '지식 공유 시스템'을 표현한 클래스 다이어그램이다.

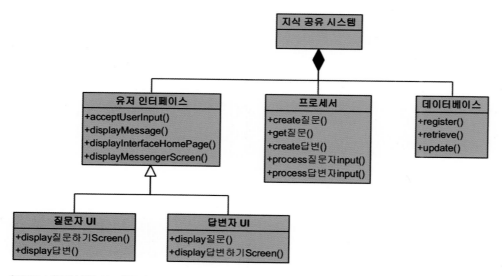

[그림 8-11] '지식 공유 시스템' 클래스 다이어그램

다음 '지식 공유 시스템'의 시나리오를 읽고, [실습 따라 하기]를 참고하여 비주얼 패러다임으로 클래스 다이어그램을 함께 작성해 보자.

시나리오	지식 공유 시스템

'지식 공유 시스템' 구축에 필요한 클래스는 크게 유저 인터페이스(User Interface), 프로세서(Processor), 데이터베이스(Database)가 있다. 유저 인터페이스는 공통적으로 사용자의 입력을 받아들이고 메시지, 인터페이스 홈페이지, 메신저 스크린을 디스플레이하는 기능(Operation)을 수행하며, 질문자 유저 인터페이스와 답변자 유저 인터페이스를 포함한다. 질문자 유저 인터페이스, 답변자 유저 인터페이스는 질문, 답변하기 화면을 통해 질문자와 답변자가 질문, 답변을 작성할 수 있게 하며, 등록된 질문, 답변을 게시하는 기능을 한다.

프로세서는 유저 인터페이스에서 받아들인 사용자의 입력을 처리하는 기능을 한다. 이곳에서 사용자가 작성한 내용으로 질문, 답변을 만들고, 사용자는 유저 인터페이스로부터 질문, 답변을 얻는다. 질문, 답변은 데이터베이스에 저장됨으로써 효율적으로 자료를 검색하고 갱신할 수 있게 한다.

실습 따라 하기

01 시스템 구축에 필요한 유저 인터페이스, 프로세서, 데이터베이스에 관련된 클래스를 생성해 보자.

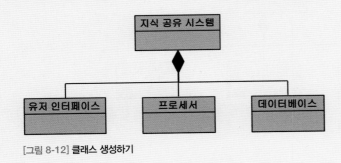

[그림 8-12] 클래스 생성하기

02 유저 인터페이스를 통해 시스템이 사용자에게 제공하는 기능을 나타내 보자.

❶ 사용자의 입력을 받아들인다.

❷ 메시지, 인터페이스 홈페이지, 메신저 스크린을 화면에 띄운다.

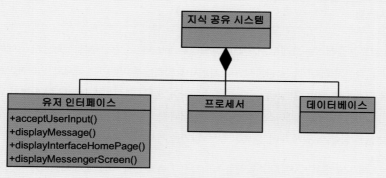

[그림 8-13] 유저 인터페이스(UserInterface) 클래스 기능 구체화하기

03 질문자와 답변자를 위한 하위 클래스 유저 인터페이스를 설정한다.

❶ 질문자 유저 인터페이스는 질문자의 질문을 등록하고 게시한다.

❷ 답변자 유저 인터페이스는 질문의 답변을 등록하고 게시한다.

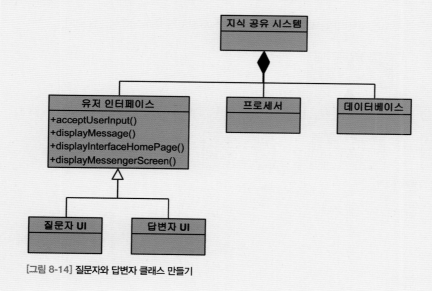

[그림 8-14] 질문자와 답변자 클래스 만들기

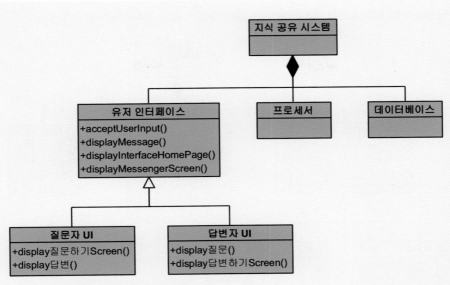

[그림 8-15] 질문자와 답변자 인터페이스 게시하기

04 유저 인터페이스에서 받아들인 사용자의 입력을 처리하도록 프로세서 클래스의 기능(Operation)을 구체화시켜 보자.

❶ 사용자가 작성한 내용으로 질문이나 답변을 만든다.

❷ 유저 인터페이스로부터 질문에 대한 답변 혹은 답변에 대한 질문을 가져온다.

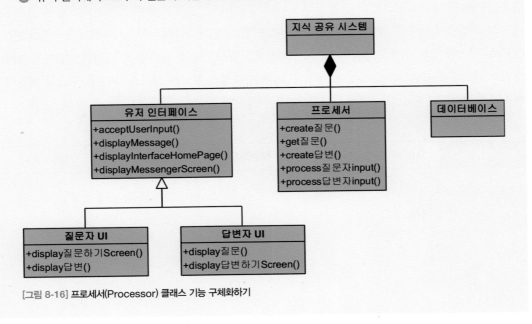

[그림 8-16] 프로세서(Processor) 클래스 기능 구체화하기

05 질문과 답변은 데이터베이스 클래스에 저장되어 효율적으로 자료를 검색하거나 갱신할 수 있다.

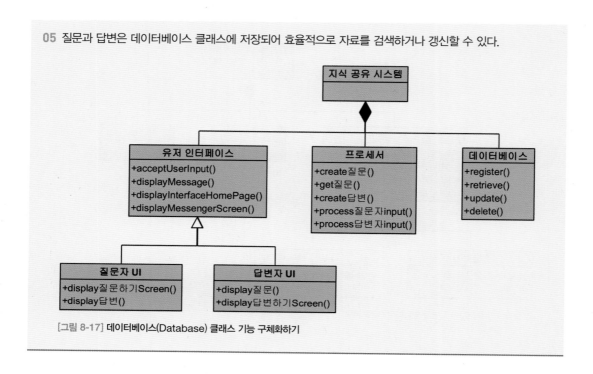

[그림 8-17] 데이터베이스(Database) 클래스 기능 구체화하기

8.2.2 사이버 캠퍼스 시스템

다음은 '사이버 캠퍼스 시스템'에 관한 클래스 다이어그램이다. 앞서 '사이버 캠퍼스 시스템'에 대해 유스케이스, 액티비티 다이어그램으로 표현해 보았다. 이번 클래스 다이어그램은 시스템의 구조를 표현하는 것으로, 시스템 안의 구성 요소들이 서로 어떤 관계를 맺고 있는지 나타낸다. 그러면 지금까지 '사이버 캠퍼스 시스템'을 표현한 유스케이스, 액티비티 다이어그램을 참고해 클래스 다이어그램으로 어떻게 표현하면 좋을지 고민해 보고 클래스 다이어그램을 만들어 보자.

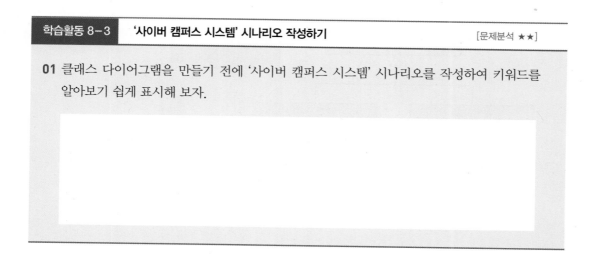

학습활동 8-3 **'사이버 캠퍼스 시스템' 시나리오 작성하기** [문제분석 ★★]

01 클래스 다이어그램을 만들기 전에 '사이버 캠퍼스 시스템' 시나리오를 작성하여 키워드를 알아보기 쉽게 표시해 보자.

[학습활동 8-3]에서 작성한 시나리오를 바탕으로 클래스 다이어그램을 만들어 보자. 비주얼 패러다임을 이용해 바로 만들기 어렵다면, 종이에 먼저 그려 보고 프로그램으로 만들어도 무방하다.

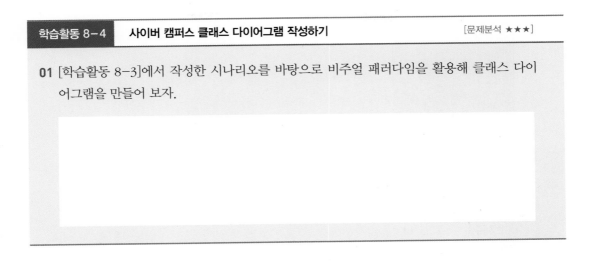

01 [학습활동 8-3]에서 작성한 시나리오를 바탕으로 비주얼 패러다임을 활용해 클래스 다이어그램을 만들어 보자.

아직 혼자서 클래스 다이어그램을 만들기 어려운 학습자들을 위해 예시와 함께 간단히 살펴보고자 한다. 먼저, '사이버 캠퍼스 시스템' 구축에 필요한 유저 인터페이스, 메인 프로세서, 데이터베이스에 관련된 클래스를 생성하고, 시스템 클래스와는 "구성 관계"로 연결하여 표현한다. 유저 인터페이스 클래스에는 'ID, password, 과목, 성적' 등의 속성과 '로그인, 강의실 선택, 메인 메뉴 창 띄우기' 등의 기능을 하도록 만든다.

메인 프로세서와 데이터베이스 클래스에도 해당하는 '기능(Operation)'을 작성하면 다음과 같은 그림의 클래스 다이어그램이 완성된다.

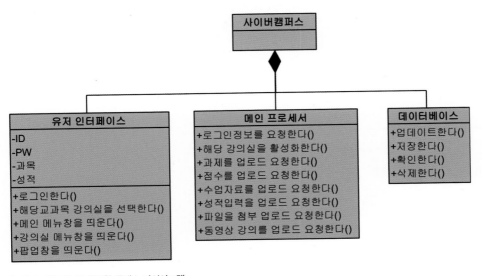

[그림 8-18] 기능을 추가한 클래스 다이어그램

유저 인터페이스 클래스는 학생과 교수를 위한 각각의 유저 인터페이스를 가지므로, 학생, 교수 두 클래스를 유저 인터페이스와 "일반화" 관계로 설정한다.

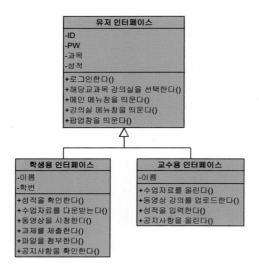

[그림 8-19] 유저 인터페이스 클래스 관계 설정하기

학생과 교수의 인터페이스 클래스에도 해당하는 속성과 기능을 작성한 최종적인 예시 다이어그램은 [그림 8-20]과 같다.

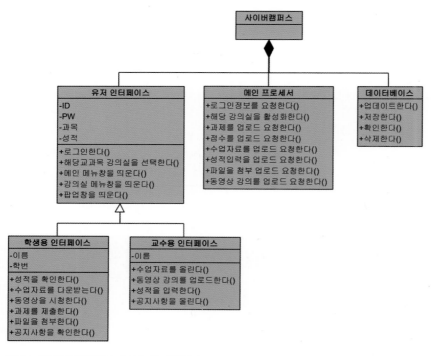

[그림 8-20] 유저 인터페이스 속성과 기능 작성하기

8.2.3 도서관 대출 시스템

8.2.1절의 '지식 공유 시스템' 실습과 '사이버 캠퍼스 시스템' 예제를 다루어 보면서 클래스 다이어그램에 대한 감이 어느 정도 생겼을 것이다. 이번에는 '도서관 대출 시스템'을 통해 클래스 다이어그램을 표현해 보고자 한다. 가온, 나훈, 다미, 라나도 '도서관 대출 시스템'에 대한 클래스 다이어그램을 어떻게 그릴지 고민 중이다.

튜터

교내 '사이버 캠퍼스 시스템'을 이용해 시나리오도 작성하고,
비주얼 패러다임을 활용하여 직접 클래스 다이어그램을 만들어 보았죠?
시스템과 그 구성요소를 나타내는 다이어그램이라 마냥 쉽지는 않았을 거예요.

네, 시스템의 구성요소만 잘 표현하면 되겠다고 생각했는데,
오히려 뭐가 구성요소로 들어가야 하는지 고려하는 게 어려웠어요

가온

튜터

맞아요. 하지만 시스템에서 꼭 필요한 기능을 먼저 생각해 보면
다른 다이어그램보다 표현이 어렵지 않을 거예요~
'사이버 캠퍼스 시스템'을 완성해 보았으니, 이번에는 다른 주제인
'도서관 대출 시스템'으로 한 번 더 클래스 다이어그램을 표현해 볼까요?

유스케이스와 액티비티 다이어그램에서 작성했던 '도서관 대출 시스템' 시나리오처럼 클래스 다이어그램에 적용할 '도서관 대출 시스템' 시나리오를 작성해 보고, 클래스 다이어그램의 속성과 기능에 해당할 만한 중요한 키워드를 표시해 보자. 다이어그램을 만들기 전, 시나리오를 먼저 작성하는 습관을 들이는 것이 중요하다.

| 학습활동 8-5 | '도서관 대출 시스템' 시나리오 작성하기 | [문제분석 ★★] |

01 클래스 다이어그램을 만들기 전에 '도서관 대출 시스템'의 시나리오를 작성하여, 키워드를 알아보기 쉽게 표시해 보자.

[학습활동 8-5]에서 작성한 시나리오를 바탕으로, 비주얼 패러다임을 이용해 클래스 다이어그램을 만들어 보자.

학습활동 8-6	'도서관 대출 시스템' 클래스 다이어그램 만들기	[문제분석 ★★★]

01 [학습활동 8-5]에서 작성한 시나리오를 바탕으로, 비주얼 패러다임을 활용해 클래스 다이어그램을 만들어 보자.

실습문제

01 [문제해결 ★★★★] 클래스 다이어그램의 개념을 이해했다면, 일상생활에서 많이 접하는 'ATM 시스템'을 주제로 시나리오와 클래스 다이어그램을 작성해 보자.

02 [문제해결 ★★★★] '온라인 물품 배송 시스템'에 관한 시나리오와 클래스 다이어그램을 작성해 보자.

03 [문제해결 ★★★★] '호텔 예약 시스템'에 관한 시나리오와 클래스 다이어그램을 작성해 보자.

04 [문제해결 ★★★★] 각자 팀에서 탐색한 프로젝트 주제에 대해 시나리오와 클래스 다이어그램을 작성해 보자.

시퀀스 다이어그램 소개

지금까지 우리는 유스케이스, 액티비티, 클래스 다이어그램을 학습하고 각자의 프로젝트에 적용해 보았다. 6장의 유스케이스 다이어그램은 시스템이 전반적으로 어떻게 '구성'되어 있는지 한눈에 볼 수 있고, 7장의 액티비티 다이어그램은 시스템이 전반적으로 어떻게 '진행'되는지 한눈에 볼 수 있었다. 8장의 클래스 다이어그램은 시스템 간의 관계와 시스템을 이루는 구성요소들을 시각화하여 전체적인 관점에서 시스템을 살펴볼 수 있었다.

이제 9장에서 프로젝트의 세부적인 활동사항들이 어떤 순서와 과정으로 진행되는지 시퀀스 다이어그램(Sequence Diagram)으로 표현해 보면 훨씬 더 자세히 프로젝트를 구성할 수 있을 것이다. 이 장에서는 시퀀스 다이어그램에 대해 학습하고, 웹응용 프로젝트 작업에 용이하도록 '기능'에 따라 모델(Model), 뷰(View), 컨트롤러(Controller) 이렇게 역할을 세 가지로 분리하는 MVC 모델의 개념을 살펴본다. 나아가 이 MVC 모델 개념을 UML에서 사용할 때 칭하는 ECB 모델을 활용하여 함께 다이어그램을 작성해 볼 것이다. 네 번째 다이어그램인 시퀀스 다이어그램에 대해 학습해 보자.

9.1 시퀀스 다이어그램 개념 알기

마지막으로, 이제 코끼리의 등에서 내려와 등과 이어져 있는 꼬리 부분도 만져 볼 때이다. 이 장의 목표는 [그림 9-1]의 비주얼 패러다임의 시퀀스 다이어그램 생성화면을 이해하고, 이와 유사한 시퀀스 다이어그램을 직접 그려 보고, 다이어그램을 설명할 수 있게 하는 것이다. 이 장을 시작하기 전에 설치한 비주얼 패러다임을 실행하여 실습을 준비하기 바란다.

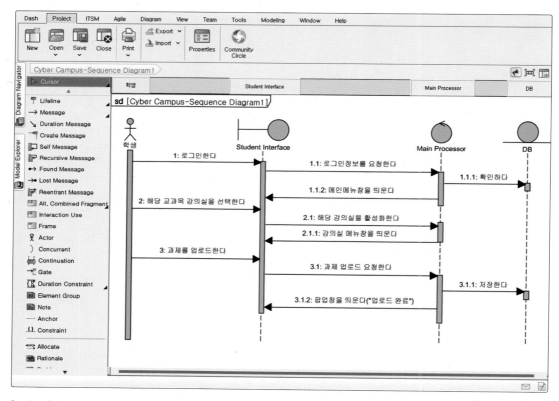

[그림 9-1] 비주얼 패러다임으로 그린 시퀀스 다이어그램 예시

9.1.1 시퀀스 다이어그램이란?

9장에서는 프로젝트의 좀 더 세세한 부분별 진행 상황을 시간의 흐름에 따라 **시퀀스 다이어그램**(Sequence Diagram)으로 표현해 보려고 한다. 우리의 프로젝트를 더욱 탄탄하게 발전시켜 보자.

튜터

지금까지 학습한 다이어그램만으로 프로젝트의 시간적 흐름을 나타낼 수 있을까요?
시간적 흐름을 한눈에 보기 쉽게 나타내려면 어떻게 해야 할까요? 한번 상의해 보세요!

우리 팀의 프로젝트 주제에 대해 시간적 흐름을 표현하는 다이어그램을 구성해 보면 좋을 것 같아.
시간의 흐름을 나타내려면 어떤 다이어그램을 사용하면 좋을까?
다들 다양한 의견 부탁해!

다미

가온

그럼, 일단 프로젝트 시스템의 시간적 흐름을 간단하게 종이에 정리해 보는 건 어때?
내가 작성해 오도록 할게.

난 너무 어려워.
시간적 흐름을 어떻게 정리하지?

라나

다미

흠, 라나야. 쉽게 인터넷에서 로그인하는 상황을 생각해 봐.
로그인은 어떻게 진행되지?

음, 아이디와 비밀번호를 화면에 입력하면 되는 것 아니야?

라나

가온

맞아. 화면에는 단순하게 아이디와 비밀번호를 입력하면 다음 화면으로 넘어가지만,
그 안에서는 다양한 정보들이 순서에 맞게 이동, 교환을 하고 있겠지.

로그인 순서처럼 각각의 시스템이 진행되는 흐름을 생각해 보면 되는 거네.

나훈

튜터

여러분, 아주 적극적으로 회의를 진행 중이네요?
시스템을 시간적 흐름에 따라 순서대로 표현할 수 있는 다이어그램이 있어요.
조금 전에 다미 학생이 로그인 화면으로 예를 들었죠?
사용자인 우리는 아이디와 비밀번호만 입력하면 되지만,
컴퓨터 시스템 안에서는 다양한 정보가 순서나 흐름에 맞게 이동, 교환되고 있답니다.
그럼, UML 다이어그램 중에 시스템의 시간적 흐름을 표현할 수 있는 다이어그램은
어떤 게 있을까요? 인터넷으로 시퀀스 다이어그램을 검색해 볼까요?

UML 다이어그램 중 **시퀀스 다이어그램**(Sequence Diagram)은 시스템 세부사항들의 진행 과정과 시간적 흐름을 표현할 수 있는 다이어그램이다. 즉 팀에서 탐색한 주제에 맞게 프로젝트가 잘 진행되고 있는지 활동의 흐름을 확인할 수 있으며, 활동을 시간 순서에 따라 자세히 표현할 수 있다. 시스템의 메시지를 시간순으로 표현하기 때문에 시스템의 순차적인 흐름을 정확하게 파악할 수 있다.

9.1.2 시퀀스 다이어그램 구성요소

시퀀스 다이어그램의 중요한 구성요소는 기본적으로 액터, 객체, 메시지, 생명선, 활성화이다.

❶ **액터**(actor) : 시스템을 사용하는 사람이나 외부 시스템을 의미한다.
❷ **객체**(object) : 시스템 내에서 객체과 객체, 객체와 액터가 상호작용하는 개체를 의미한다.
❸ **메시지**(message) : 객체 간의 상호작용을 의미한다. 수평의 화살표 방향으로 진행되는 것을 의미한다.
❹ **생명선**(lifeline) : 객체가 존재할 수 있는 시간을 의미한다. 객체가 소멸되면 생명선도 함께 소멸된다.
❺ **활성화**(activation) : 객체가 활성화된 기간을 의미한다.

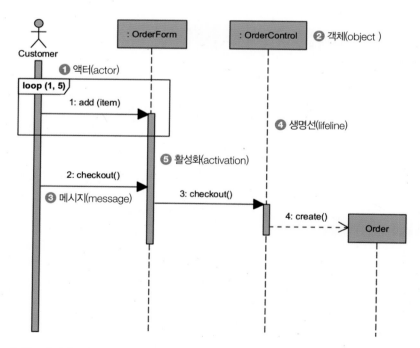

[그림 9-2] 시퀀스 다이어그램의 구성요소

■ 사물(Things)

시퀀스 다이어그램에서 가장 중요한 사물은 생명선 또는 Lifeline이라고 하는 것이다. 클래스에 기반한 객체를 의미하는 것인데, 추가 설명이 필요한 부분으로 다음의 [표 9-1]을 참고해 주기 바란다.

[표 9-1] 사물을 표현하는 요소들

이름	그림	역할
액터 (Actor)	Actor	• 시스템의 외부에서 시스템을 작동시키는 주체 • 사람뿐만 아니라 외부 하드웨어도 가능
생명선 (Lifeline)	Lifeline	• 사각형 모양의 객체(object)와 점선의 결합 • 객체 : 상호작용의 개별 참여자인 객체 • 점선의 길이 : 객체의 생존 기간 의미
활성화 (Activation)		• 생명선 위의 얇은 직사각형 • 객체가 활성화되어 있는 기간 • 참여자가 작업을 실행하는 기간

■ 관계(Relations)

관계에서는 메시지(Message)가 가장 많이 쓰인다. 이후에 좀 더 설명하겠지만, 이는 프로그래밍 코드의 호출(call)과 밀접한 관계가 있다. 다른 관계도 하나하나 설명할 수 있지만, 이후 실습에서 필요할 경우 그때 그때 설명될 예정이다.

[표 9-2] 관계를 표현하는 요소들 (계속)

이름	그림	역할
메시지 (Message)	1: message	• 시스템 사이의 활동 전달을 의미 • 화살표로 표현(흐름의 방향)
시퀀스 메시지 (Sequence message)		• 화살표 방향을 따라 순차적으로 수행되는 메시지
반환 메시지 (Return message)		• 이전 호출의 반환을 기다리는 객체에게 다시 돌아오도록 하는 메시지

[표 9-2] 관계를 표현하는 요소들

이름	그림	역할
자체 메시지 (Self message)		• 동일한 생명선의 메시지 호출 • 재귀 메시지(Recursive message)라고도 불림 • 시작점 : 활성화의 상단
분실 메시지 (Lost message)		• 송신은 알 수 있지만, 수신은 알 수 없는 메시지
발견 메시지 (Found message)		• 수신은 알 수 있지만, 송신은 알 수 없는 메시지
중단 메시지 (Destroy message)		• 생명선(Lifeline) 전체의 실행을 중단시키는 메시지

시퀀스 다이어그램은 객체 사이의 상호작용을 메시지를 통해 시간 경과에 따라 나타낸다. 즉, 시스템 안에 존재하는 다양한 객체가 프로세스에 맞추어 어떻게 작업을 처리하는지를 시간 순서대로 표현한다는 것을 의미한다. 학습자들은 주로 객체 간의 상호작용을 메시지의 교환으로 표현할 때, 시간의 선후 관계를 고려하여 작성하는 것에 어려움을 느낀다. 참고로, 시간의 흐름에 따라 객체의 생명주기를 표현하는 것이 생명선이기 때문에 상호작용이 이루어져야 생명선이 활성화될 수 있다는 것을 기억하자.

학습활동 9-1   **시퀀스 다이어그램의 사물과 관계 조사하기**   [문제탐색 ★]

01 팀별로 앞서 제시된 내용을 참고하여, 시퀀스 다이어그램의 사물과 관계에 대해 좀 더 구체적으로 조사해 보는 시간을 가져 보자. 그리고 그 의미에 대해 팀원들과 논의해 보기 바란다. VP Gallery 사이트를 활용하면 도움이 될 것이다.

[VP Gallery]

01 비주얼 패러다임 상단 메뉴에서 [Diagram] > [New]를 클릭한 후, [Sequence Diagram]을 클릭하여, 다이어그램의 이름을 "내 첫 번째 시퀀스 다이어그램"이라고 명명하고 실습을 시작해 보자.

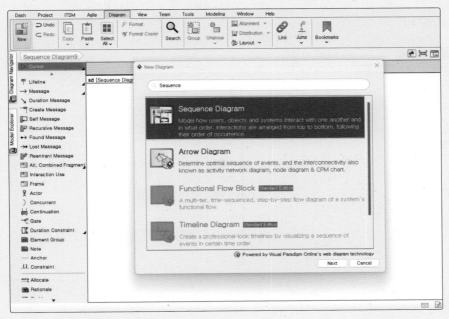

[그림 9-3] 새로운 시퀀스 다이어그램 생성

02 시퀀스 다이어그램을 시작하기 위해, 메뉴에서 [액터(Actor)]를 선택하면 다음과 같이 [액터(Actor)]가 생성된다.

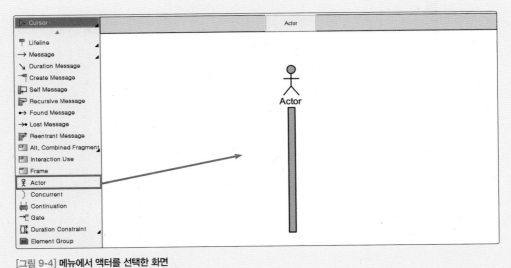

[그림 9-4] 메뉴에서 액터를 선택한 화면

03 시퀀스 다이어그램을 표현하기 위해서는 '생명선'을 만들어야 한다. [그림 9-5]과 같이 생명선을 선택해 준다. 방법은 두 가지 방법 중 하나를 사용하면 된다.

① 왼쪽 메뉴에서 [Lifeline]을 선택한다.

② 생성된 [액터(Actor)]의 [리소스 카탈로그(Resource Catalog)]를 클릭한다. 자세한 방법은 [그림 9-6]을 참고하자.

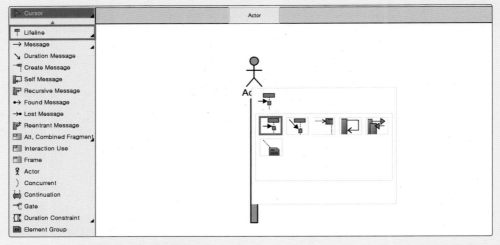

[그림 9-5] 메뉴의 [생명선(Lifeline)]을 클릭한 화면

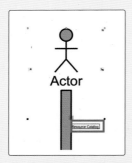

[그림 9-6] [리소스 카탈로그(Resource Catalog)] 선택

04 [생명선(Lifeline)]을 선택한 상태에서 마우스를 드래그하여 원하는 곳에 놓으면 [그림 9–7]과 같이 '생명선' 이 생성된다. 그런 다음 수행할 메시지(클래스 다이어그램의 기능)를 작성한다.

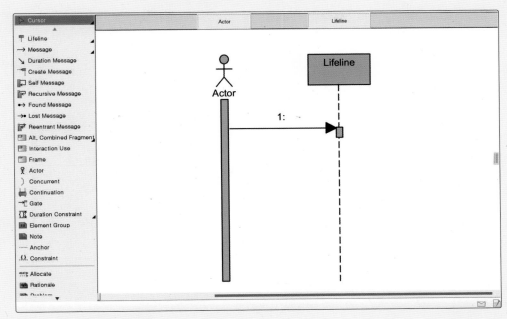

[그림 9-7] '생명선(Lifeline)' 만들기

05 앞의 과정을 반복하여 생명선과 생명선 사이에 메시지 선들을 추가해 보자. 예를 들면 'Lifeline1'에서 마우스를 드래그하여 'Lifeliine2'에 놓으면 메시지 선이 연결된다.

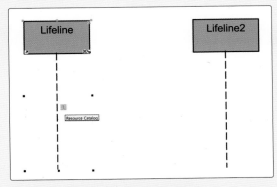

[그림 9-8] 생명선과 생명선 사이의 메시지 연결

06 [그림 9–9]와 같이 여러 개의 '생명선(Lifeline)'들을 연결한 후 각 '생명선(Lifeline)'에서 수행할 메시지를 작성한다. 각 메시지에 자동으로 부여되는 번호들은 차례를 의미한다.

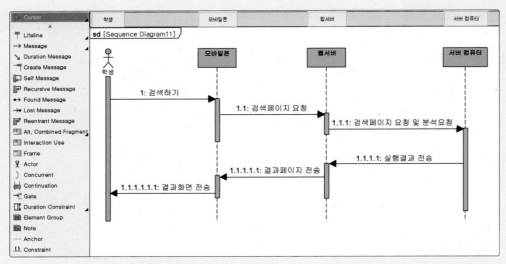

[그림 9-9] 다양한 시퀀스 다이어그램 작성했을 시 화면

07 1, 1.1, 1.1.1과 같은 번호를 1, 2, 3으로 바꾸고 싶다면 다이어그램의 빈 화면에서 마우스 오른쪽 버튼을 클릭한 후, [Sequence Number] 〉 [Single Level]을 선택한다.

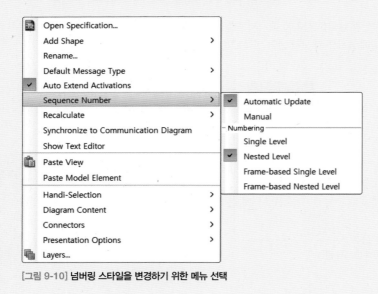

[그림 9-10] 넘버링 스타일을 변경하기 위한 메뉴 선택

[실습 따라 하기]를 모두 마쳤다면, 다음 [학습활동]도 도전해 보자.

01 [그림 9-11]은 전자레인지에 대해 시퀀스 다이어그램으로 표현한 것이다. 각자 아래 제시된 다이어그램의 설명을 이해하여, 비주얼 패러다임으로 동일하게 작성해 보자.

표현

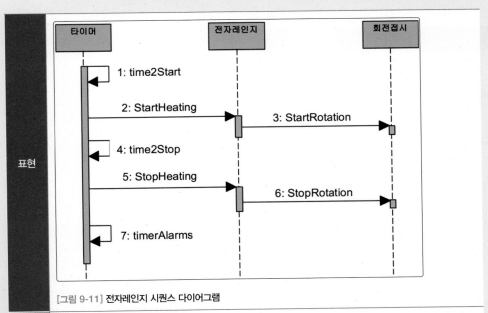

[그림 9-11] 전자레인지 시퀀스 다이어그램

설명

시퀀스 다이어그램에서는 활동을 시간의 순서에 따라 자세하게 표현한다. 타이머에 시간이 입력되면, 시작 버튼을 눌렀을 때 시작하는 시간이라고 타이머 자체에 알린다. 그 후, 타이머는 회전접시에 회전을 시작하라는 메시지를 보내고, 그와 거의 동시에 레인지에 가열을 시작하라는 메시지를 보낸다.

입력된 시간이 지나고 끝나는 시간이 되면, 타이머는 자기에게 끝날 시간이라는 것을 알리고, 레인지와 회전접시 각각에 멈추라는 메시지를 보낸다. 이후 모든 작동이 멈추고, 타이머는 알림을 울리라는 메시지를 전달받고 알림 소리를 울린다.

시퀀스 다이어그램에서 사용되는 관계의 작성방법에 대해 많은 학생들이 실수를 한다. 다음 [표 9-3]은 시퀀스 다이어그램의 관계 표현이다. 학생들은 반환 메시지와 메시지를 혼동하여 쓰는 경우가 있다. **메시지**는 객체에서 다른 객체에게 행하는 기능(Operation)을 나타내며, **반환 메시지**는 기능을 의미하는 것이 아니라 기능의 결과로 나타나는 상태를 의미한다. 예를 들어, '메시지를 보냈다'라는 메시지에 대하여, '받았다'라는 메시지를 점선 형태로 보내 주는 것이라고 이해해도 좋을 것이다.

[표 9-3] 시퀀스 다이어그램의 메시지와 반환 메시지

관계	시퀀스 다이어그램
메시지 (Message)	
반환 메시지 (Return message)	

시퀀스 다이어그램과 클래스 다이어그램 연동하기

TIP

시퀀스 다이어그램과 클래스 다이어그램은 밀접한 관계가 있다. 약간 어려운 개념이지만, 시퀀스 다이어그램 작성 시 클래스 다이어그램과 연동하여 '생명선'과 '메시지'를 작성할 수 있다. 시퀀스 다이어그램에서 각각의 '생명선'들을 클래스 다이어그램의 클래스로 변환하고, 클래스 다이어그램에서 기능(operation)들을 시퀀스 다이어그램의 '메시지'로 변환할 수 있다([그림 9-12] 참고). 이는 '생명선'에 해당하는 클래스를 설정하는 과정과 '메시지'로 원하는 동작을 설정하는 과정이다. 이후 좀 더 자세히 설명되니 한번 보아 두기 바란다.

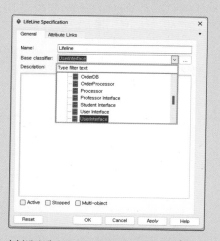

(a) '생명선'에 해당하는 클래스를 설정하는 과정

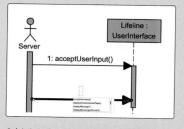

(b) '메시지'로 원하는 행동을 설정하는 과정

[그림 9-12] 시퀀스 다이어그램과 클래스 다이어그램의 관계 설정

9.2 MVC 모델과 ECB 모델

1부에서 센서, 임베디드, 네트워크의 개념에 대해 언급한 바 있다. 그중에서도 소프트웨어 프로젝트를 제안할 때, 네트워크의 개념이 들어가지 않으면 아이디어의 범위가 매우 좁아진다고 했다. 그래서 이번 절에서는 조금 어려운 개념이지만, 웹응용 프로젝트에서 자주 언급되는 MVC라는 개념에 대해 언급하려고 한다.

사이즈가 큰 웹응용 프로젝트일수록 설계할 때 복잡함을 줄일 수 있도록 데이터의 처리(Model)와 비즈니스 로직(Controller), 사용자 화면(View) 이렇게 세 가지 요소를 구분 지어서 표현하는 **MVC 모델**이라는 디자인 패턴을 사용할 수 있다. MVC 모델 개념은 UML 다이어그램에서 ECB 아이콘을 통해 표현할 수 있다. 이는 객체가 어떤 역할을 하는지 한눈에 직관적으로 알아볼 수 있게 해주어 효율적인 프로젝트 설계와 이해를 돕는다.

튜터

오늘은 소프트웨어 디자인 패턴에 대해 알아보려 해요.
혹시 디자인 패턴이라는 개념을 들어본 사람 있나요?

라나

디자인? 아니요! 디자인 패턴이 뭐죠? 미술시간에 사용할 것 같은 이름이네요.

튜터

디자인 패턴은 소프트웨어 전문 용어랍니다.
간단히 말해서, 프로젝트나 소프트웨어를 쉽게 사용하고 수정할 수 있게 해주는 방법이에요.
아직까지 여러분은 간단한 코드만 작성해 보았을 것 같은데요.
하지만 만약 천 줄, 만 줄, 아니 수백만 줄의 코드를 작성해야 하는
큰 소프트웨어 프로젝트를 한다고 할 때, 모든 코드가 하나의 파일에서 다 작성될까요?
소프트웨어를 목적에 맞게 여러 개의 파일에 분산해서 작성해야 한다고 생각하면,
MVC 모델을 잘 이해할 수 있을 거예요.
함께 선입견을 깨 봅시다!

가온

음, 예시를 하나 설명해 주시면 쉽게 이해될 것 같아요.

튜터

네, 당연하죠. 이제 우리가 배울 MVC라는 것이 대표적인 디자인 패턴인데요.
이건 프로젝트를 성능별로 분리하여 구성하는 방법이에요.
한 프로젝트를 통으로 작성하는 것보다 성능별로 나누면 어떤 장점이 있을까요?

수정하고 싶을 때 해당 부분으로 가서 손보면 되니까
더 편하지 않을까요? 그리고 프로젝트가 좀 더 정돈되어 보일 것 같아요.
우리 팀 프로젝트에 도움이 되겠는걸요!
객체의 개념을 배웠을 때가 떠오르네요!

나훈

튜터

하하. 그런가요?
웹응용이나 네트워크의 개념이 들어가는 소프트웨어 프로젝트를 구상하기 위해
MVC에 대해 더 알아보고 실습도 해 봅시다!

9.2.1 MVC 모델이란?

'소프트웨어 디자인 패턴'은 소프트웨어를 쉽게 사용하고 수정할 수 있도록 구성하는 방법이다. 그래서 코드에 문제가 생겨도 쉽게 재사용할 수 있다. 디자인 패턴은 여러 가지가 있지만 그중 복잡한 프로젝트를 진행할 때 유용한, 'MVC'라고 불리는 기본적인 모델에 대해 배워 보자.

규모가 큰 프로젝트는 프로젝트 전체를 한눈에 파악이 안 되고, 문제가 생겼을 때 빨리 해결하기도 어려울 수 있다. 그래서 전체 프로젝트를 하나의 파일에서만 다루는 것이 아니라, 성능별로 분리시키면 훨씬 효율적으로 진행할 수 있다. 이러한 분리 방법이 MVC 모델이라고 생각하면 이해하기 쉬울 것이다.

■ 모델, 뷰, 컨트롤러란?

MVC 모델은 하나의 프로젝트를 '기능'에 따라 모델(Model), 뷰(View), 컨트롤러(Controller) 세 가지로 분리하는 것이다. 한 문장으로 정리하면, '모델'은 데이터, '뷰'는 보여지는 것, '컨트롤러'는 모델과 뷰 사이의 브릿지(Bridge)라고 할 수 있다.

MVC는 대표적인 소프트웨어 디자인 패턴으로, 웹 프레임워크에서 굉장히 많이 사용된다. **모델(Model)**은 데이터를 관리하고 저장한다. **뷰(View)**는 사용자가 보는 유저 인터페이스(User Interface : UI)로, 데이터를 보여 주는 일종의 템플릿 같은 역할을 한다. **컨트롤러(Controller)**는 유저로부터 들어오는 요청을 처리하며, 모델과 뷰 사이에서 모델로부터 데이터를 받아 뷰에 전송한다.

[MVC 소개 사이트]

[MVC 소개 영상]

MVC를 이용하면 체계적으로 프로그래밍을 할 수 있고, 유지보수에도 매우 편리하다. MVC 모델은 어떠한 시스템이든지 적용 가능하기 때문에 모델, 뷰, 컨트롤러로 구분하여 분석할 수 있다.

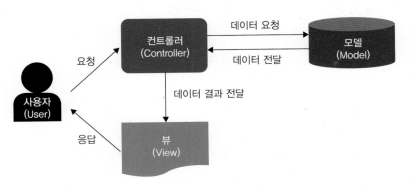

[그림 9-13] MVC 모델 구조

MVC를 사용하면 어떤 점이 좋을까? 만약 UI상의 오류를 수정해야 한다고 가정해 보자. 프로젝트의 역할을 MVC 모델을 이용해 분리해놓지 않는다면, UI의 오류를 수정하기 위해 모든 코드를 보며 오류가 난 부분을 찾아야 한다. 하지만 UI가 다른 기능들과 분리되어 있으면, 바로 UI 부분으로 가서 빠르게 수정할 수 있다.

예시로 간단한 계산기 애플리케이션을 만든다고 가정해 보자. 유저가 계산기 애플리케이션의 뷰에서 숫자와 사칙연산 버튼을 누르면, 뷰는 입력을 컨트롤러로 전송한다. 컨트롤러는 이벤트를 전송받아 모델로 전달한다. 모델은 입력 데이터에 대한 사칙연산을 수행하여 결과 데이터를 컨트롤러로 전송한다. 컨트롤러는 받은 결과 데이터를 뷰로 보내 유저에게 보여 준다. 이 과정을 그림으로 나타내면 [그림 9-14]와 같이 표현할 수 있다.

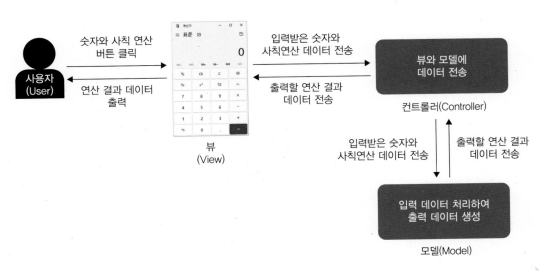

[그림 9-14] MVC의 계산기 애플리케이션 예시

9.2.2 ECB 모델이란?

UML에서는 앞 절에서 배운 MVC가 아닌, MVC를 단순화한 ECB라는 용어를 사용한다. 사실, 앞 절의 MVC 모델은 UML의 ECB라는 개념을 설명하기 위해 기초지식으로 설명한 절이었다.

■ 개체, 영역, 제어란?

ECB는 'Entity-Control-Boundary'의 약자로, 프로젝트를 기능별로 개체(Entity), 제어 (Control), 영역(Boundary)으로 나누는 모델이다. **개체(Entity)**는 시스템의 데이터를 나타내고, **영역(boundary)**은 유저 인터페이스(UI) 등 디스플레이되는 것을 의미하고, **제어(Control)**는 영역 (Boundary)과 개체(Entity) 간의 소통을 담당한다. ECB의 요소는 MVC의 요소와 거의 일대일로 대응하기 때문에 각 요소들이 서로 매우 비슷하다는 점을 알 수 있다. 개체는 모델과, 영역은 뷰와, 제어는 컨트롤러와 대응된다. [표 9-4]처럼 MVC 모델의 뷰는 영역, 컨트롤러는 제어, 모델은 개체와 유사도가 높지만, 똑같은 개념은 아니다.

[표 9-4] MVC와 ECB 대응

MVC	ECB	ECB 아이콘
뷰 (View)	영역 (Boundary)	
컨트롤러 (Controller)	제어 (Control)	
모델 (Model)	개체 (Entity)	

ECB의 자세한 특징을 알아보자.

- **영역(Boundary)** : 시스템 내부와 외부 환경 사이의 커뮤니케이션을 다룬다. 사용자 또는 다른 시스템과의 인터페이스를 제공하며, 시스템의 주위 환경과 시스템 내부 사이의 통신 역할을 하고, 주위 환경에 의존성을 갖는 부분을 구성한다. 시스템 인터페이스를 모델링하는 데 사용된다.

- **제어(Control)** : 하나 이상의 유스케이스에 특정한 시퀀스를 모델링한다. 컨트롤 클래스는 1개 이상의 유스케이스에서 나타나는 연속적인 행동을 모델링한다. 유스케이스에서 명시된 행동을 실체화하기 위해 필요한 이벤트를 조정한다. 애플리케이션에 의존성을 가지며, 분석 및 설계가 진행되면서 삭제, 분리, 병합이 가능하다.

- **개체**(Entity) : 시스템의 중심이 되는 필요한 내용을 모델링한다. 시스템 내부적인 일을 수행하며, 오랫동안 존재하는 정보와 그에 관련된 행동을 모델링한다. 주위 환경에 독립적이기 때문에 시스템과의 통신에 민감하지 않다는 특징이 있다.

시나리오에서 ECB를 추출하는 팁은 다음과 같다.

- **영역 클래스**(Boundary class) : Flow of event를 기반으로 Actor와 시스템과의 User Interface를 정의한다. 설계 과정에서 선택된 GUI 메커니즘에 따라 정제되며, 다른 시스템과의 통신을 지원하기 위해 추가한다. 설계 과정에서 선택된 통신 프로토콜에 따라 정제된다는 것을 기억하면 좋다.

- **제어 클래스**(Control class) : 제어 클래스(Control class)가 연결고리(Sequencing) 이상의 역할을 하는 것은 바람직하지 않다. 제어 클래스의 사용은 매우 주관적이라는 것을 기억해야 한다.

- **개체 클래스**(Entity class) : 어떤 역할을 수행하기 위해 시스템에서 필요로 하는 클래스이기 때문에 역할을 표현하기 위해 사용된 명사나 명사구를 후보 클래스로 추출한다. 후보 클래스들에서 문제 영역과 관련 없는 명사, 단지 언어적 표현, 중복된 내용을 표현한 명사 등은 제거하는 것이 좋다.

9.2.3 ECB 아이콘을 적용한 다이어그램

UML에는 ECB를 표현하는 특수 아이콘이 있다. 다이어그램의 일반 아이콘을 ECB 아이콘으로 변경하여 표현하면, ECB 모델의 의미를 더 잘 파악할 수 있다. [그림 9-15]는 예약 시스템을 간단하게 다이어그램으로 표현한 것이다.

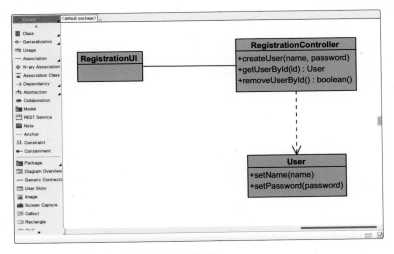

[그림 9-15] 일반적인 예약 시스템 클래스 다이어그램

일반적인 다이어그램에서 ECB 아이콘으로 변경하면 다음과 같다. 'RegistrationUI'는 영역 (Boundary), 'RegistrationController'는 제어(Control), 'User'는 개체(Entity)이다. 각각의 요소에 따라 다른 아이콘 모양을 띠고 있어 이에 유의하여 변경해야 한다. 일단, ECB 아이콘으로 변경하는 방법이 알고 싶을 것이다.

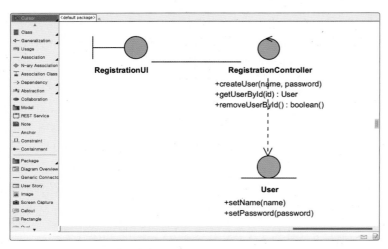

[그림 9-16] ECB 아이콘으로 변경한 다이어그램

💡 클래스를 ECB 아이콘으로 바꾸는 법

TIP

① 클래스 선택 후 마우스 오른쪽 버튼 클릭 → [Open Specification] 선택 → [General] 탭에서 'Name', 'Stereotype' 등 입력

② 클래스 선택 후 마우스 오른쪽 버튼 클릭 → [Stereotypes] 선택 → 'entity', 'control', 'boundary' 중 하나를 선택

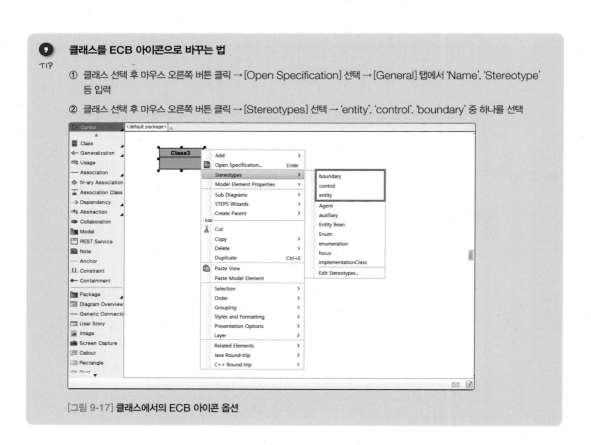

[그림 9-17] 클래스에서의 ECB 아이콘 옵션

앞서 제시된 예시들을 표로 정리한 다이어그램과 ECB 아이콘의 관계이다.

[표 9-5] 다이어그램과 ECB 아이콘의 관계

ECB	클래스 명칭	클래스	ECB 아이콘
영역 (Boundary)	RegistrationUI	**RegistrationUI**	**RegistrationUI**
제어 (Control)	RegistrationController	**RegistrationController** +createUser(name, password) +getUserById(id) : User +removeUserById() : boolean()	**RegistrationController**
개체 (Entity)	User	**User** +setName(name) +setPassword(password)	**User**

MVC와 ECB 두 개념이 혼동될 수 있다. ECB는 UML에서 사용되는 MVC 모델로, 더 단순화된 버전이라고 생각하면 된다. 천천히 공부하면서 ECB와 MVC의 연관성을 파악해 보고, 비주얼 패러다임에서 ECB를 아이콘으로 어떻게 표현하는지 좀 더 익혀보기 바란다.

ECB 모델을 이용해 시스템을 세 가지 유형의 클래스(개체, 제어, 영역)로 구성한 뒤, 그에 맞게 시퀀스 다이어그램을 구성하면 시퀀스 다이어그램과 클래스 다이어그램과의 관계를 좀 더 효율적으로 이해 및 표현할 수 있다. [그림 9-18]을 보면 영역(Boundary)이 사용자의 입력 및 출력을 담당하는 것을 보여준다. 제어(Control)는 모델에서 수행할 수 있는 논리를 구현한다. 개체(Entity)는 세분화된 비즈니스 논리와 데이터를 나타낸다.

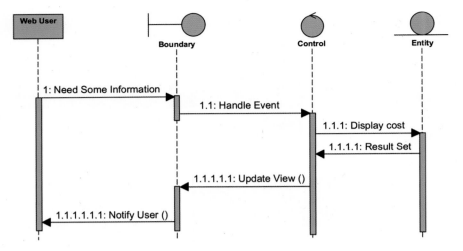

[그림 9-18] ECB를 적용한 시퀀스 다이어그램 예시

ECB 모델을 사용하니까 시퀀스 다이어그램과
클래스 다이어그램의 관계를 좀 더 확실하게 알겠어!

다미

결국 클래스를 ECB 모델로 표현한 후에
시퀀스 다이어그램을 그리면 되는 거잖아?

나훈

응?

라나

우리 더 다양한 예제도 ECB 모델로 작성해 보자!
그리고 우리 프로젝트도 ECB 모델로 나타내 보는 거야.

가온

9.2.4 ECB 모델 실습하기

9.1절에서 학습한 시퀀스 다이어그램에 대해 ECB 아이콘을 적용해 보는 실습을 해 보자. 시퀀스 다이어그램은 지금까지 알아본 것처럼 객체를 사각형으로 표현할 수도 있지만, 객체의 역할에 따라 사각형이 아닌 세 가지의 형태로 표현할 수 있다. 즉, ECB 아이콘을 사용하여 해당하는 객체의 역할을 직관적으로 보여 주자는 것이다. ECB(Entity-Control-Boundary)란 우리가 앞서 배운 Model-View-Controller 패턴의 변형이라는 것을 잊지 말자.

9.1.2절에서의 실습을 통해 작성한 시퀀스 다이어그램을 ECB 아이콘을 적용하여 나타내 보자.

실습 따라 하기

01 기존에 작성한 [그림 9-9]의 시퀀스 다이어그램을 준비한다.

02 Boundary를 표현하려면 액터(Actor)와 상호작용하면서 유저 인터페이스의 역할을 하는 개체를 찾아야 한다. 그 역할을 하는 것이 모바일폰이므로 이를 Boundary로 변경해 준다. ❶ 변경할 '생명선(Lifeline)'을 선택하고, ❷ 마우스의 오른쪽 버튼을 클릭한 후 [Stereotypes] 〉 [boundary]를 클릭한다.

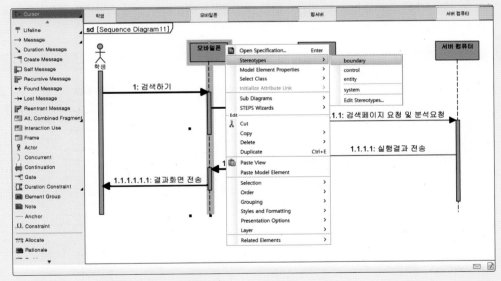

[그림 9-19] [boundary]로 개체 바꾸기

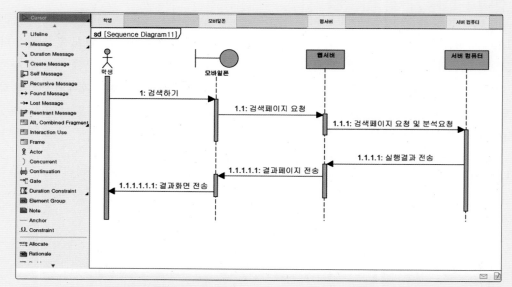

[그림 9-20] [boundary]로 개체가 변경된 화면

03 Entity를 표현하려면 시퀀스 다이어그램 안에서 데이터를 나타내는 개체를 찾아야 한다. 그 역할을 하는 것이 서버컴퓨터이므로 이를 Entity로 변경해 준다. ❶ 변경할 '생명선(Lifeline)'을 선택하고, ❷ 마우스의 오른쪽 버튼을 클릭한 후 [Stereotypes] 〉 [entity]를 클릭한다.

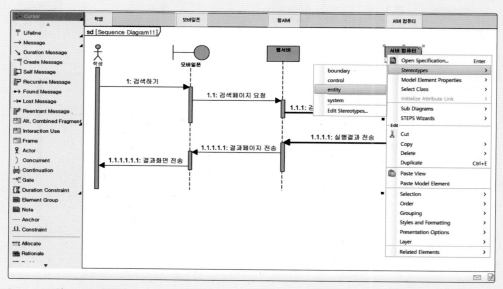

[그림 9-21] [entity]로 개체 바꾸기

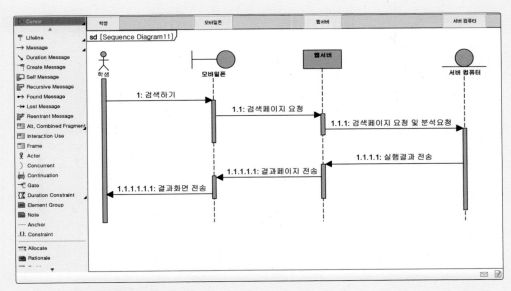

[그림 9-22] [entity]로 개체가 변경된 화면

04 Entity를 표현하려면 [boundary]와 [entity] 사이에서 명령의 실행을 조정하는 개체를 찾아야 한다. 그 역할을 하는 것이 웹서버이므로 이를 Control로 변경해 준다. ❶ 변경할 '생명선(Lifeline)'을 선택하고, ❷ 마우스의 오른쪽 버튼을 클릭한 후 [Stereotypes] 〉 [control]을 클릭한다.

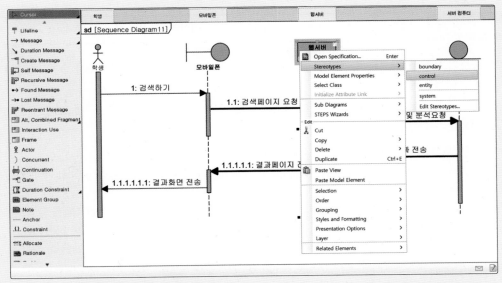

[그림 9-23] [control]로 개체 바꾸기

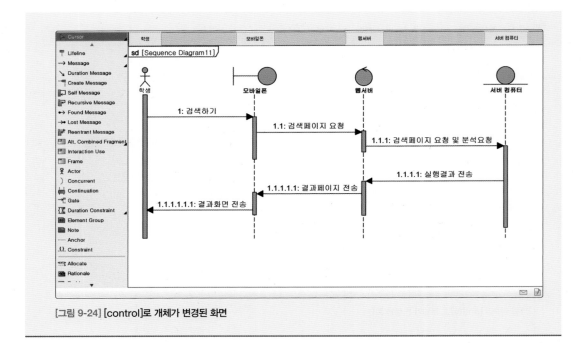

[그림 9-24] [control]로 개체가 변경된 화면

앞서 여러 가지 예시와 문제를 수행하며 이제 ECB의 개념이 어느 정도 잡혔을 것이다. 이번에는 앞부분에서 그렸던 '수강신청' 클래스 다이어그램을 활용하여, 클래스들을 ECB 아이콘으로 바꿔 보자.

| 학습활동 9-3 | '수강신청 시스템' 클래스 다이어그램을 ECB 아이콘으로 바꾸기 | [문제분석 ★★★★] |

01 다음의 내용을 참고하여, 작성했던 '수강신청' 클래스 다이어그램의 클래스를 ECB 아이콘으로 바꿔 보자.

[필요한 클래스]

- PasswordWindow : Boundary Class로 로그인 정보를 입력하는 화면
- ProfessorInfo : Entity Class로 교수에 관한 정보(이름, 주민번호, 교번, 소속학과, 직급, 아이디, 패스워드 등)를 저장
- CreateCourseOptionWindow : Boundary Class로 교수가 강의과목 개설을 위한 작업을 할 때, 원하는 학기를 입력하고 개설과목 추가/삭제/검토/인쇄 등의 메뉴를 선택할 수 있도록 하는 화면
- AddCourseOfferingWindow : Boundary Class로 교수가 강의과목 개설을 위한 작업 중 개설 과목 추가에 대해 과목명과 과목번호 필드를 입력할 수 있도록 하는 화면
- ProfessorCourseManager : Control Class로 강의과목개설 유스케이스를 제어하는 기능 수행
- Course : Entity Class로 과목에 대한 일반적인 정보(과목명, 학점수 등)를 저장
- CourseOffering : Entity Class로 개설된 과목에 대한 정보[담당교수, 개설과목번호(학수번호), 강의실, 강의시간 등]를 저장

---

01 모든 생명선의 네모 아이콘을 ECB 형태로 바꾸어야 하는 것은 아니다. 비주얼 패러다임에서 [그림 9-25]의 '주문을 받다' 시퀀스 다이어그램을 동일하게 그린 후, 각 생명선들을 ECB 아이콘으로 바꿔 보자. 각각의 클래스명이나 메시지명은 본인이 이해한 대로, 영문을 한글로 바꾸어 작성해 보자.

02 ECB 아이콘으로 변경한 후 각 생명선을 ECB 다이어그램으로 바꾸거나 바꾸지 않은 기준 등을 세우고 설명해 보자. 참고로 "Order"는 주문 내역이기 때문에 ECB의 카테고리로 구분할 필요가 없다.

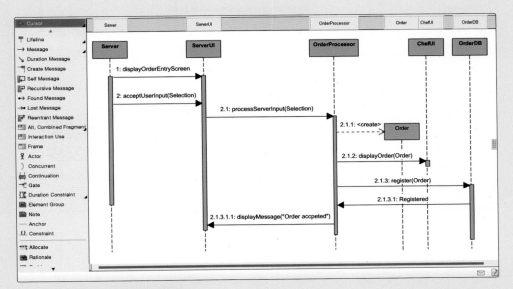

[그림 9-25] 시퀀스 다이어그램 '주문을 받다'

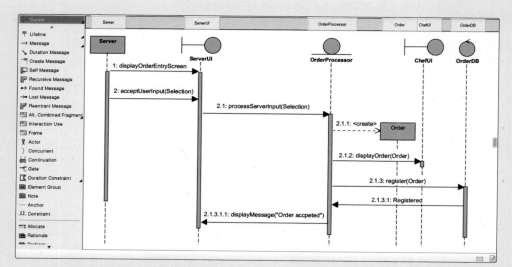

[그림 9-26] 객체(Object)를 ECB 아이콘으로 바꾼 화면

TIP 본 도서의 학습 카페를 방문하면 더 많은 예제를 볼 수 있다.

[SW 창의설계 카페]

9.3 웹응용 사례연구 따라 하기

시퀀스 다이어그램에서 ECB 내용은 다소 어려운 개념이기 때문에, 네트워크나 웹응용 개념이 들어간 다양한 주제의 단계별 학습활동을 풀어 보면서 충분히 실습하고 고민해 보자.

조금 더 구체적인 사례연구를 통하여, 시퀀스 다이어그램으로 프로젝트 아이디어를 어떻게 표현할 수 있는지 알아 본다. 학교 캠퍼스 내에서 생각해 볼 수 있는 소프트웨어 프로젝트로, 포스터 게시 시스템, 도서관 대출 시스템, 사이버 캠퍼스 시스템 등을 다이어그램으로 표현해 보자.

시퀀스 다이어그램의 사물과 관계에 대한 전체 리스트는 비주얼 패러다임에서 제공하는 VP Gallery 사이트를 참고하기 바란다. 비주얼 패러다임 실습 시 좌측 메뉴 사용이 훨씬 수월해질 것이다.

[VP Gallery]

9.3.1 포스터 게시 시스템

본 '학습활동'은 개별이나 팀 활동이 가능하며, 다이어그램은 정확한 답안이 있는 것이 아니기 때문에 다양한 방법으로 다이어그램을 설계할 수 있다. 직접 다이어그램을 설계하고, 다른 학생들은 어떤 방법으로 설계했는지 비교해 보면서 어떻게 작성해야 더 효율적일지 정보를 공유해 보기 바란다.

[그림 9-27]은 '포스터 게시 시스템'을 표현한 다이어그램이다. 즉 포스터를 벽에 직접 붙이기보다는 스마트 보드 등을 사용하여 수시로 게시물을 올리겠다는 아이디어에 기반한 다이어그램이다.

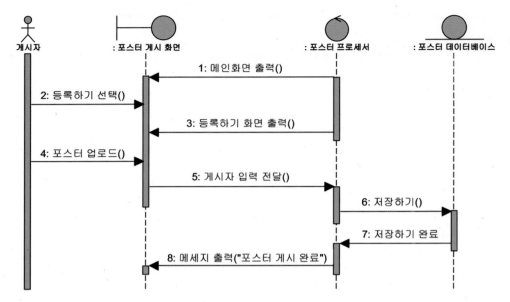

[그림 9-27] 포스터 게시 시스템의 시퀀스 다이어그램

[그림 9-27]을 보면 객체를 9.2절에서 학습한 ECB 아이콘으로 표현한 것을 볼 수 있다.

각 기호의 의미를 다시 한번 알기 쉽게 이해해 보자면, 포스터 게시 화면의 기호 ├──◯ (boundary)는 유저 인터페이스의 역할을 의미하고, 포스터 데이터베이스의 기호 ◯ (entity)는 시스템의 데이터들을 의미한다. 포스터 프로세서의 기호 ◉ (control)은 ├──◯ (boundary)와 ◯ (entity) 사이를 중재하는 객체라는 의미다.

다이어그램은 항상 동일한 시나리오라도 구상하는 사람에 따라 다양하게 제작할 수 있다는 것을 잊지 말고, 이제부터 시나리오를 살펴보고 실습을 진행해 보자.

시나리오	포스터 게시 단계 표현 기능

포스터 게시 단계를 나타내는 시퀀스 다이어그램이다. 게시자가 등록하기를 선택하면 프로세서에 의해 포스터 등록 화면이 나타난다. 게시자가 포스터를 업로드하면 프로세서는 해당 포스터를 데이터베이스에 전송하고 저장한다. 데이터베이스가 저장을 완료하면 프로세서가 "포스터 게시 완료" 메시지를 화면에 출력한다.

01 포스터 게시자와 포스터를 기재하는 화면, 포스터 프로세서, 포스터를 저장하는 데이터베이스를 '액터 (Actor)'로 생성한다.

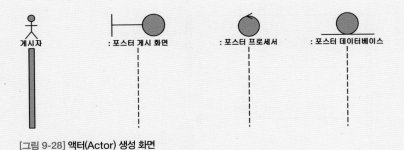

[그림 9-28] 액터(Actor) 생성 화면

02 게시자가 등록하기를 생성하면, 프로세서에 의해 포스터 등록 화면이 나타난다.

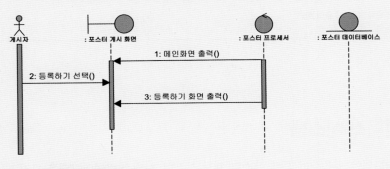

[그림 9-29] 포스터 등록 화면

03 게시자가 포스터를 업로드하면, 프로세서는 포스터를 데이터베이스에 전송하고 저장한다.

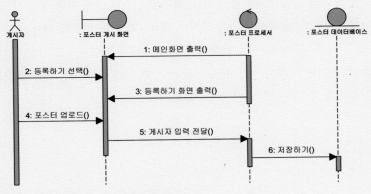

[그림 9-30] 게시자가 포스터를 업로드한 경우

04 데이터베이스에 저장을 완료하면, 프로세서가 "포스터 게시 완료" 메시지를 화면에 출력한다.

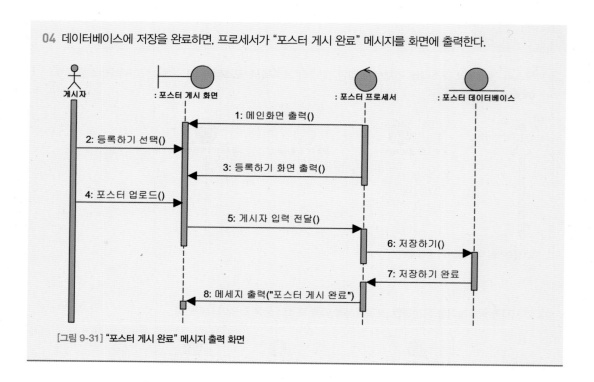

[그림 9-31] "포스터 게시 완료" 메시지 출력 화면

9.3.2 사이버 캠퍼스 시스템

9.3.1절에서 비주얼 패러다임을 이용하여 직접 '포스터 게시 시스템' 시퀀스 다이어그램을 그리면서 어느 정도 감을 잡았을 것이다. 6장, 7장, 8장에서 다양한 다이어그램으로 '사이버 캠퍼스 시스템'을 표현해 보았다. 이번에도 '사이버 캠퍼스 시스템'을 시퀀스 다이어그램으로 나타내 보자.

시퀀스 다이어그램은 시간 순서에 따라 활동을 표현하는 만큼, 하나의 시스템 안에 여러 개의 시퀀스 다이어그램이 존재할 가능성이 충분하다. 그중에서 우리는 사이버 캠퍼스의 '과제 업로드 기능'에 대한 시퀀스 다이어그램을 작성해 볼 것이다. 다이어그램을 표현하기 전에는 항상 시나리오를 작성하는 것이 좋다. 어떻게 시나리오를 작성하는지에 따라 다양한 형태로 표현할 수 있기 때문이다. 다음의 [시나리오]는 '사이버 캠퍼스 시스템'에 대해 작성한 시퀀스 다이어그램의 시나리오다.

사이버 캠퍼스에서 과제 업로드 기능을 사용하는 과정을 학생의 입장에서 나타낸 시퀀스 다이어그램이다. 학생이 로그인을 시도하면, 메인 프로세서에서는 로그인 정보를 요청하고, 데이터베이스에서 해당 학생의 로그인 정보를 확인한다. 로그인에 성공하면, 사이버 캠퍼스의 메인 메뉴가 화면에 보인다. 학생은 해당 과목의 메뉴를 선택하여 입장한 후 자신이 작성한 과제를 업로드한다. 메인 프로세서는 과제 업로드를 요청하고 데이터베이스에 과제를 저장한다. 저장이 완료되면 〈업로드 완료〉라는 팝업 창이 화면에 나타난다.

앞서 제시된 [시나리오]를 바탕으로, 시퀀스 다이어그램을 비주얼 패러다임을 이용해 작성해 보자. 바로 작성하기가 어렵다면 종이에 먼저 그려 보고 나서 프로그램으로 작성하는 것도 좋은 방법이다.

학습활동 9-5   **'사이버 캠퍼스 과제 업로드 기능' 시퀀스 다이어그램 작성하기**   [문제분석 ★★★★]

01 '사이버 캠퍼스 과제 업로드 기능' 시나리오를 바탕으로 비주얼 패러다임을 활용하여 시퀀스 다이어그램을 작성해 보자.

혼자 시퀀스 다이어그램을 작성하는 데 아직 익숙하지 않다면 다음을 참고하기 바란다.

❶ 학생이라는 액터와 인터페이스의 역할을 해줄 객체, 메인 프로세서 역할을 해줄 객체, 데이터베이스 역할을 해줄 객체를 생성한다.

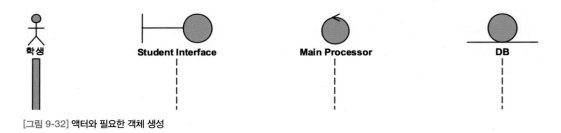

[그림 9-32] 액터와 필요한 객체 생성

❷ 학생이 로그인하면 인터페이스는 메인 프로세서에 로그인 정보를 요청하고, 데이터베이스에서 확인을 거친 뒤 인터페이스에서 〈메인 메뉴〉 창을 띄운다.

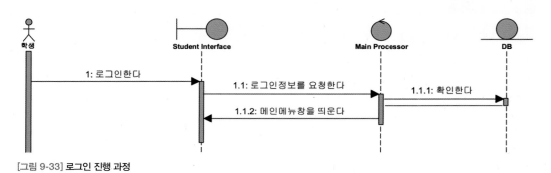

[그림 9-33] 로그인 진행 과정

❸ 로그인에 성공하면 학생은 해당 교과목 강의실을 선택하고, 메인 프로세서는 해당 강의실을 활성화한다. 인터페이스는 〈강의실 메뉴〉 창을 띄운다.

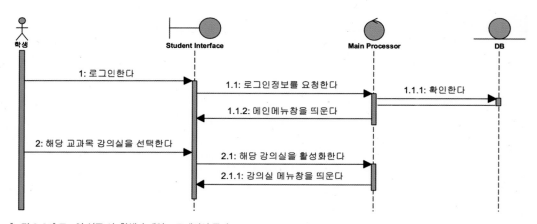

[그림 9-34] 로그인 성공 시, 학생과 메인 프로세서의 동작

❹ 학생이 과제를 업로드하면, 인터페이스는 메인 프로세서에게 과제 업로드를 요청하고, 데이터베이스는 과제를 저장하고, 인터페이스는 〈업로드 완료〉라는 팝업 창을 띄운다.

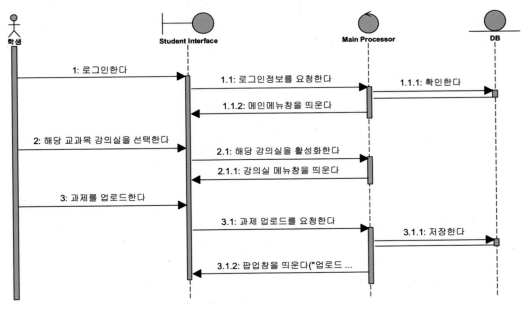

[그림 9-35] 학생이 과제를 업로드할 때

9.3.3 도서관 대출 시스템

지금까지 열심히 학습해온 가온, 나훈, 다미, 라나가 이번에는 '도서관 대출 시스템'을 시퀀스 다이어그램으로 표현하려고 한다. 대화를 읽고 여러분도 '도서관 대출 시스템'과 관련된 시퀀스 다이어그램을 그려 보기 바란다.

튜터

> 지금까지 시퀀스 다이어그램에 대해 알아보았는데,
> 처음에 학습했던 다이어그램에 비해 다소 복잡하게 생겼죠?

> 네. 이전에 배웠던 다이어그램보다는 많이 복잡해요.
> 복잡하니 어려워 보이기도 하고요.

나훈

다미

> 시퀀스 다이어그램이 복잡하게 보여도 시간의 흐름이나 순서를 보여 줘서 그런지
> 우리 프로젝트가 훨씬 구체화된 것 같아요!

맞아요.
시퀀스 다이어그램뿐 아니라 모든 다이어그램에는 정답이 없기 때문에,
얼마나 효율적으로 그리는지, 어떤 시나리오로 작성하는지에 따라
조금씩 형태가 달라질 수 있어요.
여러분도 그동안에 그린 다이어그램과 시나리오를 서로 비교해 보세요.
주제는 동일하지만 팀원들끼리도 다이어그램 작성 형태에 차이가 있을 수 있거든요.

튜터

다미

아~ 진짜네요. 팀이라 주제는 동일하고 의논도 동일하게 했는데,
동일하게 그린 사람도 있지만 각자 작성한 것이 조금씩 차이가 있네요.

그러네. 형태가 다 다른 것도 있고, 몇 군데만 다른 것도 있고.

가온

튜터

그렇죠. 그럼 지금부터는 '도서관 대출 시스템'을 시퀀스 다이어그램으로 표현해 볼까요?
작성하는 방법은 조금 복잡해 보여도
사이버 캠퍼스에 과제 업로드 기능과 동일하게 그리되,
다이어그램의 종류만 다르게 작성하면 된다고 했었죠?

흠, '도서관 대출 시스템' 시퀀스 다이어그램을 표현하라니.
너무 어려울 것 같아요.

라나

튜터

괜찮아요. 벌써부터 겁먹지 말기! 보기보다 아주 쉽답니다.
모두 시작해 볼까요?

01 시퀀스 다이어그램을 작성하기 전에 '도서관 대출 시스템'의 시나리오를 작성하여, 키워드를 알아보기 쉽게 표시해 보자.

가온

함께 작성한 '도서관 대출 시스템' 시나리오를 시퀀스 다이어그램으로 작성해 보자.
우선 시간의 흐름이 어떻게 진행되면 좋을까?

먼저 회원인지 확인해 봐야지. 아무에게나 책을 대출해줄 수 없잖아.

나훈

다미

나훈이 말처럼 회원인지 확인해 보고, 대출을 진행하면 되겠네.
그러면 우리가 작성한 시나리오에는 어떤 생명선들이 필요할지 생각해 보았니?

음, 도서? 도서 관련 생명선이 필요할 거 같아!

라나

가온

도서 관련 생명선과 더불어서
회원관리에 관한 것도 필요할 것 같아.

다들 시나리오에 대해 명확하게 알고 있구나!
추가적으로 연체료 관리의 생명선도 있으면 좋겠네~

다미

시퀀스 다이어그램이 복잡해 보였는데,
하나하나 순서대로 생각해 보니까 쉽게 풀리는 것 같아!

가온

그럼 우리 이제 함께 시퀀스 다이어그램을 그려 볼까?

다미

01 [학습활동 9-6]에서 작성한 시나리오를 바탕으로, 비주얼 패러다임을 활용하여 시퀀스 다이어그램을 작성해 보자.

실습문제

01 [문제해결 ★★★★] ATM 시스템 이용 관련 시나리오와 시퀀스 다이어그램을 작성해 보자.

02 [문제해결 ★★★★★] '온라인 물품 배송 시스템' 이용에 대해 시나리오 작성하고, 시나리오 안에서 생명선과 메시지를 찾으면서 파악한 것을 바탕으로 비주얼 패러다임을 활용하여 시퀀스 다이어그램을 작성해 보자.

03 [문제해결 ★★★★★] '호텔 예약 시스템' 이용 관련 시나리오와 시퀀스 다이어그램을 작성해 보자.

04 [문제해결 ★★★★★] 각 팀별 혹은 개인 프로젝트 주제에 대해 시나리오를 작성하고, 시나리오 안에서 생명선과 메시지를 찾아 파악한 것을 바탕으로 비주얼 패러다임을 활용하여 시퀀스 다이어그램을 작성해 보자.

UML 다이어그램 간의 관계

이 장에서는 지금까지 우리가 6, 7, 8, 9장에서 배웠던 4개의 UML 다이어그램이 서로 어떤 관계를 가지는지 알아본다. 이는 시스템을 개별적인 관점이 아닌 전체적으로 바라볼 수 있는 새로운 경험이 될 것이다.

10.1 다이어그램 간 연관성 이해하기

지금까지 프로젝트 주제에 맞게 활용할 수 있는 다양한 다이어그램을 알아보았다. 처음 UML을 소개할 때 여러 종류의 다이어그램이 존재하는 이유와 시스템 상황에 따른 적절한 표현 방법, 작성 방법 등을 공부했다. 정리하자면, 하나의 시스템은 관점에 따라 완전히 다르게 해석될 수 있기 때문에 여러 다이어그램으로 표현해야 한다. 따라서 다이어그램들은 완전히 독립적이지 않으며, 사실 서로 약간의 연관성을 지닌다. 이제 눈가리개를 약간 내리고, 코끼리의 전체 모습을 슬쩍 한번 봐야 할 시간이다.

이 절에서는 앞서 가온, 나훈, 다미, 라나가 다룬 '도서관 관리 시스템' 예제와는 다른 '레스토랑 시스템'을 통해 다이어그램들 사이의 연관성을 살펴볼 것이다.

튜터

여러분 지금까지 UML의 여러 가지 다이어그램에 알아보고, 다이어그램들을 활용하여 시스템을 다양한 시각으로 보는 방법을 알아보았어요. 어땠나요?

정말 재밌었어요!
UML을 사용하니 코딩을 잘 못하더라도 시스템을 표현할 수 있다는 점이 너무나 매력적이었어요.
특히 팀 프로젝트를 단순히 단어나 그림으로 표현하기보다 다이어그램으로 활용해 보니까 여러 시각으로 볼 수 있어 좋았어요!

다미

여러분이 팀 프로젝트를 열정적으로 진행해 주어서 저도 기분이 좋았습니다.
그렇다면 다이어그램에 대해 알아보고 표현해 보았으니 한 발짝 더 들어가 볼까요?
여러분, 이렇게 다양한 다이어그램이 서로 어떤 관계일지 생각해 본 적 있나요?

튜터

음, 다이어그램이 서로 관련이 있나요?

가온

튜터

하나의 시스템을 여러 가지의 다이어그램으로 표현할 수 있다는 건 우리 모두가 알고 있죠?
그런데 사실 이처럼 우리가 표현할 때 사용한 여러 다이어그램은 서로 밀접한 관계가 있답니다.
UML 소개 시간에 보았던 다음의 그림을 다시 한번 떠올려 보세요.

아, 이 그림 기억나요!
다이어그램을 그릴 때 개별적으로만 생각했지
연관시켜서 생각해 보지는 못 했어요.

라나

튜터

그럼 이번 시간에는 지금까지 배운 다이어그램 간의 관계에 대해 생각하는 시간을
가져보도록 해요. 조금 어려운 내용이니까 마음의 준비 단단히 하고 따라 오세요. ^^

10.1.1 유스케이스와 시퀀스 다이어그램의 관계

■ 유스케이스 다이어그램에서 각 유스케이스의 의미

유스케이스 다이어그램은 시스템에서 제공하는 기능을 한눈에 보여 주는 다이어그램이다. 사용자가 시스템과 어떻게 상호작용하는지 보여 주는, 사용자 입장에서 바라본 다이어그램이기 때문에 내부의 비즈니스 로직이 아니라 사용자가 어떠한 기능을 수행하는지 파악할 때 작성한다. 따라서 각 유스케이스당 하나의 기능만 작성하는 것이 원칙이다. [그림 10-1]에서 하나의 유스케이스에 한 가지 행동, 즉 한 가지 기능만 포함된 것을 확인할 수 있다.

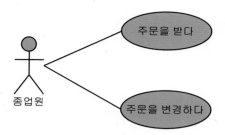

[그림 10-1] '레스토랑 시스템'의 유스케이스 다이어그램

[그림 10-1]의 유스케이스 다이어그램을 보면 "종업원" 액터(Actor)에는 '주문을 받다'와 '주문을 변경하다'라는 두 개의 기능, 즉 두 개의 유스케이스가 설정되어 있다.

튜터

여러분, 유스케이스를 시퀀스 다이어그램으로 표현하는 것에 대해 잘 알아보았나요?
이번에는 레스토랑 시스템의 '주문을 받다' 유스케이스를
시퀀스 다이어그램으로 그리려 합니다.

네, 좋아요.
아직은 어렵지만 "주문을받다" 내용을 참고하면서 표현해 볼게요!
할 수 있을 것 같아요.

가온

좋아요. 그렇다면 깜짝 퀴즈!
"주문을 받다" 유스케이스의 액터(Actor)는 누구일까요?

튜터

저, 알아요.
'종업원' 아닐까요?

나훈

맞아요! '손님'이 아니고 '종업원'이에요.
여러분, 아주 잘 알고 있네요?

튜터

■ 시퀀스 다이어그램이 표현하는 것

시퀀스 다이어그램은 개발자의 입장에서 일련의 흐름을 표현한다. 시퀀스 다이어그램은 각각의 유스케이스의 기능을 수행하는 객체들의 상호작용을 좀 더 자세히 보여 주며, 시간에 흐름에 따라 표현한다. 그래서 시퀀스 다이어그램은 각각의 유스케이스의 실제적인 로직을 설명할 수 있다.

[그림 10-1]의 "레스토랑" 유스케이스 다이어그램에는 총 2개의 유스케이스가 존재한다. 그중 '주문을 받다'의 의미를 좀 더 상세히 생각해 보자. [그림 10-2]의 (a)를 보면서, 종업원이 '주문을 받다'라는 기능을 수행할 때, 시간의 흐름에 따라 어떤 일을 하는지 상상해 보자. 먼저, 주문 관련 화면을 켜고, [그림 10-2]의 (b)와 비슷한 화면에서 손님의 주문을 입력할 것이다. 종업원 입장에서는 그 입력을 전송하기 위해 버튼을 누르면 되지만, '주문을 받다'라는 일이 완성되려면, 내부적으로 레스토랑에 비치된 서버 컴퓨터에서 그 신호가 전달돼야 하며, 서버는 그 주문을 주방 태블릿에 보내기도 하고 데이터베이스에 등록하기도 할 것이다.

(a) 종업원이 앱으로 주문을 받는 모습

(b) 종업원의 앱 화면 예시

[그림 10-2] '주문을 받다'라는 유스케이스에 대한 스냅샷

이러한 일련의 일들을 다음과 같이 정리해 보자.

❶ 종업원이 주문 앱을 켠다.

❷ 종업원이 선택한 메뉴를 앱에 입력하여 주문 서버에 전송한다.

❸ 서버는 손님의 주문을 처리한다.

❹ 서버에서, 주방 태블릿에 메뉴가 전송되어 화면에 보여진다.

❺ 주문 내용을 데이터베이스에 등록해 놓는다.

[그림 10-3]은 앞에 그림을 보면서, 사용자 입장이 아닌 개발자 입장에서 생각한 단계를 시퀀스 다이어그램으로 표현한 것이다.

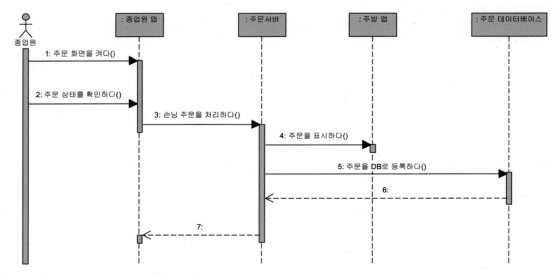

[그림 10-3] '주문을 받다'에 해당하는 시퀀스 다이어그램

참고로, 비주얼 패러다임에서는 [그림 10-1]의 각 유스케이스의 의미를 좀 더 상세하게 기술할 수 있도록 다른 다이어그램(예를 들면, [그림 10-3]의 시퀀스 다이어그램)과 연결시켜 주는 기능이 있다. 다음 절에서 실습해 볼 것이지만, 유스케이스에서 마우스 오른쪽 버튼을 클릭해 보면, [그림 10-4]와 같은 메뉴가 나타남을 확인할 수 있을 것이다.

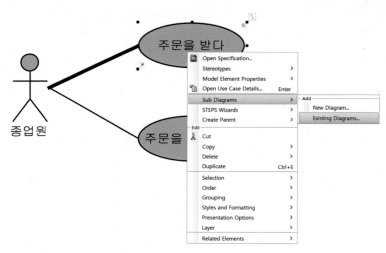

[그림 10-4] 비주얼 패러다임에서 유스케이스와 특정 UML 다이어그램 연결하기

10.1.2 시퀀스 다이어그램과 클래스 다이어그램의 관계

이번에는 레스토랑 예제에 대하여, 클래스 다이어그램과 시퀀스 다이어그램의 관계도 정리해 보자. 클래스 다이어그램은 일련의 클래스와 인터페이스 그리고 그 관계를 보여 준다. 시퀀스 다이어그램은 그러한 시스템에서 발생하는 작업을 시간의 흐름에 따라 보여 준다. 두 시스템 모두 실제적인 로직을 설명한다는 공통점이 있어 시스템 내에서 클래스 다이어그램과 시퀀스 다이어그램 간에 모델을 쉽게 공유할 수 있다.

먼저 [그림 10-5]와 같은 레스토랑 시스템의 상상도를 통해 클래스 다이어그램을 생각해 보자. 일반적인 서버 클라이언트 환경이 제공되고 있다고 가정할 수도 있고, 또는 클라우드 환경이 제공된다고 가정할 수도 있을 것이다.

튜터

레스토랑 시스템을 구축하려면 어떤 하드웨어가 필요할까요?

다미

종업원용 태블릿, 주방에서 쓸 태블릿 그리고
고객 주문이나 정보를 저장할 수 있는
서버컴퓨터 등이 필요하지 않을까요?

튜터

그럼 이런 각각의 하드웨어가 서로 정보를 주고받으려면 어떻게 해야 할까요?

라나

에휴, 난 잘 모르겠어. 너무 어려운걸?

가온

라나야, 어렵지만 같이 생각해 보자!
우선은 앱 같은 것을 깔아야 하지 않을까?
뭔가 각 하드웨어에 소프트웨어가 설치되어 있어야 할 것 같아요.

튜터

맞아요.
일단 각 하드웨어마다 필요한 소프트웨어를 클래스 다이어그램으로
만들어 보면, 대략 이해가 됩니다.
각 하드웨어 화면에 나타나는 메뉴를 생각해 보면,
어느 정도 기능도 정해 볼 수 있고요.
이제 조금씩 구체화해 보도록 합시다!

[그림 10-5] 레스토랑 예제에 대한 각 클래스들의 이해

앞 장에서 언급했던 바와 같이 시퀀스 다이어그램에서의 메시지는 클래스 다이어그램에서 기능 (Operation)을 의미하고, 시퀀스 다이어그램의 생명선(Lifeline)은 클래스 다이어그램을 기반으로 생성된다. [그림 10-6]은 레스토랑 예제의 클래스 다이어그램 버전을 표현한 것이다. 이것만 봐서는 각 클래스가 의미하는 바가 잘 이해되지 않을 것이다.

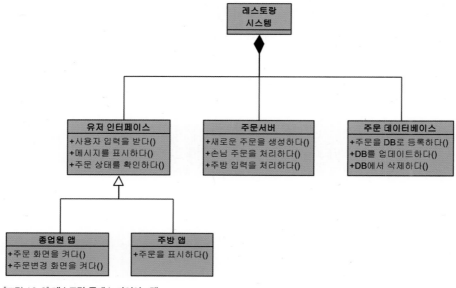

[그림 10-6] 레스토랑 클래스 다이어그램

[그림 10-5]의 모바일과 태블릿에는 소프트웨어가 설치되어 있을 것이다. 서버에도 태블릿에서 보내주는 신호를 받을 수 있는 소프트웨어가 설치되어 있을 것이다. 이런 신호를 주방에 있는 태블릿에서 볼 수 있을 것이다. [그림 10-6]은 모바일과 태블릿에 설치된 소프트웨어를 '종업원 앱'이라는 클래스로 표현한 것이다. 또한 주방 태블릿에 설치된 소프트웨어를 '주방 앱'이라는 클래스로 표현한 것이다. 서버에는 신호를 처리해 주는 '웹 서버'와 주문 내용을 저장해 주는 '데이터베이스 서버'가 있는데, 조금 어렵긴 하지만, 각각의 서버 컴퓨터에 설치되어 있는 소프트웨어라고 이해하면 된다.

이제, 클래스 다이어그램과 시퀀스 다이어그램의 관계에 대해 레스토랑 예시를 통해 알아보자. 일반적으로 클래스 다이어그램의 클래스 A는 시퀀스 다이어그램의 ':A'라는 객체와 매핑된다. [그림 10-3]과 [그림 10-6]을 비교 관찰해 보자. 먼저, [그림 10-6] 클래스 다이어그램의 클래스 이름들이 [그림 10-3] 시퀀스 다이어그램의 생명선 이름과 비슷함을 관찰해 보자. 예를 들면, [그림 10-6]의 '종업원 앱' 클래스 이름이 [그림 10-3] 시퀀스 다이어그램에서는 ':종업원 앱' 생명선이라는 객체 형태로 나타난다. 생명선 이름 앞에 콜론이 있음을 기억하기 바란다. 또 [그림 10-7]의 빨간 선이 가리키는 것처럼, [그림 10-3]에서 생명선 '종업원 앱'으로 들어가는 메시지는, [그림 10-6] 클래스 다이어그램의 '종업원 앱'의 기능(Operation)에 기반함을 알 수 있다.

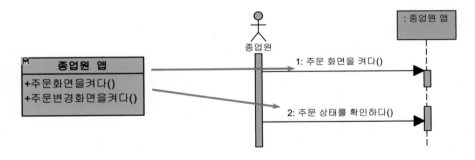

[그림 10-7] 클래스 다이어그램의 '종업원 앱' 클래스와 시퀀스 다이어그램의 생명선 ':종업원 앱'의 관계

튜터

여러분, 모두 적극적으로 참여해 주어서 기분이 정말 좋네요!
유스케이스 다이어그램과 시퀀스 다이어그램, 클래스 다이어그램의 관계가
어느 정도 이해가 되나요?

음, 어렴풋이 이해는 되는데,
한 번 더 정리를 하면 좋을 것 같아요.

가온

맞아요. 이해가 잘 안 가요. 한 번 더 설명해 주세요.

라나

튜터

좋아요. 먼저 유스케이스 다이어그램과
시퀀스 다이어그램에 대해 설명해 줄 학생 있을까요?

음, 예를 들면, 어떤 유스케이스 다이어그램에 유스케이스가 5개 있으면,
각각에 대한 세부절차를 명시할 시퀀스 다이어그램이 필요할 것이므로,
하나의 유스케이스 다이어그램에서 5개의 시퀀스 다이어그램이 나올 수 있는 거죠.

다미

튜터

맞아요! 수업에 집중해서 참여했군요!
다미 학생의 말처럼 유스케이스 시스템은 사용자가 시스템과 상호작용한다면,
시퀀스 다이어그램은 그 각각의 상호작용에 대해서 시간의 흐름으로 나타내는 거예요.
하지만 상황에 따라서는 5개 이상의 다이어그램이 필요할 수도 있습니다.

(긁적긁적)

라나

튜터

그렇다면 클래스 다이어그램과 시퀀스 다이어그램의 관계는 어떤가요?

아, 이건 제가 말할래요. 제가 다미보다 더 열심히 공부했단 말이에요!
일단 클래스 다이어그램과 시퀀스 다이어그램은 둘 다 개발자 입장에서 만들었어요.
유스케이스 다이어그램과 달리 클래스 다이어그램과 시퀀스 다이어그램은
모델 공유가 쉬워요.

나훈

튜터

정답! 정말 공부 열심히 했군요!
시퀀스 다이어그램의 메시지는 클래스 다이어그램의 기능(Operation)을 의미하고,
시퀀스 다이어그램의 생명선은 클래스 다이어그램의 클래스(Class)로 만들어지는 객체를
의미한답니다. 아주 좋아요! 이제 실습으로 넘어가 볼까요?

10.2 다이어그램 간 연관성 실습하기

앞 절에서 다룬 클래스 간 관계는 실습 없이 이론만으로는 이해하기 다소 어려운 내용이다. 비주얼 패러 다임에서 다섯 개의 UML 다이어그램 간 관계를 확실히 이해해 보아야 한다. 이 내용은 15장에서 좀더 부연하여 설명할 것이다.

이제 비주얼 패러다임에서 그린 '레스토랑 시스템'의 [그림 10-1] 유스케이스 다이어그램, [그림 10-3] 시퀀스 다이어그램, [그림 10-6] 클래스 다이어그램을 직접 그려 보자. 다만, 6, 7, 8, 9장에서 그렸던 것처럼, 각각의 다이어그램을 독립적으로만 그리지 말고, 세 개의 다이어그램이 서로 연동되도록 그려 보는 실습을 진행하는 것이다.

비주얼 패러다임에서 실습하려면 대략 다음의 나열된 설명을 순서대로 실행해야 한다.

❶ 유스케이스 다이어그램을 이용하여 하나의 유스케이스를 선택하고, 시퀀스 다이어그램의 작성 대상 을 선정한다.
❷ 유스케이스의 액터(Actor)를 파악하여 시퀀스 다이어그램에 위치시킨다. 이때 메시지 선이 적게 교 차하도록 배치시키는 것이 좋다.
❸ 유스케이스를 실현시키기 위해 참여할 클래스(객체)들을 정해 다이어그램에 위치시킨다.
❹ 시간순으로 액터(Actor)와 객체 간 메시지를 정의해 나간다.
❺ 객체 추가가 요구될 때는 추가로 정의한다. 추가된 객체 사이의 메시지도 정의하여 추가한다.

이제 구체적인 실습을 진행해 보자.

01 프로젝트를 생성하고 상단 메뉴의 [Diagram] 〉 [New]에서 '유스케이스 다이어그램'을 선택한 후, [그림 10-1]의 레스토랑 유스케이스 다이어그램을 비주얼 패러다임에서 작성해 놓는다.

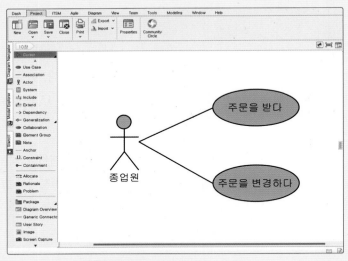

[그림 10-8] 레스토랑 유스케이스 다이어그램 불러오기

02 시퀀스 다이어그램을 그리기 전에 [그림 10-6]의 클래스 다이어그램을 먼저 작성해 보자. 메뉴에서 [Diagram] 〉 [New]를 선택한 후, 'class' 키워드로 검색하여 상단에 위치한 [Class Diagram]을 클릭한다.

[그림 10-9] 클래스 다이어그램 만들기

03 [그림 10-5]에 상응하는 클래스 다이어그램을 먼저 작성한다.

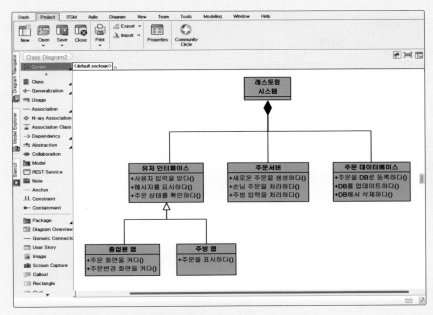

[그림 10-10] [그림 10-6]과 같이 클래스 다이어그램 작성하기

04 클래스 다이어그램을 완성했다면, 이번에는 [그림 10-3]에 상응하는 시퀀스 다이어그램을 그릴 차례이다. 이제부터는 독립적으로 다이어그램을 그리는 것이 아니라, 기존에 그려 놓았던 클래스 다이어그램과 연동 하여 다이어그램을 그릴 것이다. 메뉴에서 [New]를 선택한 후 [Sequence Diagram]을 클릭한다.

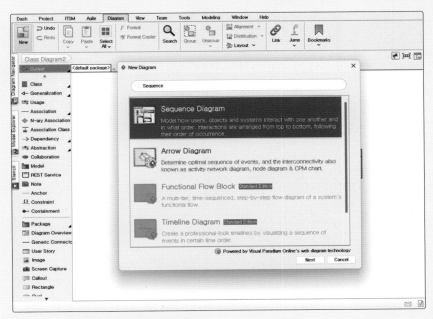

[그림 10-11] 시퀀스 다이어그램을 선택한 화면

05 왼쪽 메뉴의 [Model Explorer]를 선택하면, 현재까지 만들어 놓은 다양한 클래스들이 보일 것이다. 먼저 '종업원 액터(Actor)'를 드래그하여 메인 화면에 릴리스하고, '종업원 앱'도 선택한 후 드래그하여 오른쪽 메인 화면에서 릴리스해 보자.

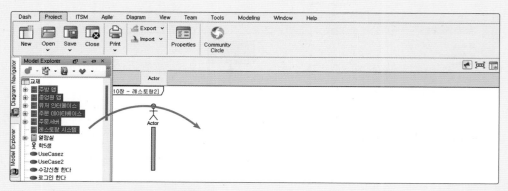

[그림 10-12] [Model Explorer] 메뉴 선택 화면

06 [그림 10-13]과 같이 팝업 창이 보이면, '생명선(Lifeline)'과 '클래스(Class)' 중 '생명선(Lifeline)'을 선택한다.

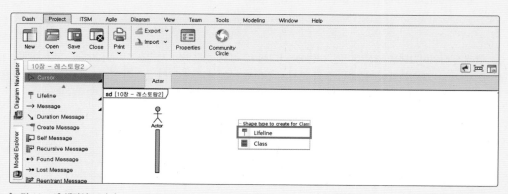

[그림 10-13] 생명선 그리기

07 ":종업원 앱" 앞에 콜론이 붙어 있는 것을 볼 수 있다. 현재의 생명선은 [그림 10-6] 클래스 다이어그램에서의 "종업원 앱" 클래스에 기반한 것임을 명시하는 것이다.

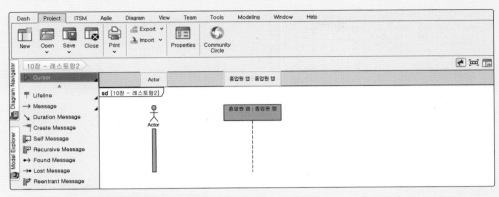

[그림 10-14] 종업원 앱의 생명선 추가하기

08 액터(Actor)와 생명선 간, 혹은 생명선과 생명선 간에 선을 드래그하여 이어주면, 클래스에서 지정해 놓았던 기능(Operation) 리스트가 보일 것이다. 그중 하나를 선택하면, 그것이 곧 시퀀스 다이어그램의 메시지가 된다.

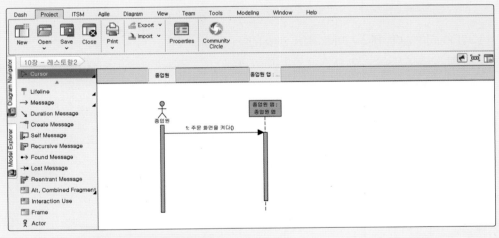

[그림 10-15] 객체 이동 후 생명선을 선택하는 화면

09 [그림 10-3]을 참조하면서 **08**의 단계를 여러 번 반복하여, 사용할 객체들과 액터(Actor)를 모두 시퀀스 화면에 드래그하여 만들어 준다.

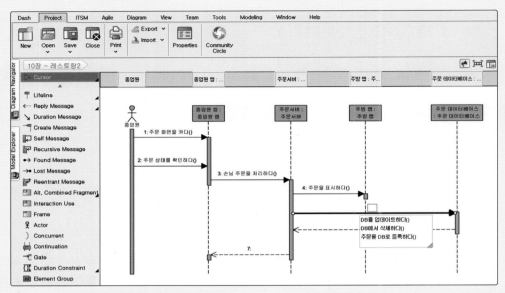

[그림 10-16] 시퀀스 다이어그램의 오퍼레이션 추가 화면

10 [그림 10-3]과 같이 시퀀스 다이어그램을 완성시킨다.

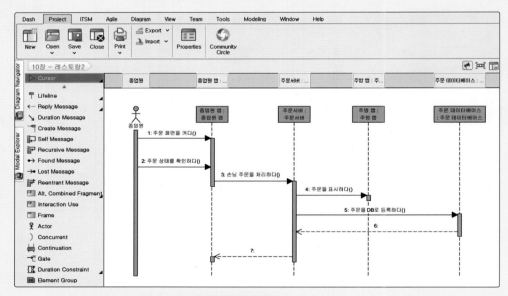

[그림 10-17] [그림 10-3]에 상응하는 시퀀스 다이어그램 완성 화면

11 3개의 다이어그램을 모두 완성했으면, 메뉴바의 [View] 〉 [Project Browser]를 클릭한다.

[그림 10-18] [Project Browser] 메뉴

12 [그림 10-19]와 같이 지금까지 작성한 세 가지 '레스토랑 시스템' 다이어그램을 확인할 수 있다. 이번에는 유스케이스와 시퀀스 다이어그램을 연결해 보자. '유스케이스 다이어그램(Use Case Diagram)'을 더블클릭한다.

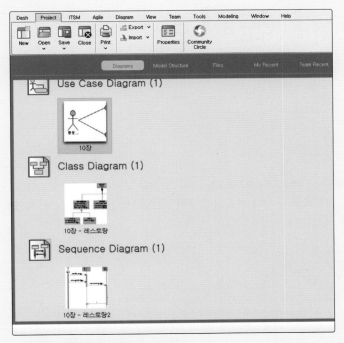

[그림 10-19] 유스케이스 다이어그램 선택 화면

13 '주문을 받다'의 유스케이스를 선택한 상태에서 마우스의 오른쪽 버튼을 클릭한다. 메뉴바에서 [Sub Diagram] 〉 [Exisiting Diagram]을 선택한다.

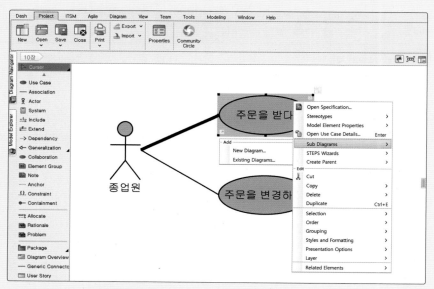

[그림 10-20] 유스케이스를 선택한 화면

14 '주문을 받다'의 유스케이스에 해당하는 서브 다이어그램으로 [그림 10-3]과 같은 시퀀스 다이어그램을 이미 작성해 놓았기 때문에 서로 연결해 줄 수 있다. '주문을 받다'와 관련되어 있는 기존에 작성된 시퀀스 다이어그램을 선택한다.

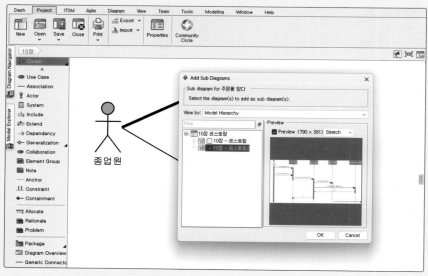

[그림 10-21] 관련된 다이어그램을 선택한 화면

15 메뉴의 [Open Project Browser] 〉 [Model Structure]에서 연관 다이어그램들을 확인해 볼 수 있다.

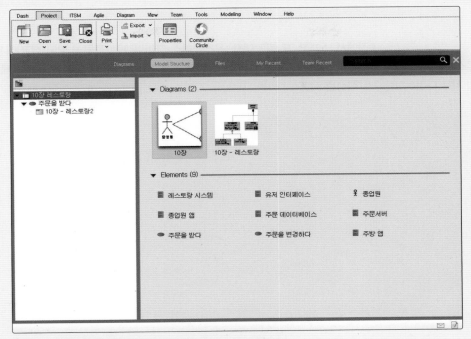

[그림 10-22] 유스케이스와 시퀀스, 클래스 다이어그램이 연동된 화면

실습문제

01 [문제해결 ★★★★★] 6장에서 소개한 '도서관 대출' 유스케이스 다이어그램([그림 6-25] 참고)에서 각 유스케이스 다이어그램에 대한 시퀀스 다이어그램을 작성해 보고, 비주얼 패러다임에서 각 유스케이스의 서브 다이어그램으로 작성된 시퀀스 다이어그램들을 지정해 보자.

11장

자바 언어의 이해

자바 프로그래밍 언어에 대해 이해하는 시간을 가져 본다. 자바란 무엇일까? 자바의 개념에 대해 이해해 보고, 이클립스를 설치하여 자바를 실습해 보는 시간을 가진다. 기본적인 자바 문법을 소개하고, 간단한 실습을 진행해 본다.

11.1 자바란 무엇일까?

책의 서두에서 언급한 바와 같이 학습자들이 가지는 프로그래밍에 대한 부담을 최대한 줄이고자, 그동안 오류 개념이 없던 UML에 대한 내용을 설명하고 프로젝트 아이디어를 표현해 보았다. 하지만 별 부담 없이 그리던 UML 다이어그램이 사실은 프로그래밍 코드와 밀접한 연관이 있다면 어떨까?

지금부터는 실습했던 액티비티 다이어그램을 **자바(Java)**라는 프로그래밍 언어로 구현해 볼 것이다. 자바로 UML의 클래스 다이어그램을 구현하기 위해서는 일단 자바의 문법을 알아야 한다.

튜터

지금까지 다양한 UML 다이어그램을 알아보았죠?
이러한 UML 다이어그램은 프로그래밍 언어, 특히 자바로 표현이 가능하답니다.
UML을 개발할 때, 당시 가장 주도적이었던 객체지향 소프트웨어 개발 방법론과
잘 어울리도록 설계했기 때문에 자바와의 연관 관계를 쉽게 찾아볼 수 있어요.

음, 자바? 자바가 무엇인가요? 저는 처음 들어봐요.

라나

저도 자바가 프로그래밍 언어라는 것밖에 모르는데, UML과 연관성이 있나요?

나훈

네, 여기 있는 학생들 중에는 자바를 처음 듣는 친구도 있을 것이고,
자바가 무엇인지만 알고 코딩까지는 어려운 친구들도 있을 거예요.
자바는 객체지향 언어로 UML과 아주 긴밀한 연관이 있답니다.
UML의 다이어그램을 자바로 표현하거나
자바 코드를 UML 다이어그램으로 표현할 수도 있어요.
이번에는 이러한 연관성을 알아보기 위해 먼저 자바에 대해 알아봅시다.

튜터

다미

우와! 너무 재미있겠어요!
UML과 연관이 있는 새로운 프로그래밍 언어를 배운다니 기대가 돼요.
하지만 저희 팀원들 중에는 프로그래밍 자체가 처음인 친구들도 있어서
어려울까 봐 걱정돼요.

튜터

UML과 자바는 밀접한 관계가 있다. UML로 설계한 소프트웨어를 자바로 작성하면 어떻게 대응되는지 알기 위해서, 코드를 이해할 수 있는 정도에서 자바의 개념을 배우고 문법을 이해해 보고자 한다. 코딩을 하는 것이 아니라 단순히 UML로 설계한 것을 자바로 작성하면 어떻게 표현되는지, 어떠한 모습으로 대응이 되는지 이해하기 위한 과정이니 자바 프로그래밍을 해야 한다는 부담을 버리고, 다양한 학습활동을 통해 자바의 기초에 대해 알아보자.

11.1.1 객체지향 언어

자바는 **객체지향 언어**이다. 객체지향 언어란 컴퓨터 프로그램을 객체라는 단위로 나누어 작성하는 프로그래밍 언어를 말한다. 객체는 앞서 UML을 배우면서 잠깐 살펴본 바 있다. UML은 객체지향 소프트웨어 시스템을 설계하기 위해 시스템의 구조, 동작, 상호작용 등을 시각적으로 표현하는 설계 언어이다. 따라서 자바에서 작성한 소스 코드를 UML 다이어그램으로 변환하거나, UML 다이어그램을 자바 코드로 변환하는 것이 가능하다.

특히 **객체**(Object)와 **클래스**(Class)는 UML과 자바가 공유하는 개념이다. 클래스는 객체를 만들어 내기 위한 설계도 혹은 틀로, 객체들의 공통된 특징과 기능을 가진다. 객체는 소프트웨어 세계에서 구현할 대상으로, 클래스에서 선언한 모양 그대로 생성된 실체를 말한다. 비유하자면, 클래스는 붕어빵을 만들기 위한 틀이며, 객체는 붕어빵 틀을 기반으로 실제 붕어빵을 만들어 내는 것이라고 할 수 있다.

[그림 11-1] 클래스와 객체: 붕어빵 틀과 붕어빵

간단하게 자바의 기본 개념에 대해 알아보았다. 각자 인터넷에서 자바에 대해 검색하여 자바의 정의를 한 줄로 작성하고, 자세한 자바의 특징을 찾아보자.

학습활동 11-1   **자바의 특성에 대해 알아보기**   [문제탐색 ★★]

01 자바란 어떤 언어일까? 특히 객체지향이라는 어려운 용어에 대해 좀 더 학습하여 이해도를 높여 보자.

02 자바의 장단점은 무엇일까?

03 자바와 UML에 연관성이 생긴 역사적인 배경은 무엇일까?

11.1.2 이클립스 설치하기

자바에 대해 간단히 알아보았다면, 자바 프로그램을 작성하고 실행할 수 있는 프로그램을 설치해 보자. 컴퓨터에서 UML을 표현할 때는 비주얼 패러다임을 이용하여 작성했다. 자바 또한 프로그램을 작성하기 위해 전용으로 사용하는 프로그램이 존재하는데 바로 '이클립스(ECLIPSE)'이다. 컴퓨터에 이클립스를 설치해 보자.

튜터

따라 하기가 어렵다면 가르쳐 주시는 강사님에게 여쭤보거나
이 책의 학습카페에서 영상을 참조해 보세요.

[SW 창의설계 카페]

실습 따라 하기

01 이클립스 사이트(https://www.eclipse.org)에 접속한다.

[이클립스 사이트]

02 오른쪽 상단에 있는 [다운로드]를 눌러 이클립스 설치 파일을 다운받는다.

[그림 11-2] 이클립스 홈페이지 화면

03 설치 파일을 실행하여 〈Eclipse installer〉에서 'Eclipse IDE for Web Developers'를 설치한다.

04 설치 후 이클립스를 실행한다.

05 'Workspace'에 원하는 위치를 지정하고 [Launch] 버튼을 클릭한다.

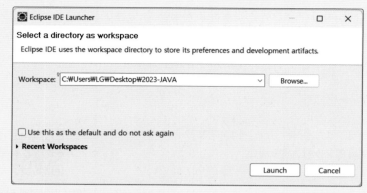

[그림 11-3] 워크스페이스 위치 정하기

06 이클립스 실행 및 설치가 완료되었다.

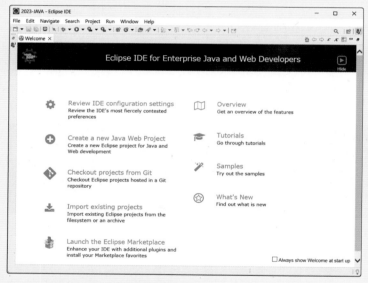

[그림 11-4] 이클립스 실행 및 설치 완료 화면

07 상단 메뉴바에서 [File] 〉 [New] 〉 [Java Project]를 클릭하면 〈New Java Project〉 창이 뜬다.

08 'Project name' 항목에 프로젝트 제목을 입력한 후 [Finish] 버튼을 클릭하면 좌측 〈Package Explorer〉
에서 생성된 'Java Project'를 확인할 수 있다.

09 생성된 '자바 프로젝트(Java Project)' 좌측의 화살표를 클릭하여 확장한다.

10 'src' 디렉터리에서 마우스의 오른쪽 버튼을 클릭한 후 [New] 〉 [Class] 버튼을 클릭한다.

11 'Name'에 클래스명을 입력하고, [Finish] 버튼을 클릭하면 클래스가 생성된다.

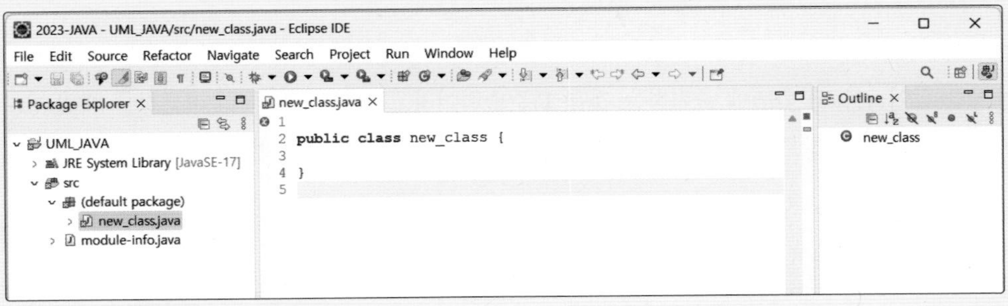

[그림 11-5] 〈클래스(Class)〉가 생성된 화면

이클립스 설치를 마쳤다면 자바의 기본적인 규칙(문법)을 알아보고 실습을 진행해 보자.

자바 코드 작성 시 소괄호(( )), 중괄호({ }), 대괄호([ ]) 등을 구분하여 사용한다. 특수한 키워드인 import를 제외하고 반드시 중괄호 안에서 모든 프로그램 작성이 이루어져야 한다.

```
class 클래스명 {
        프로그램을 작성하는 자리
}
```

자바 프로그램을 실행시키면, 자바 가상 머신(프로그램의 실행 코드를 실행시키는 주체)은 맨 먼저 아래의 코드 부분을 찾아 그 안의 모든 문장을 차례로 실행한다. 이 부분을 메인 메서드(main method) 라고 부르며, 하나의 자바 프로그램에는 자바 프로그램의 시작점이 되는 메인 메서드를 가지는 클래스가 반드시 있어야 한다.

```
public static void main(String[] args) {

}
```

실행할 모든 문장의 끝에는 반드시 세미콜론(;)을 붙여준다. 문장의 마침표와 같은 역할로, 프로그램 실행 시 세미콜론이 빠진 문장이 있으면 오류가 발생한다.

11.2 | 표준출력 : 컴퓨터 화면에 데이터 출력하기

콘솔 창과 같이 컴퓨터 화면에 출력하는 것을 **표준출력**이라고 한다. 간단한 출력문장을 배워 보도록 하자. 이클립스의 콘솔 창으로 결과가 나타나게 하려면 다음을 이용해서 출력해 줘야 값이 나타난다.

```
System.out.println(            );
```

출력문장을 사용하면 소괄호 안에 있는 변수에 저장된 값이나 큰 따옴표(" ")로 감싸 표현하는 문자열을 출력한다. 문자열과 변수의 의미는 뒷부분에 다시 설명할 것이다. 지금은 System.out.println 문장을 사용하여 출력할 수 있다는 사실을 기억하자.

"Hello World!"를 출력하는 간단한 자바 코드를 작성해 보자.

실습 따라 하기

01 이클립스를 실행한다.

[그림 11-6] 이클립스(Eclipse) 실행화면

02 다음으로 오른쪽에 있는 〈Project Explorer〉에서 오른쪽 마우스를 누른 후 다음의 사진과 같이 [New] 〉 [Project]를 누른다. 또는 [New] 다음에 바로 [Java Project]가 있다면 그것을 바로 눌러도 된다.

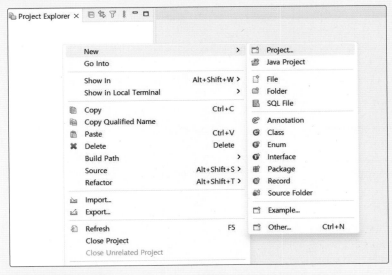

[그림 11-7] Project 생성

03 〈New Project〉 창에서 'Java Project'를 선택하고, [Next] 버튼을 클릭하면 프로젝트가 생성된다.

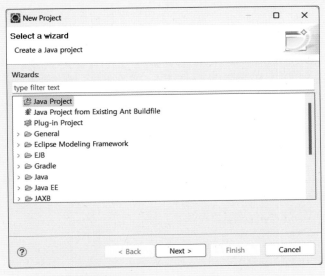

[그림 11-8] 자바 프로젝트 선택

04 다음으로 'Project name'에 프로젝트 제목을 입력하고, 하단의 [Finish] 버튼을 클릭한다.

[그림 11-9] 자바 프로젝트(Java1) 생성

05 오른쪽 〈Project Explorer〉 창에서 생성된 프로젝트를 확인할 수 있다. 바로 이어서 클래스를 생성해 보자. UML 클래스 다이어그램과 같은 의미이다. 프로젝트 위에서 마우스 오른쪽 버튼을 클릭하여 [New] 〉 [Class]를 선택한다.

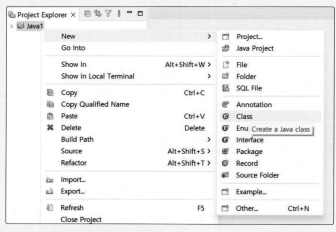

[그림 11-10] 프로젝트의 클래스 생성하기

06 〈New Java Class〉 창의 'Name'에 클래스명을 입력하고, [Finish] 버튼을 클릭한다.

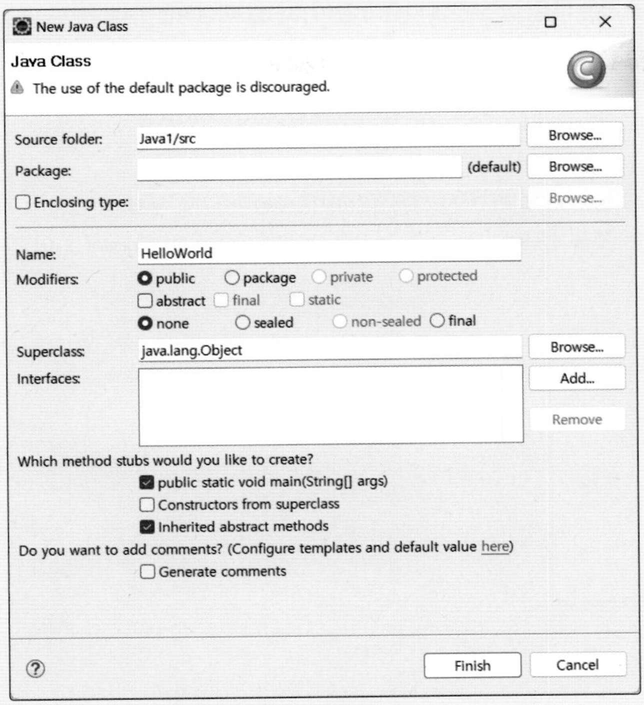

[그림 11-11] 자바 클래스(HelloWorld) 생성하기

> **TIP** 클래스 이름의 첫 글자는 무조건 영어 대문자를 사용해야 한다. 영어 소문자 사용은 가능하지만 다음과 같은 경고 (warning)가 발생한다.
>
> "Type name is discouraged. By convention, Java type names usually start with an uppercase letter"

07 이제 클래스를 만들었고, 그 클래스에 다음과 같은 코드가 쓰여 있을 것이다.

```java
public class HelloWorld {
    public static void main(String[] args) {
        // TODO Auto-generated method stub
    }

}
```

혹시 이전에 프로그래밍을 해 본 적이 있다면, 다들 친숙한 "Hello World"를 출력해 보자. 위 소스코드에서 주석 처리된 부분(// TODO...~)을 지운 다음, 그 부분에 다음과 같이 코드를 작성하면 된다.

```
System.out.println("Hello World!!!");
```

08 07번과 같이 프린트문을 작성할 때 "sysout"이라고 친 다음, [Ctrl]+[Space bar]를 누르면 [그림 11-12] 와 같이 뜬다. 여기서 맨 위에 있는 것을 선택해 [Enter]를 누르면, 바로 System.out.println( ); 이 작성 된다.

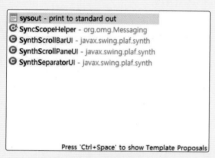

[그림 11-12] 프린트문 자동 생성

09 [그림 11-13]에 빨간색 네모로 표시한 [Run] 버튼을 클릭하거나, 단축키 [Ctrl]+[F11]을 누르면 실행된다.

```
*HelloWorld.java ×
1
2  public class HelloWorld {
3
4      public static void main(String[] args) {
5
6          System.out.println("Hello World!!!");
7      }
8
9  }
```

[그림 11-13] 실행 버튼 클릭

10 콘솔창에 결과가 나타난 것을 확인할 수 있다.

```
Problems  @ Javadoc  Declaration  Console ×
<terminated> HelloWorld [Java Application] C:\Users\LC
Hello World!!!
```

[그림 11-14] 결과가 나타난 콘솔(Console) 창

11 자신이 출력하고 싶은 말을 넣어 출력해 보며 복습하자.

```
Basic_Java.java ×
 1
 2  public class Basic_Java {  ··· ❶
 3
 4⊖     public static void main(String[] args) {  ··· ❷
 5          // Basic of Java라는 문구를 출력
 6          System.out.println("Basic of Java");  ··· ❸
 7          /*
 8           * 이부분은
 9           * 프로그램 수행에
10           * 영향을
11           * 미치지
12           * 않는다.
13           */
14      }
15
16  }
17
```

```
Problems  @ Javadoc  Declaration  Console ×                    ■ ✖ ※ | 💾 🔝
<terminated> Basic_Java [Java Application] C:\Users\LG\.p2\pool\plugins\org.eclipse.justj.openjdk.
Basic of Java  ··· ❹
```

[그림 11-15] 원하는 문장으로 수정 및 출력하기

예제를 확인하면 'Basic_Java' 클래스의 중괄호 안에 모든 코드가 적혀 있는 것을 알 수 있다(❶). 실제로 프로그램이 실행하는 시작 위치인 메인 메서드가 포함되어 있는 것(❷)과 System.out.println( );(❸)을 사용한 결과로 "Basic of Java"라는 문장이 콘솔창에 출력된 것을 확인할 수 있다(❹).

튜터

첫째, 문장을 출력할 때는 문장을 큰따옴표(" ")로 감싸주어야 합니다.
둘째, 변수에 저장된 값을 출력할 때는 변수의 이름을 쓰세요.
셋째, 문자열과 변수의 저장된 값을 값이 출력하고 싶으면, + 기호를 사용해야 합니다.

학습활동 11-2 | **'자기 소개 문장' 출력 코드 작성하기** [문제분석 ★★]

01 자신을 소개하는 내용을 출력하도록 코드를 작성해 보자.

튜터

여러분, 처음 해 보는 자바 프로그래밍인데 잘 따라가고 있나요?

네! 화면에 제가 원하는 메시지가 출력되니까 신기하네요.

다미

나훈

저도 이제 자바 프로그래머인가요?

저는 오류가 나는데 뭐가 문제일까요?

라나

가온과 나훈, 다미는 성공적으로 이클립스 화면에 메시지를 출력해 냈다. 성공하지 못한 라나는 속상하다. 라나는 이클립스 설치와 자바 실습이 어려워 학습카페의 동영상을 참고해 보기로 한다.

[SW 창의설계 카페]

11.3 데이터를 담아두는 변수와 자료형

변수란 하나의 값을 저장할 수 있는 컴퓨터 메모리상의 저장 공간을 의미한다. 어떤 값을 사용하고자 변수에 저장하기를 원한다면 먼저 변수를 선언해야 한다.

자바에서 변수 선언을 해 보자. 변수를 선언할 때는 데이터 타입이 먼저 나오고, 그다음에 변수의 이름을 적어 준다. 그래서 ❶ 문장에서 정수 데이터를 저장하기 위해 변수의 이름을 "num"으로 정하고, 앞에 변수의 데이터 타입으로 자료형 "int"를 사용했다. **자료형**이란 데이터가 메모리에 저장되어 있는 형식을 알려준다. 그래서 데이터 자료형에 따라 컴퓨터에 데이터를 표현하고 처리하는 방법이 달라진다.

변수 선언이 끝나면 이제부터는 변수에 값을 저장해 사용할 수 있다. 변수에는 대입연산자(=)를 통해 값을 대입한다. 대입이 되는 값은 아래의 ❶ 문장과 같이 변수를 선언하면서 동시에 값을 처음 대입할 수 있다.

```
...
int num = 10;    ------- ❶
num = 100;       ------- ❷
...
```

또는 대입연산자를 통해 변수에 저장할 값을 바꿀 수 있다(❷). 특히 맨 처음 변수에 값을 저장하는 것을 초기화라고 한다(❶). 자바에서는 초기화된 변수에 대해서만 연산을 수행할 수 있다. 자바는 기본적으로 더하기, 빼기, 곱하기, 나누기 등 사칙연산을 할 수 있는 산술 연산자를 제공한다.

[그림 11-16]은 두 수의 합을 출력하는 프로그램이다. 두 수를 각각 변수 num1, num2에 저장하고, [그림 11-16]의 ❶ 문장에서 두 변수에 저장된 값을 더하는 연산을 수행한다. ❶ 문장을 자세히 살펴보면 소괄호 안에 " " 표시된 문자열과 두 개의 변수가 있다.

첫 번째 기억할 것은 '문자열이 + 연산자와 같이 사용되면, + 연산자는 문자열과 다른 문자열 또는 변수의 저장된 값을 결합한다'는 것이다. 그래서 문자열 뒤에 나오는 값이 문자열이 아닐 경우 문자열로 바꾼 후 결합한다.

두 번째 기억할 것은 두 변수 num1과 num2는 소괄호 안에 있다. 수학에서 연산의 우선순위가 있는 것처럼 프로그래밍에서도 소괄호로 안의 연산자가 먼저 실행된다. 그래서 두 수를 더한 후, 결과 값 30을 문자열 "30"으로 변환하고 문자열 "두 숫자의 합: "과 결합한다.

마지막으로 이렇게 결합된 문자열, "두 숫자의 합: 30"이 이클립스의 콘솔 창에 출력된다.

```
📄 AddNumber.java ×
 1
 2 public class AddNumber {
 3
 4⊝    public static void main(String[] args) {
 5
 6        int num1 = 10;
 7        System.out.println("첫 번째 숫자 : " + num1);
 8        int num2 = 20;
 9        System.out.println("두 번째 숫자 : " + num2);
10        System.out.println("두 숫자의 합: " + (num1+ num2)); ··· ①
11    }
12
13
14 }
```

```
🔲 Problems  @ Javadoc  🔍 Declaration  🖥 Console  ×                    ■ ✖ 🔧 | ▤ ▦
<terminated> AddNumber [Java Application] C:\Users\LG\.p2\pool\plugins\org.eclipse.justj.openjd
첫 번째 숫자 : 10
두 번째 숫자 : 20
두 숫자의 합: 30
```

[그림 11-16] **코드와 결과창**

TIP

자바에서는 산술 연산자와 대입 연산자 외에도 다양한 연산자를 사용한다.

[표 11-1] **다양한 연산자의 종류**

종류	연산방향	연산자
단항 연산자	←	++ -- + - 등
산술 연산자	→	* / % 등
		+ -
		《 》 》》
비교 연산자	→	〈 〉 〈= 〉=
		== !=
논리 연산자	→	&&
		||
대입 연산자	←	=

액티비티 다이어그램과 자바 코딩

이 장에서는 7장에서 배운 액티비티 다이어그램으로 설계한 결과를 자바로 표현해 보고, UML 다이어그램과 자바 코드와의 관계를 살펴볼 것이다. 따라서 자바로 프로그래밍을 실습하기 위해 필요한 기초적인 내용을 다뤘으며, 이를 바탕으로 13장에서 UML 다이어그램과 자바의 관계에 대해 배우게 될 것이다. 책에 수록된 자바 코드만 보고도 어느 정도 이해된다면, 각 예제의 자바 코드를 반드시 실행해 볼 필요는 없다.

액티비티 다이어그램과 자바의 관계

11장에서 다룬 두 수의 합을 출력하는 자바 프로그램의 각 작업은 [그림 12-1]과 같이 액티비티 다이어그램으로 표현할 수 있다. 이렇게 액티비티 다이어그램을 자바로 표현할 수 있고, 자바를 액티비티 다이어그램으로 표현할 수 있다.

액티비티 다이어그램을 통해 작업의 흐름을 표현하다 보면 어떤 작업은 매번 수행되지만, 어떤 작업들은 조건에 따라 수행이 될 때도 있고 안 될 때도 있다. 때로는 작업을 반복적으로 수행해야 할 때가 있다.

액티비티 다이어그램과 마찬가지로 자바 프로그램의 흐름도 일반적으로 위에서 아래로 순서대로 한 문장씩 실행되지만, 때로 어떤 문장은 조건에 따라 실행하는 경우와 실행하지 않는 경우가 필요하다. 또 어떤 문장은 반복해서 실행되어야 하는 경우도 있다. 이런 경우를 자바에서는 프로그램의 흐름을 제어한다고 하며 **제어문**이라고 한다.

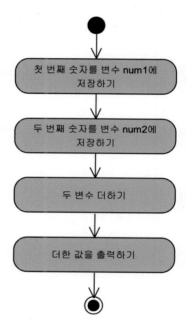

[그림 12-1] 자바 프로그램의 작업을 액티비티 다이어그램으로 표현

제어문에는 조건에 따라 실행할 문장을 선택하는 **선택문**과 원하는 조건 또는 횟수로 문장을 반복 실행하는 **반복문**이 있다. 지금부터는 자바의 제어문을 사용하여 액티비티 다이어그램으로 표현된 작업의 흐름을 자바로 구현해 보도록 하자.

12.1.1 자바의 조건문 : if

자바에서 키워드 **if**를 사용하면 조건을 표현하는 문장임을 알 수 있다. 우선 if로 문장을 시작하고, 뒤에 조건을 표현해 준다. 키워드 if 뒤의 조건은 참(True)과 거짓(False)을 판단할 수 있는 표현식이나, 참(True)과 거짓(False)의 값이 온다. 그리고 그 조건이 만족할 때 실행되는 문장을 다음에 작성한다. 조건이 만족할 때 실행할 문장이 두 문장 이상일 경우는 중괄호로 묶어야 한다. 그리고 키워드 **else**를 사용하면 조건이 만족하지 않을 경우 실행할 문장의 시작임을 알 수 있다. 조건을 만족시키지 못할 때도 실행할 문장이 두 문장 이상일 경우는 중괄호로 묶어야 한다.

다음 [그림 12-2]는 자바의 문법을 이해하기 쉽게 프로세스를 수행하기 위해 필요한 단계와 결정을 시각적으로 표현한 액티비티 다이어그램으로 조건문을 정리한 것이다. 각각의 단계는 다이어그램 도형 안에 표현되며, 진행 순서는 화살표를 이용하여 표현한다.

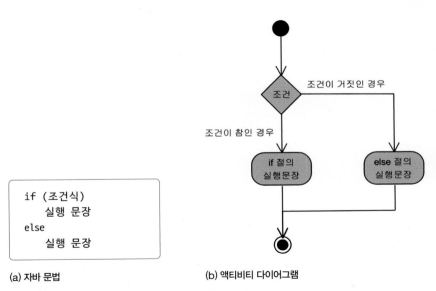

```
if (조건식)
    실행 문장
else
    실행 문장
```

(a) 자바 문법   (b) 액티비티 다이어그램

[그림 12-2] 자바 문법과 액티비티 다이어그램으로 표현한 조건문

서로 다른 두 정수 중에 어떤 수가 큰 수인지 알려주는 작업을 할 경우, 다음과 같은 시나리오와 액티비티 다이어그램을 작성할 수 있다.

- 첫 번째 숫자를 변수 num1에 저장하고, 두 번째 숫자는 num2에 저장한다.
- num1과 num2를 비교하여 첫 번째 숫자가 더 크면 "첫 번째 숫자가 더 큽니다."를 출력한다.
- 그렇지 않으면 "두 번째 숫자가 더 크거나 같습니다."를 출력한다.

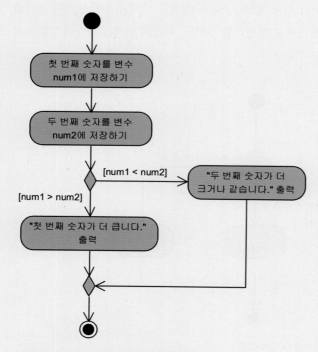

[그림 12-3] 시나리오 1의 액티비티 다이어그램

액티비티 다이어그램을 통해 저장된 값에 따라 출력되는 문장이 달라지는 것을 알 수 있다. 이렇게 조건에 따라 실행되는 작업이 달라지는 것을 다음의 프로그램과 같이 자바의 조건문으로 구현할 수 있다.

```
Problem1.java ×
 1
 2  public class Problem1 {
 3
 4⊖     public static void main(String[] args) {
 5
 6          int num1 = 200;
 7          int num2 = 100;
 8          if (num1 > num2) ··· ❶
 9              System.out.println("첫 번째 숫자가 더 큽니다."); ··· ❷
10          else ··· ❸
11              System.out.println("두 번째 숫자가 더 크거나 같습니다.");
12      }                                                    ··· ❹
13
14 }
```

```
 Problems  @ Javadoc  Declaration  Console ×
<terminated> Problem1 [Java Application] C:₩Users₩LG₩.p2₩pool₩plugins₩org.eclipse.justj.openjdk.h
첫 번째 숫자가 더 큽니다.
```

[그림 12-4] **시나리오 1의 코드와 결과창**

우선은 두 정수 값을 각각 num1과 num2에 저장한다. ❶에서 키워드 if를 통해 조건문의 시작을 알리고, 값을 저장한 두 변수의 크기를 비교한다. 두 값의 크기를 비교하는 비교연산자를 사용하여 참인지 거짓인지 판단한다. 참은 조건이 만족한다는 것을 의미한다. 다음 줄에는 조건이 만족할 경우 실행 작업인 "첫 번째 숫자가 더 큽니다."를 출력하는 문장을 작성한다(❷). 키워드 else를 사용하여 조건을 만족하지 않을 경우 실행할 작업의 시작을 알리고(❸), "두 번째 숫자가 더 크거나 같습니다."를 출력하는 문장을 작성한다(❹).

액티비티 다이어그램의 흐름에 따라 두 정수 값들을 기반으로 어떤 값이 더 큰지를 알려주는 작업을 자바로 구현할 수 있음을 보았다. 다음으로는 프로그램의 흐름이 둘 이상으로 나누어지는 작업을 자바로 구현해 보고자 한다. 점수에 따라 성적을 부여하는 작업을 해보도록 한다. 우선 시나리오를 액티비티 다이어그램으로 작성해 보자.

- 점수를 변수 score에 저장한다.
- score가 90보다 크면 성적을 A로 주고, 90보다 작고 80보다 크면 성적을 B로 준다.
- 80보다 작고 70보다 크면 성적을 C로 주고, 70보다 작고 60보다 크면 성적을 D로 준다.
- 마지막으로 60보다 크지 않으면 성적을 F로 준다.
- 성적은 변수 grade에 저장하며, 성적 처리가 끝난 후에는 성적을 출력한다. 이때 점수는 정수이다.

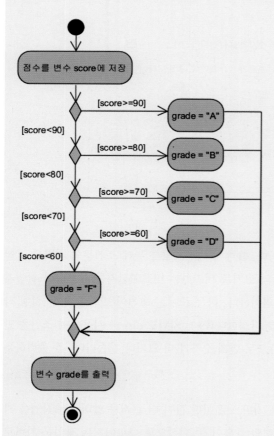

[그림 12-5] 시나리오 2의 액티비티 다이어그램

성적 처리 작업처럼 조건에 따라 여러 개의 흐름을 가질 경우 **else if** 문장을 사용할 수 있다. else if는 이전 if 문이나 else if 문의 조건을 만족하지 못한 경우에 한해 다른 조건에 만족하는지 판단하는 데 사용된다. else if 뒤에는 새로운 조건식을 적고, 이 조건을 만족할 경우 실행할 문장을 다음 줄에 적어 주면 된다. 마지막 else if 문의 조건도 만족하지 않는 경우 else에 딸린 문장을 실행하게 된다.

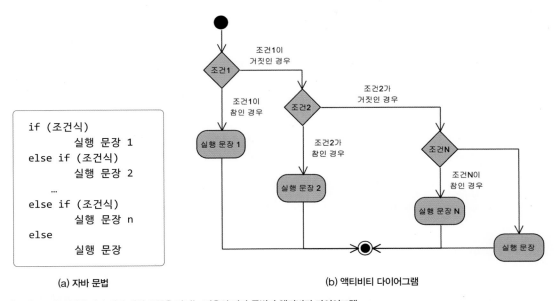

```
if (조건식)
        실행 문장 1
else if (조건식)
        실행 문장 2
    …
else if (조건식)
        실행 문장 n
else
        실행 문장
```

(a) 자바 문법   (b) 액티비티 다이어그램

[그림 12-6] 조건에 따라 여러 개의 흐름을 가지는 경우의 자바 문법과 액티비티 다이어그램

액티비티 다이어그램을 통해 score에 저장된 성적에 따라 grade에 저장되는 값이 달라지는 작업을 조건문으로 구현해 보자([그림 12-7] 참고). 변수 score는 점수를 저장하기 위해 정수형으로 선언하고, 성적을 저장할 grade 변수는 문자열로 선언한다. 변수를 선언한 후 변수 score에 92를 저장한다(❶). 첫 번째로 score 값이 90 이상인지를 판단하고(❷), 90 이상이면 grade 변수에 "A"를 저장하고 선택문을 벗어난다(❸). 만약에 score가 90 이상이 아니면 else if 문에서 80 이상인지 판단하고(❹), 80 이상이면 grade 변수에 "B"를 저장한다. 같은 방식으로 80 이상이 아닐 경우 70 이상인지와 70 이상이 아닐 경우 60 이상인지를 판단하여 각각 grade 변수 "C", "D"를 저장하고 선택문을 끝낸다. 60 이하일 경우 else를 사용하여 처리한다. 선택문을 통해 성적이 결정되면 마지막으로 성적을 출력한다(❺).

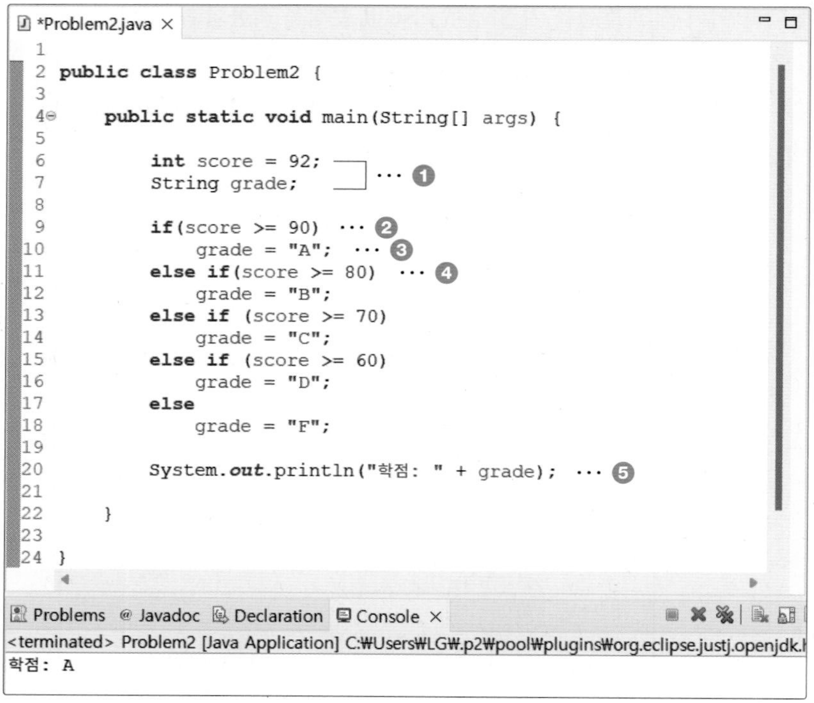

```java
 1
 2  public class Problem2 {
 3
 4⊖     public static void main(String[] args) {
 5
 6          int score = 92;  ┐ ... ❶
 7          String grade;    ┘
 8
 9          if(score >= 90)  ... ❷
10              grade = "A";  ... ❸
11          else if(score >= 80)  ... ❹
12              grade = "B";
13          else if (score >= 70)
14              grade = "C";
15          else if (score >= 60)
16              grade = "D";
17          else
18              grade = "F";
19
20          System.out.println("학점: " + grade);  ... ❺
21
22      }
23
24  }
```

Problems @ Javadoc Declaration Console ×
<terminated> Problem2 [Java Application] C:\Users\LG\.p2\pool\plugins\org.eclipse.justj.openjdk.
학점: A

[그림 12-7] 시나리오 2의 코드와 결과창

조건에 따라 흐름이 달라지는 작업들을 자바로 표현해 보았다. 때로는 더 복잡한 흐름을 표현하기 위해 if 문장 안에 if 문장을 포함하여 사용할 수 있다.

12.1.2 자바의 반복문 : while, for

자바로 원하는 만큼 반복되는 작업을 수행하려면 세 가지 요소가 필요하다. 첫 번째로, 정확히 반복을 종료하기 위해 어떤 조건에서 실행할지를 정확하게 자바 문장으로 표현해 주어야 한다. 두 번째로, 반복을 시작할 때의 상태를 정해 주어야 한다. 마지막으로, 원하는 조건에서 원하는 만큼의 반복 수행을 마치면 반복문을 벗어날 수 있도록 시작 상태를 변경시켜 주어야 한다.

자바에서 사용하는 **반복문**의 흐름을 살펴보면, 조건을 확인하고 조건을 만족하면 반복이 필요한 문장(들)을 수행한다. 문장 수행을 마치면, 다시 조건을 만족하는지 확인한다. 만약 조건을 만족한다면 반복하려는 문장을 다시 수행하고, 만족하지 않을 경우는 반복문을 벗어난다.

이와 같이 원하는 조건 또는 횟수로 어떤 작업을 반복해서 수행하는 흐름을 자바에서는 크게 두 가지 방법으로 표현할 수 있다. 하나는 while 문을 사용하는 것이고, 다른 하나는 for 문을 사용하는 것이다.

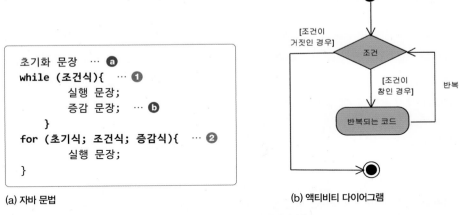

```
초기화 문장   …   ⓐ
while (조건식){   …   ❶
        실행 문장;
        증감 문장;   …   ⓑ
    }
for (초기식; 조건식; 증감식){   …   ❷
        실행 문장;
}
```

(a) 자바 문법   (b) 액티비티 다이어그램

[그림 12-8] 반복되는 작업을 수행하는 경우의 자바 문법과 액티비티 다이어그램

❶ **while 문의 경우** : while 뒤에 있는 소괄호 안에 반복할 조건만을 적어 준다(❶). 그리고 while 문을 무한반복하지 않기 위해, 정확한 시작 상태(ⓐ)와 상태를 변화하는 부분(ⓑ)을 작성해 주어야 한다.

❷ **for 문의 경우** : for 문의 형식은 기본적으로 세 가지 요소(조건식, 초기식, 증감식)를 작성하도록 구성되어 있다. for 뒤에 위치하는 소괄호 안에는 초기식, 조건식, 증감식을 순서대로 적고(❷), 다음에 반복 수행할 문장을 적어 준다.

지금부터는 1부터 100까지의 합을 출력하는 소프트웨어를 액티비티 다이어그램으로 표현하고 자바로 구현해 볼 것이다. 액티비티 다이어그램을 시작하기 전에 문제 해결에 필요한 작업들을 생각해 보자.

여기서 크게 두 가지 작업으로 나누어 생각해 볼 수 있다.

❶ 1부터 100까지 합을 계산하기 위해 반복되는 덧셈 작업

❷ ❶의 작업을 정확히 반복하기 위해, 반복을 끝낼 조건 결정과 시작 상태 설정 및 상태를 변화시키는 작업

우선, 시작 상태를 생각해 보자. 1부터 시작하여 100까지의 합을 구해야 하므로, 시작 상태를 1로 정한다. 그다음, 반복 실행 계속할지, 멈출지 판단하기 위한 기준이 되는 값이 필요하다. 그렇다면 기준이 되는 값은 어떤 것일까? 100까지의 합을 구해야 하므로, 100이 반복할지 말지를 판단하는 기준이 된다. 정해진 시작 상태 1에서 1씩 증가시키면서 반복 조건의 기준인 100과 비교한다.

이번에는 필요한 값들을 저장할 변수들을 생각해 보자. 우선, 1부터 시작하여 1씩 증가하는 값을 저장할 변수(i)가 필요하다. 변수 i는 반복 조건 100과 비교하여 100까지 증가하게 된다. 그리고 변화하는 변수(i)의 값을 계속해서 더할 변수(sum)가 필요하다. 변수 sum은 처음에는 0으로 정해 주어야 한다. 변수 i의 값이 100보다 작거나 같을 때까지만 변수 i 값을 변수 sum에 반복해서 더해 줄 것이다.

1부터 100까지의 합을 구하는 시나리오와 액티비티 다이어그램은 다음과 같다.

시나리오 3   **1부터 100까지의 합을 구하는 작업**

변수 sum은 0으로, 변수 i는 1로 초기화한다. i가 100보다 작거나 같을 때까지 sum에 i를 더하는 것을 반복한다. 반복할 때마다 합한 값을 sum에 저장한 후 변수 i의 값을 1 증가시킨다.

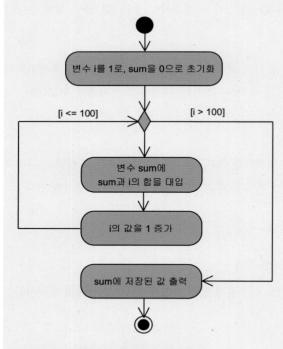

[그림 12-9] 시나리오 3의 액티비티 다이어그램

12.1.3 while, for 문으로 액티비티 다이어그램 구현하기

■ **while 문으로 구현하기**

이번에는 while 문을 사용하여 액티비티 다이어그램을 표현해 보도록 하자. 우선 사용할 변수들을 초기화해야 한다. 합을 저장할 변수 sum을 정수형으로 선언하고, 0으로 초기화한다(❶). 마지막으로 1부터 100까지 증가하며 sum에 더해지는 변수 i는 정수형으로 선언하고, 1로 초기화한다(❷). 변수 i는 반복문에서 1부터 100까지 증가해야 하므로, while의 조건식에 변수 i가 100보다 작거나 같을 때까지 반복한다고 표현해 준다(❸). 다음 반복에서 1 증가한 값을 sum에 더하기 위해 i 값을 1씩 증가시킨다 (❹). 이렇게 반복의 틀이 만들어졌으면, while 문 안에 반복 실행할 문장을 적어 준다. 반복 실행할 문장은 sum에 i를 더하는 것으로, 변수 sum에 변수 i의 값을 더해 다시 sum에 대입한다(❺). 모든 반복을 마치면 1부터 100까지의 값이 변수 sum에 저장된다. 반복문을 벗어난 후 표준 출력 문장(System. out.println)을 사용하여 결과를 출력한다.

```
Problem3.java ×
 1
 2  public class Problem3 {
 3
 4⊖     public static void main(String[] args) {
 5          int sum = 0; ··· ❶
 6          int i = 1; ··· ❷
 7
 8          while(i<=100){ ··· ❸
 9              sum += i; ··· ❺
10              i++; ··· ❹
11          }
12
13          System.out.println("100까지의 합은: " + sum + "입니다.");
14
15      }
16
17  }
```

```
Problems  @ Javadoc  Declaration  Console ×
<terminated> Problem3 [Java Application] C:\Users\LG\.p2\pool\plugins\org.eclipse.justj.openjdk.
100까지의 합은: 5050입니다.
```

[그림 12-10] while 문으로 구현한 시나리오 3의 코드와 결과창

■ for 문으로 구현하기

for 문은 while 문과 마찬가지로 작업을 반복적으로 수행할 수 있게 한다. 하지만 while 문과 다르게 초기화와 조건, 증감에 관한 부분을 괄호 안에 한 줄로 표현할 수 있어(❶) while 문보다는 명시적으로 나타낼 수 있다. 반복할 작업과 반복문을 벗어난 후의 작업은 while 문으로 구현했을 때와 동일하다.

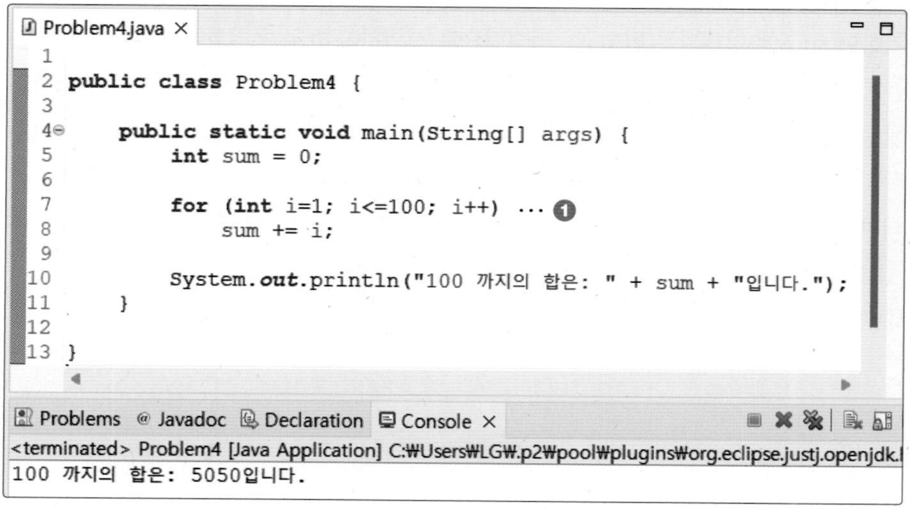

```java
☕ Problem4.java ×
 1
 2  public class Problem4 {
 3
 4⊖     public static void main(String[] args) {
 5          int sum = 0;
 6
 7          for (int i=1; i<=100; i++) ... ❶
 8              sum += i;
 9
10          System.out.println("100 까지의 합은: " + sum + "입니다.");
11      }
12
13  }
```

Problems @ Javadoc Declaration Console ×
<terminated> Problem4 [Java Application] C:\Users\LG\.p2\pool\plugins\org.eclipse.justj.openjdk.l
100 까지의 합은: 5050입니다.

[그림 12-11] for 문으로 구현한 시나리오 3의 코드와 결과창

반복되는 작업을 반복문으로 표현할 때, **for 문**은 반복할 횟수를 명확히 표현할 수 있는 경우 주로 사용하고, **while 문**은 반복의 조건을 표현해야 할 경우 주로 사용된다. 반복문 하나로 표현할 수 있는 간단한 작업을 자바로 구현해 보았다. 하지만 때로는 여러 개의 반복문을 중첩해 사용하여 복잡하게 반복되는 작업을 수행할 수도 있다.

01 1부터 100까지 홀수만 더한 값을 구하는 문제를 풀어 보자.

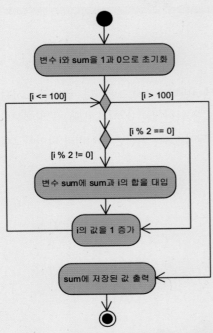

[그림 12-12] 1부터 100까지 홀수의 합을 구하는 액티비티 다이어그램

```java
Problem5.java ×
1
2  public class Problem5 {
3
4      public static void main(String[] args) {
5
6          int sum = 0;
7
8          for (int i=1; i<=100; i++)
9              if ( i % 2 != 0)
10
11
12          System.out.println("100 까지의 홀수 합은: " + sum + "입니다.
13      }
14
15 }
```

Problems @ Javadoc   Declaration   Console ×

\<terminated> Problem5 [Java Application] C:\Users\LG\.p2\pool\plugins\org.eclipse.justj.openjdk.t

100 까지의 홀수 합은: 2500입니다.

[그림 12-13] 1부터 100까지 홀수의 합을 구하는 코드와 결과창

답 `sum += i;`

12.2 액티비티 다이어그램을 자바로 구현하기

[그림 12-14]는 7장에서 설계한 '도서관 대출 시스템'의 액티비티 다이어그램이다. 설계된 도서관 대출 시스템의 액티비티 다이어그램은 하나의 단계, 하나의 작업을 나타내는 액션(Action)들과 액션의 흐름을 선택할 수 있는 규칙 노드(Decision Node)들로 구성되어 있다. 이러한 액티비티 다이어그램의 구성요소들은 자바로 표현할 수 있다.

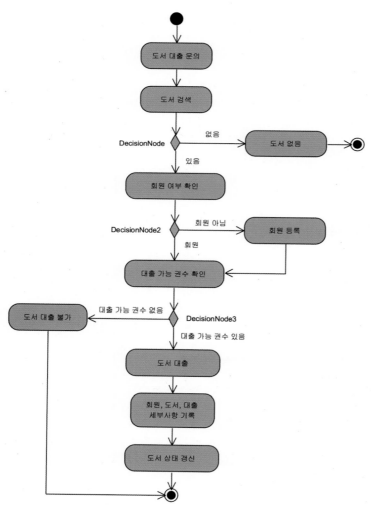

[그림 12-14] '도서관 대출 시스템'을 설계한 액티비티 다이어그램

이번 절에서는 '도서 대출 시스템'에서 일어나는 액션을 간단히 표현하기 위해 자바의 메서드를 사용한다. **메서드**를 쉽게 말하면 어떤 작업을 수행하기 위한 명령들을 모아 놓은 것이라고 생각하면 된다. 예를 들어 실제로 소프트웨어로 '도서 검색'이라는 액션을 수행할 수 있도록 구현하려면, 사용자가 도서명을 입력하고 도서 목록에서 해당 도서를 검색하는 과정 등이 필요하다. 이러한 과정들이 하나의 '도서 검색'이라는 메서드 내에서 수행된다.

하지만 간단하고 명확한 설명을 위해 도서 대출 시스템의 각 액션에서 필요한 일련의 과정들이 구현된 메서드들이 모두 있다고 가정하고, 각 메서드의 내부에 대한 코드 및 설명은 생략한다. 또 메서드의 개념과 문법에 대한 보다 자세한 설명은 추후 다루도록 하고 여기서는 간단히 함수의 이름을 적어 주면 우리가 원하는 작업을 수행해서 결과를 넘겨준다고 생각하자.

'도서관 대출 시스템'에서는 도서검색의 결과, 회원 여부 또는 대출 가능 편수 유무에 따라 다음에 수행할 액션을 달리 하도록 설계하였고, 이것을 조건 노드를 통해 표현하였다. 이렇게 조건에 따라 다른 수행의 흐름을 선택하는 것은 12.1.1절에서 배운 자바의 if 문을 통해 구현할 수 있다.

[그림 12-15]는 도서 대출 시스템의 액티비티 다이어그램을 자바로 구현한 결과이다.

각 액션은 그 액션을 수행하는 메서드로 구현하였고, 액티비티 다이어그램의 시작점에서부터 각 액션에 따라 차례로 해당 액션을 수행하는 메서드를 호출한다. 예를 들면 '도서대출문의'에 대한 액션에서 요구되는 과정은 '도서대출문의' 메서드에서 구현하고(⓬) 실행된다(❶). 그리고 액티비티 다이어그램의 다음 흐름에 따라 '도서대출문의' 메서드 다음으로 '도서검색' 메서드가 호출된다. '도서검색' 메서드는 도서 검색의 결과에 따라 검색한 도서가 있으면 도서를 대출하는 흐름으로 진행되고 아니면 종료한다.

'도서대출문의' 메서드는 메서드의 이름만 적혀 있는데(❶), 이것을 **메서드 호출**이라고 하며, 메서드 호출을 통해 도서를 대출하기 위해 필요한 도서 대출 문의 과정을 수행한다. '도서대출문의' 액션의 결과는 흐름을 바꾸지 않는다. 하지만 '도서검색' 메서드는 도서 검색의 결과를 사용하여 다음 실행될 액션을 선택하도록 설계되어 있다. 그래서 '도서검색' 메서드에서는 결과가 "있음"이면(❷) 회원 여부 확인을 위해 '회원여부확인' 메서드를 호출하고(❸), "있음"이 아니면 '도서없음' 메서드를 호출하고(❿) 프로그램을 종료한다. '도서 대출 시스템' 프로그램을 종료하기 위해서는 키워드 'return'을 사용하였는데, 자바의 메서드에서 'return'이라는 문장을 만나면 메서드를 종료한다(⓫). 대부분 짐작하듯이 자바의 'return'은 액티비티 다이어그램에서 동작이나 과정의 끝을 알리는 '종료점'에 해당한다.

메인 메서드 아래 '도서대출문의'(⓬), '도서상태갱신', '회원등록' 등의 필요한 메서드들이 구현되어 있다. 이번 절에서는 액티비티 다이어그램을 자바로 구현할 때 사용되는 자바의 문법과 액티비티 다이어그램의 요소의 관계를 간단히 살펴보는 단계로, 자세한 코드는 생략하였다.

```java
public class 도서관대출시스템 {

    public static void main(String[] args) {

        도서대출문의( );  ··· ❶

        if (도서검색( ) == "있음") {  ··· ❷
            if(회원여부확인( ) != "회원") {  ··· ❸
                회원등록( );  ··· ❹
            }
            if( 대출가능권수확인( ) == "대출가능권수있음" ) {  ··· ❺
                도서대출( );  ··· ❻
                회원도서대출세부사항기록( );  ··· ❼
                도서상태갱신( );  ··· ❽
                return;
            }
            else {
                도서대출불가( );  ··· ❾
                return;
            }
        }else {
            도서없음();  ··· ❿
            return; ··· ⑪
        }

    }

    public static void 도서대출문의( ) {
        System.out.println("도서 대출 문의");    ··· ⑫
    }
    public static String 도서검색( ) {
        System.out.println("도서검색");
        return "있음";
    }
    public static String 회원여부확인( ) {
        System.out.println("회원여부확인");
        return "회원";
    }
    public static void 도서없음() {
        System.out.println("도서없음");
    }
    public static void 회원등록( ) {
        System.out.println("회원등록");
    }
    public static String 대출가능권수확인( ) {
        System.out.println("대출가능권수확인");
        return "대출가능권수있음";
    }
    public static void 도서대출( ) {
        System.out.println("도서대출");
    }
    public static void 도서대출불가( ) {
        System.out.println("도서대출불가");
    }
    public static void 회원도서대출세부사항기록( ) {
        System.out.println("회원도서대출세부사항기록");
    }
    public static void 도서상태갱신( ) {
        System.out.println("도서상태갱신");
    }

}
```

[그림 12-15] '도서관 대출 시스템'을 구현한 자바 코드

'회원여부확인' 메서드의 결과가 "회원"이 아니면(❸), '회원등록' 메서드를 호출하여(❹) 회원 등록을 수행한다. 다음으로 '대출가능권수확인' 메서드를 호출하여(❺) 대출 가능한 권수가 있는지 판단하는 액션을 수행한다. '대출가능권수확인' 메서드의 결과가 "대출가능권수있음"이면 '도서대출', '회원도서대출세부사항기록', '도서상태갱신' 메서드를 호출하여(❻, ❼, ❽) 도서 대출에 필요한 작업을 수행한 후 프로그램을 종료한다. '대출가능권수확인' 메서드의 결과가 "대출가능권수있음"이 아니면 '도서대출불가' 메서드를 호출하고(❾) 프로그램을 종료한다.

이 절에서는 UML의 액티비티 다이어그램의 이해를 높이기 위해 7장에서 설계해 보았던 '도서 대출 시스템'을 자바로 구현해 보았다. 이를 통해 설계된 액티비티 다이어그램의 구성요소와 대응하는 자바의 코드를 비교해 보면 설계된 시스템이 실제로 구현된 소프트웨어로 어떻게 동작하는지 이해할 수 있었다.

학습활동 12-2   **'야간 교내 조명 조절 시스템' 자바로 구현하기**   [문제해결 ★★★★]

01 '야간 교내 조명 조절 시스템'을 자바로 구현해 보자.

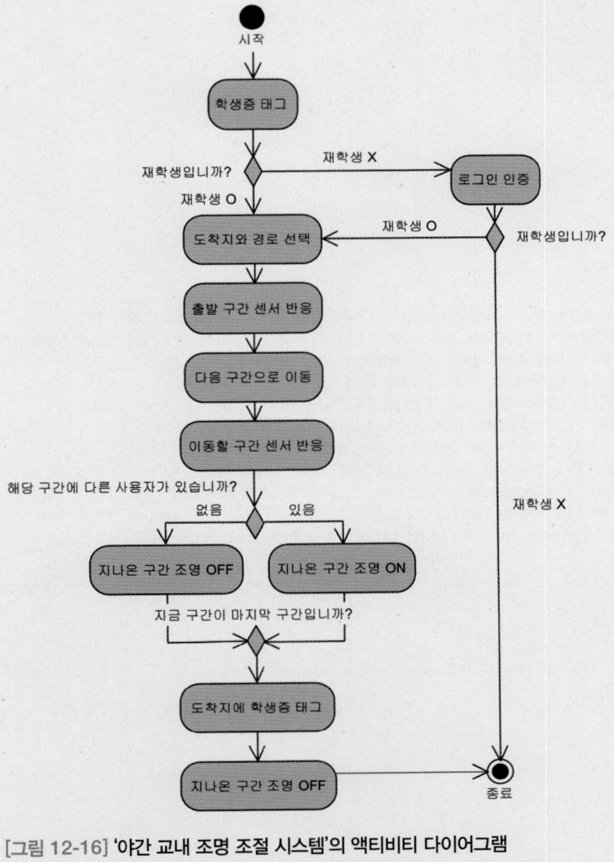

[그림 12-16] '야간 교내 조명 조절 시스템'의 액티비티 다이어그램

```
public class 야간교내조명조절시스템 {

    public static void main(String[] args) {
        if ( 학생증태그() == "재학생") {
            도착지와경로선택();
            출발구간센서반응();
            다음구간으로이동();
            이동한구간센서반응();




            if (마지막구간() == "마지막구간") {
                도착지에학생증태그();
            }
            지나온구간조명OFF();
            return;
        }
        else if ( 유레카로그인인증() == "재학생") {
            도착지와경로선택();
            출발구간센서반응();
            다음구간으로이동();
            이동한구간센서반응();




            if (마지막구간() == "마지막구간") {
                도착지에학생증태그();
            }
            지나온구간조명OFF();
            return;
        } else {
            return;
        }
    }

    public static String 학생증태그() {System.out.println("학생증태그"); return "재학생";    }
    public static String 유레카로그인인증() {System.out.println("유레카로그인인증");return "재학생";}
    public static void 도착지와경로선택() {System.out.println("도착지와경로선택");}
    public static void 출발구간센서반응() {System.out.println("출발구간센서반응");}
    public static void 다음구간으로이동() {System.out.println("다음구간으로이동");}
    public static void 이동한구간센서반응() {System.out.println("이동한구간센서반응");}
    public static void 지나온구간조명OFF() {System.out.println("지나온구간조명OFF");}
    public static void 지나온구간조명ON() {System.out.println("지나온구간조명ON");}
    public static void 도착지에학생증태그() {System.out.println("도착지에학생증태그");}
    public static String 다른사용자여부(){System.out.println("다른사용자여부");return "있음";}
    public static String 마지막구간(){System.out.println("마지막구간");return "마지막구간";}
}
```

[그림 12-17] '야간 교내 조명 조절 시스템'의 코드

```
답   if (다른사용자여부( ) == "있음") {
        지나온구간조명ON();
    } else {
        지나온구간조명OFF();
    }
```

클래스 다이어그램과 자바 코딩

12장에서 액티비티 다이어그램과 자바와의 관계에 대해 살펴보았다. 그렇다면 클래스 다이어그램과 자바 프로그래밍 코드는 어떤 관계가 있을까? 자바에 대한 전체적인 설명이 아닌, 우리가 배운 클래스 다이어그램을 기반으로 더욱 확장된 클래스 다이어그램을 만들 때 필요한 내용을 위주로 하여 가장 기본적인 문법들을 살펴보자.

앞서 12장에서 액티비티 다이어그램을 통해 자바의 기초 문법을 살펴보았으니, 이제 클래스 다이어그램에서 볼 수 있는 문법을 알아보고 실습을 진행해 보자.

13.1.1 자바의 필드 배워보기

[그림 13–1]은 한빛대학교 구성원에 관한 클래스 다이어그램이다.

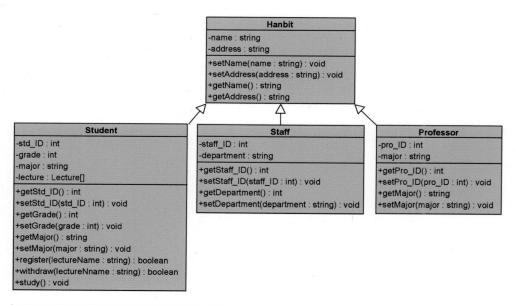

[그림 13-1] 한빛 구성원에 대한 클래스 다이어그램 계층도

[그림 13–1]의 클래스 다이어그램은 우리가 살펴볼 다음의 자바 프로그램과 동격임을 알 수 있다. Hanbit 클래스와 Student, Staff, Professor는 일반화 관계로 설정되어 있다. 즉, 한빛의 구성원으로는 학생, 직원, 교수가 있다는 뜻이다. 그러면 이제 클래스 다이어그램을 자바로 구현하는 데 필요한 자바 코드를 먼저 한번 훑어보기로 하자.

```java
public class Hanbit {

    // attribute or field
    private String name;
    private String address;

    // operation or method
    public void setName(String name) {
        this.name = name;
    }

    public String getName() {
        return this.name;
    }

    public void setAddress(String addresss) {
        this.address = address;
    }

    public String getAddress() {
        return this.address;
    }
}
```

(a) Hanbit 클래스 자바 코드

```java
// Hanbit 클래스를 만든 후 상속관계 표시
public class Student extends Hanbit{
    // attribute or field
    private int std_ID;
    private int grade;
    private String major;
    private String lecture[] = new String[10];
    private int count = 0;
    // operation or method
    public boolean register(String lectureName) {

    public boolean withdraw(String lectureName) {

    public void study() {

    public int getStd_ID() {

    public void setStd_ID(int std_ID) {

    public String getMajor() {

    public void setMajor(String major) {

    public int getGrade() {

    public void setGrade(int grade) {
```

(b) Student 클래스 자바 코드

```java
//Hanbit 클래스를 만든 후 상속관계 표시
public class Professor extends Hanbit{

    // attribute
    private int pro_ID;
    private String major;

    //operation
    public int getPro_ID(){
        return this.pro_ID;
    }
    public void setPro_ID(int pro_ID){
        this.pro_ID = pro_ID;
    }
    public String getMajor(){
        return this.major;
    }
    public void setStd_ID(String major){
        this.major = major;
    }

}
```

(c) Professor 클래스 자바 코드

```java
//Hanbit 클래스를 만든 후 상속관계 표시
public class Staff extends Hanbit {
    //atrribute
    private int staff_ID;
    private String department;

    //operation
    public int getStaff_ID(){
        return this.staff_ID;
    }
    public void setStaff_ID(int staff_ID){
        this.staff_ID = staff_ID;
    }
    public String getDepartment(){
        return this.department;
    }
    public void setDepartment(String department){
        this.department = department;
    }
}
```

(d) Staff 클래스 자바 코드

[그림 13-2] [그림 13-1]의 클래스 다이어그램들에 대응하는 자바 코드

[그림 13-2]는 [그림 13-1]의 클래스들에 대응하는 자바 코드들이다. 각각의 자바 코드에는 UML 클래스 다이어그램의 속성과 기능에 상응하는 필드와 메서드가 기술되어 있다. 그리고 클래스 간의 관계인 일반화 관계는 extends라는 키워드로 설정되어 있음을 유심히 관찰해 두자(이에 대해서는 13.4절에서 좀 더 자세히 설명할 것이다).

튜터

여러분, 이제 자바의 문법을 사용해서 각 팀에서 사용할
다양한 종류의 데이터를 변수로 표현할 수 있겠죠?

네! 특히 변수를 선언할 때 변수의 타입도 미리 정하니까
효율적인 것 같아요!

다미

자바의 필드와 변수의 관계도 쉽게 이해가 되네요..

나훈

13.1.2 자바의 필드 응용하기

이번 절에서는 클래스 다이어그램을 자바로 구현하거나, 거꾸로 자바 코드를 보고 클래스 다이어그램을 그릴 때 필요한 자바와 클래스 다이어그램의 관계에 대해 좀더 차근차근 살펴보기로 하자. 우선 [그림 13-3]과 같이 간단한 속성과 기능을 가지고 있는 Student 클래스 다이어그램에서 시작하여 속성과 기능 등을 하나씩 추가하며 확장하자. 참고로, [그림 13-3]과 같은 다이어그램은 추후 [학습활동 13-2]를 수행하면 비주얼 패러다임으로도 그릴 수 있게 될 것이다.

[VP 사이트]

Student	
std_ID : int grade : int major : string lecture : string	
register(lectureName : string) : boolean withdraw(lectureNname : string) : boolean study() : void	

[그림 13-3] Student 클래스 다이어그램

하나의 클래스 다이어그램은 하나의 자바 클래스로 변환할 수 있다. 다음은 [그림 13-3]의 Student 클래스를 자바 클래스로 변환한 결과이다. 자바 클래스의 이름은 클래스 다이어그램의 이름을 그대로 사용하여 키워드 "class" 다음에 적어 준다.

```
class Student{

    ...
}
```

Student 클래스 다이어그램에는 클래스의 특성이 나타내는 std_ID, grade, major, lecture라는 속성이 있다. 이 속성들은 각 속성과 동일한 이름과 타입을 가지는 변수를 사용하여 자바 클래스의 필드로 나타낼 수 있다. 학번을 저장하는 std_ID와 학년을 저장하는 grade는 정수형의 데이터로 설계되어 있어 변수를 정수형 타입인 int로 정한다. 학과는 "컴퓨터공학", "국문학" 등과 같이 문자로 이루어진 데이터로 String 타입의 변수에 저장한다.

그러면, 지금까지 배웠던 클래스 다이어그램의 속성과 자바 필드와의 관계를 떠올리면서 하나하나 문제를 풀어 보자.

| 학습활동 13-1 | Student 클래스 다이어그램을 자바 코드로 구현하기 | [문제분석 ★★] |

01 학생에 관한 Student 클래스 다이어그램에 학생의 평균성적(GPA)을 포함하였다. 새로운 Student 클래스를 자바 코드로 구현하기 위해 [그림 13-4]의 빈칸을 채워 보자. [그림 13-4]를 잘 관찰하면, 자바 코드에서의 'gpa: float'에서의 변수타입의 차례가 거꾸로 들어가는 것을 눈치챌 수 있을 것이다.

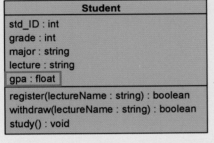

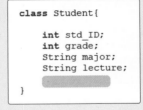

[그림 13-4] Student 클래스 다이어그램에 속성 추가하기

📝 float gpa;

■ **배열 사용하기**

지금까지 학생이 수강하는 과목을 저장하기 위해 하나의 변수를 사용했다. 하지만 학생들은 일반적으로 과목을 하나 이상 수강한다. 이렇게 동일한 타입의 데이터를 여러 개 사용할 때는 배열이라는 것을 사용한다. 배열은 같은 타입의 데이터들을 연속적인 메모리 공간에 저장할 수 있게 해주는 데이터 타입으로, 배열을 한 번만 선언해도 같은 타입의 값을 여러 개 저장할 수 있다. 클래스 다이어그램에서 배열을 표시할 때는 데이터 타입 뒤에 [ ]를 붙인다.

배열의 필요성에 대해 예를 들어 이해해 보자. 만약 과목을 5개 저장하기 위해 변수를 사용한다면, 다음과 같이 5개의 변수를 선언하여 사용해야 한다. 학생이 수강하는 과목이 늘어난다면, 다음과 같이 변수는 더 많이 필요하게 될 것이다.

```
// Field 추가하기
int std_ID;
int grade;
String major;
String lecture1;
String lecture2;
String lecture3;
String lecture4;
String lecture5;
```

우선 여러 개의 수강 과목을 저장하기 위해 Student 클래스 다이어그램을 [그림 13-5]와 같이 수정해 보자. lecture의 타입을 알려주는 string 뒤에 [ ]가 붙어 있는데, 이는 lecture가 여러 개의 string 타입 데이터를 저장할 수 있는 배열로 이루어졌다는 것을 나타낸다.

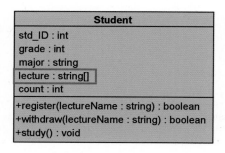

[그림 13-5] Student 클래스 다이어그램 배열 지정하기

수정된 [그림 13-5]의 Student 클래스 다이어그램을 자바 코드로 변환하려면 lecture 변수의 타입 뒤에 배열의 기호([ ])를 넣어 준다(❶).

```
class Student {

    int std_ID;
    int grade;
    String major;
    String [] lecture = new String[10];      ... ❶
    int count = 0;

}
```

문자열 배열을 생성한 후, 배열의 원소에 값을 저장하고 저장된 값을 가져오는 방법을 다음의 코드를 통해 좀 더 자세히 살펴보자. 문자열인 과목 이름 10개를 저장하는 배열을 만들려면 우선 문자열 타입의 배열 변수를 선언한다(❶). 키워드 "new"와 대괄호 안에 배열의 크기를 정하여 배열을 생성한다(❷).

이렇게 만들어진 배열을 구성하고 있는 각각의 원소를 사용하려면, 인덱스라는 위치 정보를 사용해야 한다. 배열의 인덱스는 0부터 시작하며, 첫 번째 저장되어 있는 원소에 접근하기 위해서 0이라는 인덱스 값을 사용한다. 우선 생성된 배열에 값을 저장해 보자. 배열에 값을 담으려면, 변수 이름 뒤에 있는 대괄호 안에 값이 저장될 위치를 지정하는 인덱스를 적어 주고 대입 연산자를 통해 값을 배열에 저장한다. ❸의 코드는 lecture 배열에 문자열 "Eng"를 첫 번째 원소로 저장한다.

```
String[] lecture;   ⋯ ❶
lecture = new String[10];   ⋯ ❷
lecture[0] = "Eng";   ⋯ ❸
lecture[1] = "Math";
```

다음은 lecture에 저장되어 있는 첫 번째와 마지막 원소의 값을 출력하는 코드이다. 저장할 때와 같이 배열 변수 뒤에 위치한 대괄호 안에 인덱스 값을 적어 주면 원하는 값에 접근할 수 있다. 첫 번째 줄은 인덱스 값으로 0을 주어 배열의 첫 번째 값을 가져온다. 두 번째 줄 대괄호 안에는 lecture.length-1이 들어 있는데, lecture.length는 배열의 길이, 즉 배열의 원소의 수를 담고 있다. 그래서 마지막 원소에 접근하기 위해서는 lecture.length 값(배열의 길이)에서 1을 빼주면 된다.

```
System.out.println(lecture[0]);
System.out.println(lecture[lecture.length-1]);
```

배열을 사용하면 동일한 타입의 값들을 여러 개 저장할 수 있어 너무 편리한 것 같아.

가온

그런데 배열이 저장된 위치 정보를 나타내는 인덱스의 시작이 어디인지 헷갈려.

라나

튜터

여러분, 배열의 경우 인덱스라는 위치 정보를 사용하는데, 시작점은 항상 0이라는 인덱스 값이 부여된다는 점 잊지 마세요!

지금까지 클래스 다이어그램의 '속성'을 자바 코드로 구현하는 방법을 살펴보았다. 다음은 클래스의 '기능'을 자바로 구현하는 방법을 살펴보자.

13.2 클래스 다이어그램의 기능을 자바의 메서드로 구현하기

13.2.1 자바의 메서드 배워보기

이번에는 클래스 다이어그램의 **기능**(operation)을 자바의 코드로 표현해 보자. 클래스 다이어그램의 기능은 클래스가 제공하는 서비스, 즉 클래스가 수행할 수 있는 기능을 의미한다. 'Student 클래스 다이어그램'에서 학생은 공부를 하고, 수강신청을 할 수 있으며, 수강신청을 취소할 수 있게 설계되었다. 그래서 Student 클래스 다이어그램은 공부를 하는 study(), 수강신청을 하는 register(), 수강취소를 하는 withdraw() 기능을 가지고 있다.

Student
std_ID : int
grade : int
major : string
lecture : string[]
count : int
+register(lectureName : string) : boolean
+withdraw(lectureName : string) : boolean
+study() : void

[그림 13-6] Student 클래스 다이어그램의 기능

```java
public class Student{

    int std_ID;
    int grade;
    String major;
    String lecture[];
    int count = 0;

    public boolean register(String lectureName) {
        ...
    }

    public boolean withdraw(String lectureName) {
        ...
    }

    public void study() {
        ...
    }
}
```

우리가 언급하였던 Student 클래스 다이어그램의 기능들에는 별다른 코드에 대한 기술이 없었기에, 앞서 제시된 자바 코드에도 중괄호 안은 비어 있다. 하지만 세 개의 기능(operation)을 임의의 자바 코드로 구현해 보는 실습을 해 보고자 한다.

클래스 다이어그램의 기능은 자바의 **메서드**(method)라는 것으로 구현할 수 있다. 메서드는 자바 명령문들로 구성되어 특정 작업을 수행한다. 다음의 study( ) 메서드는 매우 단순한 메서드로 **System.** *out***.println()**를 사용하여 "Study Hard!!"를 출력하는 작업을 한다.

```
void study() {    ··· ❶
    System.out.println("Study Hard!!");    ··· ❷
}
```

그럼 메서드를 만드는 방법을 좀 더 자세히 살펴보자. 메서드는 '선언부'(❶)와 '구현부'(❷)로 구성되어 있으며, UML 연산의 기능을 코드로 구현한 '구현부'의 자바 명령문들은 클래스와 같이 중괄호를 사용해 묶어 준다.

메서드의 '선언부'에서는 메서드를 실행시킬 때 사용되는 메서드의 이름을 정한다. 선언부에서 메서드의 이름은 소괄호 앞에 위치한다. 앞의 코드에서 study가 메서드의 이름이 된다.

메서드의 실행은 메서드 호출을 통해 이루어진다. 다음의 코드는 study 메서드를 호출하는 코드이다. 이렇게 study 메서드를 호출하면, study 메서드의 명령어 **System.** *out***.println()**을 수행하여 "Study Hard!!"를 출력한다.

```
study()
```

메서드의 이름 외에 필요한 것은 맨 앞에 나오는 반환 타입이다. 반환 타입은 메서드를 종료한 후 돌려주는 데이터의 타입을 의미한다. study 메서드의 반환 타입은 void이며, void는 '돌려주는 값이 없다'는 것을 의미한다.

다음으로 study 메서드보다 좀 더 복잡한 register 메서드를 살펴보자. register 메서드의 반환 타입은 study와 다르게 boolean이다. boolean은 int와 같은 데이터 타입 중 하나다. boolean은 참과 거짓을 의미하는 true와 false를 가지고 있다. 이렇게 void 이외의 반환 타입이 있을 경우는 메서드의 구현부에서 반드시 return 키워드를 사용해서 반환 타입의 값을 넘겨 주어야 한다. register의 경우 다음의 구현부의 마지막 줄(❺)에서 true 값을 돌려준다.

```
boolean register(String lectureName) { ··· ❶
    // 학생이 수강한 과목의 수
    this.lecture[count] = lectureName; ··· ❷
    System.out.println("Register!! " + this.lecture[count]); ··· ❸
    count++; ··· ❹
    return true; ··· ❺
}
```

또한, register 메서드는 study 메서드와 다르게 소괄호 안에 String lectureName이 적혀 있다(❶). lectureName은 매개변수로 메서드를 호출할 때 메서드에게 넘겨주는 값을 담으며, 다른 변수와 마찬가지로 데이터 타입이 필요하다. 이렇게 만들어진 매개변수 lectureName은 문자열 타입의 값을 담아 register 메서드 내에서 사용된다(❷).

메서드 구현부의 첫 번째 줄(❷)과 두 번째 줄(❸)에 나오는 this라는 키워드는 현재 객체를 의미한다. 객체는 13.3절에서 자세히 설명한다. register 메서드에서 count 변수(❷)는 현재 학생이 수강하고 있는 과목의 수를 저장하고 있는 멤버 변수이다. 멤버 변수는 클래스 필드의 또 다른 이름이다. count 변수는 현재 수강신청한 과목을 lecture 배열에 저장할 때 배열에 저장할 위치를 지정해 준다. count의 값은 변수의 값을 1 증가시키는 증감연산자 '++'를 사용하여 한 과목을 추가할 때마다 1씩 증가한다(❹). 따라서 첫 번째 수강신청한 과목은 lecture 배열의 첫 번째(인덱스 0)에 저장되고(❷), 그 후 count 값이 증가하여(❹) 두 번째 수강신청한 과목은 배열의 두 번째에 저장된다.

이렇게 정의된 메서드는 메서드 호출을 통해 호출된 메서드의 기능(코드)을 수행할 수 있다. 매개변수에 담을 값은 메서드를 호출할 때 소괄호 안에 적어 주어야 한다. 다음은 register 메서드를 호출하는 코드이다. 이 코드를 통해 문자열 "Math"가 register 메서드의 lectureName에 전달된다. register 메서드는 "Math"를 넘겨받아 멤버 변수 lecture에 저장하고(❷), 그 값을 문자열 "Register !!"와 결합하여 "Register !! Math"를 출력한다(❸).

```
    ...
    boolean b = register("Math");
    ...
```

register 메서드가 종료한 후 boolean 타입의 값을 돌려받는다. 반환된 값은 예제와 같이 boolean 타입의 변수에 저장하여 사용할 수 있다. 만약 메서드가 void를 사용하면 반환하는 값이 없다. 반환 타입은 반드시 정해 주어야 하지만 매개변수를 사용할 수도 있고 사용하지 않을 수도 있다. 물론 여러 개의 매개변수를 사용할 수도 있다.

13.2.2 자바의 메서드 응용하기

가온, 다미, 나훈은 지금까지 학습한 내용을 바탕으로 클래스 다이어그램을 자바로 표현하기 시작했다.

튜터

자, 그렇다면 지금까지 배운 것을 바탕으로,
각자 구성한 클래스 다이어그램을 자바로 표현해 볼까요?

네~ 좋아요.
클래스 다이어그램을 자바로 표현할 수 있다는 점이 너무 신기해요.

가온

다미

조건들을 잘 염두에 두면서 함께해 보자!

자바 프로그래밍은 어려울 거라 예상했는데, 생각보다 쉽고 간단하네!

나훈

완성된 메서드를 다음의 Student 클래스에 추가해 보자. Student 클래스 다이어그램의 연산의 순서대로 register(❶), withdraw(❷), study(❸) 메서드를 필드 아래에 추가하면 된다.

```
class Student {

    int std_ID;
    int grade;
    String major;
    String lecture[];
    int count = 0;

    boolean register(String lectureName) {  ··· ❶
        // 학생이 수강한 과목의 수
        this.lecture[count] = lectureName;
        System.out.println("Register!! " + this.lecture[count]);
        count++;
        return true;
    }

    boolean withdraw(String lectureName) {  ··· ❷
        Systme.out.println("Withdraw!!");
        return true;
    }

    void study() {  ··· ❸
        System.out.println("Study Hard!!");
    }

}
```

이렇게 해서 Student 클래스 다이어그램을 자바로 구현하여 Student 클래스를 완성하였다. 다음 절에서는 좀 더 다양한 기능을 추가한 클래스 다이어그램을 자바의 클래스로 구현해 보고자 한다. 그렇다면 지금까지 공부한 자바 코드를 클래스 다이어그램으로 표현하면 어떻게 될까? 다음의 [학습활동 13-2]를 직접 해결하면서 이번에 배운 것을 다시 한번 정리해 보자.

학습활동 13-2　　**자바 코드를 클래스 다이어그램으로 표현하기**　　　[문제해결 ★★★★★]

01 앞서 완성한 자바 코드를 보고 클래스 다이어그램으로 나타내 보자. [그림 13-6]과 같은 클래스 다이어그램을 비주얼 패러다임으로 그려 보자.

　　HINT 유튜브 사이트를 참고하여 도전해 보자.

[SW 창의설계 채널]

```java
class Student {

    int std_ID;
    int grade;
    String major;
    String lecture[];
    int count = 0;

    boolean register(String lectureName) {
        // 학생이 수강한 과목의 수
        this.lecture[count] = lectureName;
        System.out.println("Register!! " + this.lecture[count]);
        count++;
        return true;
    }

    boolean withdraw(String lectureName) {
        Systme.out.println("Withdraw!!");
        return true;
    }

    void study() {
        System.out.println("Study Hard!!");
    }

}
```

13.3 클래스와 객체의 관계 이해하기

앞 절에서는 UML의 클래스 다이어그램과 자바의 클래스가 일대일 관계를 맺고 있어 UML의 속성 및 연산을 각각 자바의 필드(멤버 변수)와 메서드로 표현할 수 있음을 배웠다. 이번에는 UML로 설계된 클래스 다이어그램을 자바의 클래스로 구현한 후 어떻게 사용하는지 알아보도록 하자.

튜터

여러분, 그동안 자바 프로그램의 기초 문법에 대해서도 학습했고,
액티비티 다이어그램에 이어 클래스 다이어그램을 자바로 바꿔보는 과정을
공부하고 있는데요~ 어떤가요? 괜찮은가요?

네! 생각보다 쉽고 정말 재밌어요!
개인적으로 자바를 더 깊이 공부해 보고 싶어요!

다미

네, 괜찮았어요. 하지만 쉬운 코드는 이해가 가는데,
어려운 코드는 아직도 잘 모르겠어요.

가온

아, 저는 너무 어려워요. 이해하기까지 어려웠지만, 친구들이 옆에서 계속 도와주었어요.
고맙고 미안했어요. 하지만 자바가 무엇인지는 이해했어요!

라나

튜터

어려운 코드에 대해서는 너무 걱정하지 않아도 돼요.
UML과 자바 간의 연관성만을 이해하기 위해 자바를 배웠던 것이라
프로그램을 완성할 수 있을 정도로 이해해야 하는 게 아니에요.
연관성을 알아볼 수 있는 부분만 작성하고, 자세한 부분은 말로 풀어서 설명해도 괜찮아요.

수업 시간에 배운 난이도의 자바는 따라 해 볼 수 있을 것 같아요!

나훈

튜터

네, 이번 시간에는 자바 코드로 클래스와 객체를 표현하는 방법에 대해 배울 거예요.
다들 잘 따라오세요!

자바의 클래스는 객체를 만들기 위한 설계도로 객체를 표현하는 필드와 메서드를 정의한다. 그럼 객체가 무엇일까? **객체**는 실세계에 존재하는 것으로, 구체적인 사물이나 추상적인 사실이 될 수도 있다. 간단한 예로, 우리가 사용하는 스마트폰도 하나의 객체이고, 실제로 존재하는 한 명의 학생도 하나의 객체가 될 수 있다. 학생에 대해 생각해 보면, 실세계에 존재하는 수많은 학생들의 공통점을 찾아 학생을 잘 표현할 수 있는 클래스를 만들 수 있다.

이전 절에서 학생의 여러 특징 중 학번, 전공, 학년, 수강하는 과목을 학생의 특성을 나타내는 데이터로 선택하여 자바의 필드(UML에서의 속성)로 정했다. 또 학생이 가진 특성으로 공통적으로 할 수 있는 기능을 메서드(UML에서의 기능)로 정했다. 이렇게 만들어진 Student 클래스를 사용하면 개별적인 학생을 나타내는 Student 객체를 만들 수 있다. [그림 13-7]과 같이 Student 클래스라는 코드의 틀에 기반하여 가온, 나훈, 다미, 라나 4개의 객체를 생성할 수 있다. 이 객체들은 Student 클래스에 기반하여 공통적으로 학번, 학년, 전공, 수강 과목에 대한 값은 가질 수 있지만, 각 객체마다 자신의 특성을 나타내는 값을 가질 것이다.

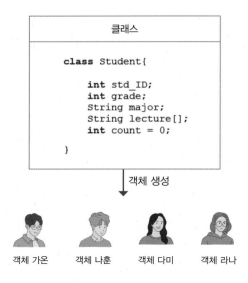

[그림 13-7] **클래스와 객체의 관계**

Student 클래스를 사용하여 두 명의 학생에 대한 객체를 만들어 보도록 하자. 클래스의 객체의 생성은 주로 **main** 메서드에서 이루어진다(❷). 우선 main 메서드를 포함하는 HanbitUnivDemo 클래스를 만들고(❶), main 메서드 안에 가온과 다미라는 두 명의 객체를 생성한다.

```java
public class HanbitUnivDemo {          ··· ❶

    public static void main(String[] args) {       ··· ❷
        // create Student object
        Student 가온 = new Student();      ··· ❸
        Student 다미 = new Student();      ··· ❹

        // 가온
        가온.std_ID = 100101;     ··· ❺
        가온.grade = 2;
        가온.major = "Physics";
        // 다미
        다미.std_ID = 100507;     ··· ❻
        다미.grade = 3;
        다미.major = "Music";

        System.out.println("ID:"+ 가온.std_ID);     ··· ❼
        System.out.println("Major:"+ 가온.major);

        System.out.println("ID:"+ 다미.std_ID);
        System.out.println("Major:"+ 다미.major);
    }

}
```

객체를 생성하려면 ❸과 같이 new 연산자와 클래스의 생성자를 사용해야 한다. 생성자는 클래스와 동일한 이름을 가진 객체를 생성하는 특별한 메서드이다. 생성자를 사용하여 필드를 초기화할 수도 있다. 하지만 앞에서 살펴본 Student 클래스 내에서는 생성자가 명시적으로 구현되어 있지 않다. 생성자를 명시적으로 구현하지 않아도, 자바에서는 다음과 같이 자동으로 매개변수와 구현부에 코드가 없는 이름만 존재하는 디폴트 생성자를 내부적으로 만들어 준다.

```java
Student() {

}
```

생성된 Student 객체를 참조하기 위해 Student 타입으로 '가온' 참조 변수를 선언해야 한다. 참조 변수는 객체의 필드에 접근하거나 메서드를 호출할 때 사용되는데, 객체의 필드에 접근하려면 객체의 참조 변수와 닷 연산자(.)가 필요하다. ❺에서와 같이 참조 변수 '가온'과 닷 연산자를 사용하면 Student 클래스의 필드 std_ID에 접근하여 100101을 저장할 수 있다.

같은 방법으로 '가온' 객체의 grade와 major에 각각 2, 'Physics' 값을 대입하여 학번이 100101인 물리학과 2학년 학생에 대한 객체를 만들었다. 이러한 방법으로 새로운 학생에 대한 객체를 만들 수 있다. 새로운 '다미' 학생에 대한 객체를 만들려면 '다미' 학생의 객체를 만들고(❹), '다미' 학생의 특성을 정해주어(❻) 학번 100507, 음악과 3학년 '다미'에 대한 객체를 만들었다. 이렇게 Student 클래스를 사용하면 실세계에 존재하는 각각의 학생들을 컴퓨터상의 객체로 만들 수 있다. 만들어진 객체에 대해서 ❼에서와 같이 필드에 접근하여 값을 가져오는 것도 가능하다.

다미

Student 클래스를 활용해서 여러 객체를 간단하게 만들 수 있는 점이 신기하네.

맞아. 다미 말처럼 효율적으로 코드를 만들 수 있겠어.

가온

라나

나도 객체가 무엇인지 정확하게 이해했어.

그렇다면 Student 클래스를 활용해서
지금 함께 수업 듣는 친구들을 모두 나타낼 수 있을까요?

튜터

나훈

네! 제가 한번 해볼게요!

이제 가온, 나훈, 다미, 라나는 다양한 객체를 나타내면서 객체 만드는 방법을 충분히 알게 되었다.

학습활동 13-3	클래스와 객체 만들기	[문제분석 ★★★★]

01 우리 주변에 존재하는 사물 중 하나를 선택하여 클래스를 만들고, 두 개의 서로 다른 객체를 만들어 보자.

튜터

우리 주변의 다양한 사물을 활용하여 클래스와 객체를 만들어 보았어요! 어땠나요?

쉬운 것 같기도 하고, 어려운 것 같기도 해요.

라나

가온

주변 사물을 활용해서 만들어 보니까 더 쉽게 이해됐어요.

모두 열심히하는 모습을 보니 기분이 정말 좋네요.

튜터

나훈

다음에는 무엇을 배울지 궁금해요!

13.4 클래스 다이어그램의 관계를 자바 코드로 표현하기

이번에는 클래스 다이어그램과 자바 코드의 관계에 대해 설명할 것이다. 또한 UML의 가시성 (Visibility)과 자바의 접근 제어자(Access Modifiers)의 관계도 살펴볼 것이다. 가시성에 대해서는 8장에서 강조하지 않았지만, 자바 코드와의 관계를 설명할 때 필요한 부분이므로 이 절에서 일부 언급하고자 한다.

13.4.1 중요한 데이터 접근 차단하기

가시성은 속성이나 기능을 사용할 수 있는 범위를 표현해 준다. 관찰력이 좋은 사람은 이미 8장의 클래스 다이어그램을 그릴 때, 클래스의 각 속성(attribute)과 기능(operation) 앞에 +나 − 기호를 확인했을 것이다([그림 13-8]의 빨간 네모 표시 참고). Student 클래스 다이어그램의 속성과 기능 앞에 붙어 있는 +나 − 기호가 가시성을 표현해 준다.

Student
-std_ID : int
-grade : int
-major : string
-lecture : string[]
-count : int
+register(lectureName : string) : boolean
+withdraw(lectureName : string) : boolean
+study() : void

[그림 13-8] Student 클래스 다이어그램의 가시성

UML의 가시성에는 대표적으로 '−' 기호로 표현되는 **private**과 '+' 기호로 표현되는 **public**이 있다. Student 클래스의 속성 std_ID, grade, major, lecture는 모두 '−' 기호를 사용하여 private으로 표현되어 있다. 가시성이 private인 속성은 같은 클래스 내에서만 사용할 수 있다. 다시 말하면 std_ID, grade, major, lecture 속성은 Student 클래스 내에 있는 기능 등에서만 사용할 수 있고 외부 클래스에서는 접근할 수 없다.

객체지향 프로그래밍에서는 매우 중요한 개념이지만, 자바 코드를 배우기 전까지는 언급하지 않았던 부분이었다. UML 가시성에 관한 영상을 참고하면 도움이 될 것이다.

[UML 가시성]

하지만 register, withdraw, study 연산은 앞에 '+'가 표시된 public 같은 클래스뿐 아니라 다른 모든 클래스에서도 접근이 가능하다. Student 클래스 다이어그램에서는 '속성'은 모두 private로 표시하고 '연산'은 모두 public으로 표시하였지만, 속성이 public일 수 있고 기능이 private일 수 있다.

[그림 13-8]의 Student 클래스 다이어그램과 동일한 자바 프로그램이 되도록 13.3절에서 작성한 코드에 접근 제어자를 추가해 보자.

```java
public class Student{

    // visibility에 맞는 access modifier 추가
    private int std_ID;    ··· ❶
    private int grade;
    private String major;
    private String lecture[] = new String[10];
    // Lecture 배열의 인덱스로 사용, 학생이 수강한 과목의 수
    private int count = 0;

    public boolean register(String lectureName) {    ··· ❷
        this.lecture[count] = lectureName;    ··· ❸
        System.out.println("Register!! " + this.lecture[count]);    ··· ❹
        count++;
        return true;
    }

    public boolean withdraw(String lectureName) {
        System.out.println("Withdraw!!");
        return true;
    }

    public void study() {
        System.out.println("Study Hard!!");
    }
}
```

자바의 접근 제어자는 필드와 메서드 선언할 때 맨 앞에 위치한다. ❶과 같이 필드 선언에서 데이터 타입 앞에 위치하고, 메서드 또한 ❷와 같이 메서드의 선언부에서 반환 타입 앞에 표시해 준다. Student 다이어그램에서 속성 std_ID, grade, major, lecture는 모두 private임으로 접근 제어자를 데이터 타입 앞에 private으로 표현해 주면 된다. std_ID, grade, major, lecture 변수는 ❸과 ❹와 같이 Student 클래스 내에서만 사용할 수 있고, 다른 클래스에서는 사용할 수 없다.

register, withdraw, study 연산은 public이기 때문에 각 메서드의 리턴 타입 앞에 public으로 나타내 준다. 각 클래스가 가지고 있는 메서드는 객체를 생성한 외부 클래스에서 사용할 수 있도록 public으로 정해 주는 것이 일반적이다.

13.4.2 클래스 다이어그램의 일반화와 자바 코드

이번에는 **상속**이라는 개념에 대해 이야기해 보자. 우선 UML의 클래스 다이어그램을 사용하여 한빛대학교의 구성원을 표현하기 위한 'Hanbit 클래스'를 만들고자 한다. 한빛대학교의 구성원들은 이름과 주소가 있어 Hanbit 클래스의 속성은 구성원의 이름을 저장하는 name과 주소를 저장하는 address를 갖도록 설계했다. name과 address 속성의 가시성은 데이터의 안정적인 관리를 위해 외부에서 직접 접근하지 못하도록 private으로 정한다. 외부에서 접근하지 못하는 데이터를 외부에서도 사용할 수 있도록 setter와 getter 군의 메서드를 설계하고 public으로 설정한다. 그 결과 [그림 13-9]와 같은 UML의 클래스 다이어그램을 만들었다.

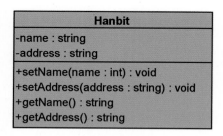

[그림 13-9] Hanbit 클래스 다이어그램

UML의 Hanbit 클래스를 자바의 Hanbit 클래스로 다음과 같이 구현할 수 있고, 완성된 자바의 Hanbit 클래스를 이용하여 한빛대학교 구성원에 대한 객체를 생성할 수 있다.

```java
public class Hanbit {

    // attribute or field
    private String name;
    private String address;

    // operation or method
    public void setName(String name) {
        this.name = name;
    }

    public String getName() {
        return this.name;
    }

    public void setAddress(String addresss) {
        this.address = address;
    }

    public String getAddress() {
        return this.address;
    }
}
```

잠시 Student 클래스로 돌아가 보면 학생도 한빛대학의 구성원이다. 그럼 학생도 이름과 주소를 가져야 하기 때문에 학생에 대한 Student 클래스를 수정해야 한다. 하지만 학생은 한빛대학 구성원 중 한 그룹으로, 한빛대학 구성원이라는 특성과 함께 학생이라는 특성을 가지고 있는 것이다. 그래서 UML의 일반화(Generalization)와 자바의 상속을 사용하면 약간의 수정을 통해 Student 클래스도 Hanbit 클래스의 필드와 메서드를 사용할 수 있다.

UML의 **일반화(Generalization)**와 자바의 상속은 하나의 클래스가 다른 클래스에게 자신의 필드와 메서드를 물려주는 것이다. 상속하는 클래스를 **부모 클래스(상위 클래스)**라 하고, 상속받는 클래스를 **자식 클래스(하위 클래스)**라고 한다. 상속을 받으면 부모 클래스가 가지고 있던 필드와 메서드를 자식 클래스에서도 사용할 수 있다. 다시 말하면 부모 클래스가 가지고 있는 필드와 메서드에 자식 클래스의 속성과 메서드가 추가된다고 생각할 수 있다.

[그림 13-10]은 Hanbit 클래스와 Student 클래스의 관계가 상속임을 보여 준다. 이제는 Student 클래스가 Hanbit의 속성과 기능을 사용할 수 있다.

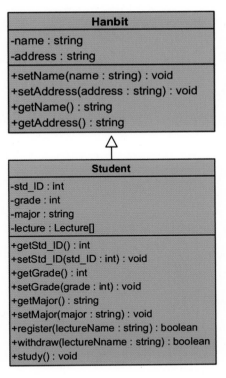

[그림 13-10] Hanbit과 Student 클래스 간의 일반화(상속)

가온, 나훈, 다미, 라나는 클래스 상속을 활용하여 클래스의 관계에 대해 생각해 보았다.

나훈

상속을 통해 다른 클래스에게 자신의 필드와 메서드를 물려주는 점이 흥미로워.

맞아. 상속의 개념을 사용하면 클래스를 좀 더 효율적으로 구성할 수 있겠어!

다미

라나

그러면 우리 팀 프로젝트에도 적용할 수 있을까?

당연하지! 우리 팀 프로젝트에도 상속의 개념을 넣어서 구성해 보자~

가온

간단한 방법으로 UML에서의 일반화를 자바 코드에서 구현할 수 있다. 자바에서 상속을 표현하기 위해서는 extends를 사용한다. 상속을 받는 클래스에서 클래스 이름 뒤에 키워드 extends와 상속받을 부모 클래스의 이름을 차례로 적어 준다(❶).

```
public class Student extends Hanbit{    ⋯ ❶

    private int std_ID;
    private int grade;
    private String major;
    ⋯
    public void study() {
        System.out.println("Study Hard!!");
    }

}
```

이렇게 Hanbit 클래스를 상속받은 Student 클래스는 Hanbit 클래스에 있는 필드(name, address)와 메서드를 사용할 수 있다. 그래서 다음에 오는 HanbitUnivDemo 클래스의 ❶, ❷와 같이 Student 클래스의 객체 '가온'은 name 변수를 가지고 Hanbit 클래스에서 구현된 getName과 setName 메서드를 사용해서 name 변수에 이름을 저장하고 저장된 이름을 가져올 수 있다.

```
public class HanbitUnivDemo2 {

    public static void main(String[] args) {
        // create Student object
        Student 가온 = new Student();
        Student 다미 = new Student();;

        // 가온
        가온.setName("Alia");     ··· ❶
        가온.setStd_ID(1001);
        가온.setMajor("Physics");

        System.out.println("Name:"+ 가온.getName());     ··· ❷
        System.out.println("ID:"+ 가온.getStd_ID());
        System.out.println("Major:"+ 가온.getMajor());

        가온.register("Database");
        가온.register("융합소프트웨어기초설계");
        ...
    }

}
```

한빛대학교의 학생 이외의 구성원인 교직원도 공통된 속성과 메서드를 Hanbit 클래스로부터 상속받아 사용할 수 있다. 대신 Professor는 전공을 저장하기 위한 major와 pro_ID를 가지고, Staff는 부서와 staff_ID를 가진다. 또 각 클래스 Professor와 Staff에서 필요한 메서드를 추가로 가질 수 있다.

학습활동 13-4   **클래스를 자바로 구현하기**   [문제해결 ★★★★★]

01 다음 그림을 보고 Hanbit 클래스와 일반화 관계(Generalization)에 있는 Staff 클래스를 자바로 구현해 보자.

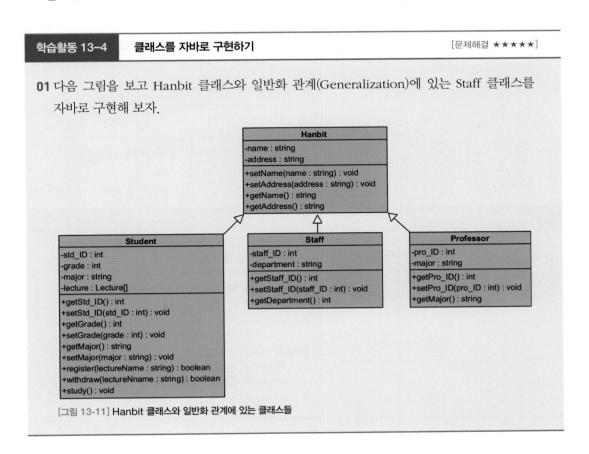

[그림 13-11] Hanbit 클래스와 일반화 관계에 있는 클래스들

[표 13-1]은 클래스 다이어그램에서 배웠던 다양한 관계들에 상응하는 다이어그램을 자바 코드로 나타낸 것이다. 현재로서는 다소 이해하기 어려울 수도 있지만 참고하는 용도로 기술하였다. 각 클래스 다이어그램 간의 다양한 관계(relation)도 자바 코드로 모두 표현할 수 있다는 것을 알아 두기 바란다.

[표 13-1] 다양한 관계를 자바 코드로 나타내기 (계속)

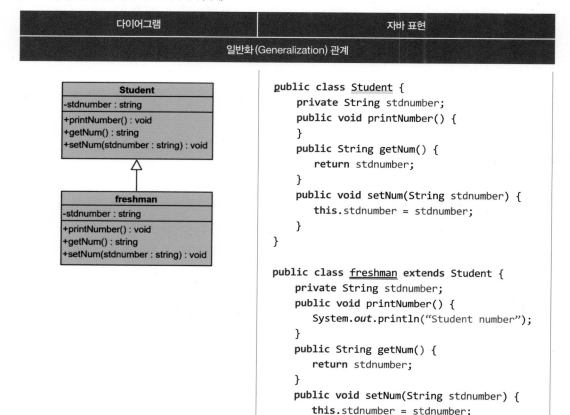

다이어그램	자바 표현
일반화(Generalization) 관계	

```java
public class Student {
    private String stdnumber;
    public void printNumber() {
    }
    public String getNum() {
        return stdnumber;
    }
    public void setNum(String stdnumber) {
        this.stdnumber = stdnumber;
    }
}

public class freshman extends Student {
    private String stdnumber;
    public void printNumber() {
        System.out.println("Student number");
    }
    public String getNum() {
        return stdnumber;
    }
    public void setNum(String stdnumber) {
        this.stdnumber = stdnumber;
    }
}
```

연관(Association) 관계

```java
public class Student {
    private String name;
    private String address;
    private String stdNumber;
}

public class School {
    private String schoolName;
    private Customer tuition;
}
```

[표 13-1] 다양한 관계를 자바 코드로 나타내기

다이어그램	자바 표현
의존 (Dependency) 관계	
| 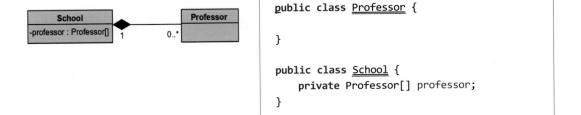 | ```java
public class PaymentSystem {

}


public class Enroll {
public void processPayment (PaymentSystem ps)
{

        }
}
``` |
| **집단화 (Aggregation) 관계** | |
| | ```java
public class Student {

}

public class School {
private Student student;
}
``` |
| **구성 (Composition) 관계** | |
| | ```java
public class Professor {

}

public class School {
    private Professor[] professor;
}
``` |
```

스토리보드와 와이어프레임

이제 아이디어를 정리하고 기획을 마무리할 단계이다. 이제는 자신의 아이디어와 기획을 설계도로 작성해야 한다. 웹, 애플리케이션, 시스템 등을 개발하려면 설계도가 필요하다. 디자이너는 설계도를 참고해 서비스의 디자인, 즉 사용자가 서비스 이용 시 누르는 버튼 등의 인터페이스를 디자인하고, 개발자는 프로그램을 설계하고 코드를 작성한다. 따라서 모두가 이해할 수 있도록 설계도를 효율적으로 구성해야 한다.

14장에서는 스토리보드로 아이디어를 시각화해 보고, 와이어프레임으로 세부적인 화면 구조를 결정하여 화면 설계 배치에 대한 전체적인 레이아웃을 구상해 본다. 사실 이 과정은 UML을 배우기 전에 해 볼 수도 있었지만, 이 책에서는 UML 설계를 실습해 본 후 스토리보드를 구성해 보는 게 더 효율적이라고 판단했다.

14.1 스토리보드 개념 알기

이 절에서는 **스토리보드**(Storyboard)에 대해 자세히 알아보도록 하자. 스토리보드는 영화, 드라마뿐만 아니라 우리가 사용하고 있는 웹사이트나 애플리케이션을 개발할 때 유용하게 사용하는 도구이다. 스토리보드의 개념을 알아보고, 다양한 활동을 진행해 보자.

튜터

여러분! 오늘은 지금까지 팀 프로젝트를 위해 모았던 아이디어를 정리하고
기획할 수 있도록 도와주는 스토리보드에 대해 알아볼 거예요.
웹사이트나 앱을 제작할 때, 영상을 기획할 때 등
스토리보드가 쓰이는 분야는 무궁무진하답니다!

오! 이제 우리도 기획 쪽에 손을 대보는 건가요?

나훈

스토리보드를 어떻게 사용해야 잘 사용했다고 소문이 날지..
얼른 배워보고 싶어요!

다미

하하, 스토리보드가 어떻게 쓰이는지 본 적이 있나요?

튜터

음, 저는 TV 예능에서 뮤직 비디오를 촬영할 때
뮤직 비디오의 콘셉트를 표현하려고 기획자가 사용하는 것을 봤어요..

라나

저는 드라마 촬영 때 PD가 배우들에게 스토리보드를 보여주면서
그날 찍을 씬을 설명해주는 걸 비하인드 영상에서 봤어요!!

가온

맞아요! 이번 시간에는 여러분이 진행하는 프로젝트의 화면을 설계할 때
스토리보드를 사용하는 방법에 대해 학습해볼 테니
다같이 힘차게 시작해봅시다.

튜터

스토리보드란 무엇일까? [그림 14-1]을 보면 금방 감이 잡힐 듯하다. 영화나 광고 같은 다양한 콘텐츠에서 영상의 흐름을 설명하기 위한 문서로, 시간의 흐름에 따라 시나리오, 아이디어 등을 시각화한 것이다.

일반적으로 스토리보드는 그림과 설명으로 구성된다. 스토리보드는 프로젝트 혹은 시나리오에서 진행되는 정책, 프로세스, 각 화면에 대한 정의와 구성, 내용, 기능 등을 설계하고, 정보 구조, 서비스 흐름도, 화면 설계 등을 나타낸다. 사용자와 목표, 인터페이스 간 상호작용을 시각화하여 개발자와 디자이너의 의사소통을 돕는 도구이자 완성해야 할 서비스와 예상되는 사용자 경험을 미리 보여 준다.

스토리보드의 목적은 다음과 같다.

❶ 애플리케이션에 필요한 기능 조각들 간 관계의 설계하기
❷ 설계에 필요한 조각들을 모아서 순서대로 놓고, 배치해보고, 쌓아서 조립하기
❸ 실제 개발 단계에서 발생할 수 있는 문제점을 미리 발견하고 대처하기
❹ 사용자 시나리오를 시각화하면서 평가하기
❺ 사용자 Task에 따른 세부적인 기능들 간의 흐름과 관계망을 파악하기
❻ 개발자와 사용자 간의 피드백을 받으면 스토리보드를 재정비하기

보통 어떤 시스템을 구성할 때, 머릿속에 떠오르는 아이디어와 컨셉들을 스케치하거나 메모를 함으로써 기획이 시작된다. 지금까지 배워온 UML 다이어그램을 통해 프로젝트의 스냅샷들을 어느 정도 구성해보았을 것이다.

프로젝트의 스냅샷들이 구성되었다면, 전체적인 시나리오를 작성한다. 기존의 생각, 아이디어, 컨셉 등을 좀 더 발전시켜 한 장면 한 장면 세밀하게 세부묘사를 하는데, 이를 스토리보드라고 한다.

[그림 14-1] 스토리보드의 화면 설계 예시

14.1.1 스토리보드의 유형

[표 14-1]과 같이 스토리보드가 사용되는 분야의 특성에 따라 그 유형이 크게 세 가지로 나뉜다. 각각의 스토리보드는 구성요소와 표현방식이 다르다.

[표 14-1] **스토리보드의 유형**[1]

유형	영화 및 애니메이션	애플리케이션	서비스 디자인
진행구조	1 2 3 / 4 5 6	1 → 2, 3 / 2 → 4, 5, 6	1 → 2 → 3, 4, 5 → 6
구성요소	그림, 대사, 효과	와이어프레임, 화면 구성, 버튼, 기능 표시	서비스 화면, 서비스의 상호작용 관계

■ **영화 및 애니메이션**

이 유형의 경우 시각적인 표현이 매우 중요하여, 주요 장면에 대한 이미지를 구상하고 이를 핵심적인 텍스트로 요약하여 정리한다. 일반적인 스토리보드의 대표적인 예시로 볼 수 있으며, 시간의 흐름에 따라 나열하는 형식이다.

■ **애플리케이션(웹 기획)**

쉽게 이야기하자면, 어떠한 것을 완성하여 결과물로 만들기 위해 사전에 미리 준비하는 도면과 동일하다고 생각하면 된다. 예를 들어, 웹 기획은 궁극적으로 웹사이트, 즉 홈페이지를 구축하기 위한 것이다. 사이트 속 화면과 기능을 구축하는 개발자들이 보다 쉽고 간편하게 구현해낼 수 있게끔 사전에 미리 틀을 잡아두는 문서가 스토리보드이다. 그렇기 때문에 웹 콘텐츠의 화면과 팝업 과정을 구조화하여 시각화한다.

1 정회준, 고영준, & 김광명. (2014). 코 크리에이션을 위한 스토리보드 프로토타이핑 툴킷 디자인. Archives of Design Research, 27(3), 235–249.

■ 서비스 디자인

서비스 디자인을 스토리보드로 나타낼 때는 다양한 고객의 상황과 서비스 경험 과정 등을 효율적으로 시각화하여 나타낸다. 서비스 단계를 기준으로 서비스 경험과 고객, 서비스 제공자의 역할, 서비스 경험 과정에서 표출되는 터치 포인트 등을 그림이나 사진, 글로 구성한다. 서비스 디자인에서는 고객의 조건 이나 요구사항에 따라 서비스를 선택할 수 있다. 따라서 서비스 디자인 스토리보드는 서비스 디자인 프로토타이핑의 세 가지 목적인 이해와 분석, 발상과 검토, 제시와 평가를 모두 구현할 수 있는 도구이자, 상대방과의 소통을 향상시킬 수 있는 도구이다.

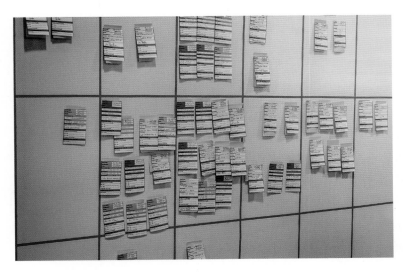

[그림 14-2] 아이디어를 시각적으로 구현하기

14.1.2 스토리보드 활용하기

[그림 14-2]와 같이 서비스 디자인의 프로세스 초기단계에서는, 다양한 이해관계자와 함께 아이디어와 검토를 위해 접착식 메모지 등 간단한 재료로 아이디어를 시각적으로 구현하고 문제점을 도출하여 바로 수정할 수 있다. 이해관계자와 함께 메모지로 스토리보드를 구성하면 사용자들이 서비스를 이용할 때 발생하는 경험을 효과적으로 공유할 수 있고, 서비스 경험을 다시 재구성할 수 있다.

설계에 본격적으로 진입하기 전 개발자와 기획자의 소통 시간을 '사전 미팅' 단계라고 하는데, 이 단계가 끝났다면 서식에 맞춰 스토리보드를 작성해 줘야 한다. 기획자 본인뿐만 아니라 개발에 참여하는 사람들도 진행하고자 하는 내용을 정확하게 이해할 수 있도록 작성해야 한다.

지금까지 소개한 세 가지 유형의 스토리보드를 활용하여 스토리보드를 만들어 보자.

기능		작성자		작성날짜	
화면번호				설명	
화면명					

[그림 14-3] 스토리보드 양식 예시

스토리보드의 화면 설계는 [그림 14-3]과 같이 페이지에 대한 정보와 화면 설계, 화면 설명 등이 포함된다. 스토리보드를 제작하는 가장 큰 목적은 각 화면의 상세 설계를 통해 프로젝트를 진행할 때, 작업 지침이나 가이드라인으로 사용하기 위함이다. 프로젝트 진행 시 화면 설계를 지속적으로 수정, 보완하고 프로토타이핑(prototyping) 작업을 통해 구체적인 디자인 작업에 들어가기 전, 사용성 테스트를 시행하여 UI 설계의 문제점들을 보완할 수 있다. 추가적으로 화면 설계 수정이력을 [그림 14-4]와 같이 작성해 놓는다면, 여러 이해관계자들이 공동으로 수정과 보완을 빠르게 진행할 수 있고, 수정 방향을 쉽게 확인할 수 있다.

기능	로그인 화면		작성자	가온
버전	변경일자	페이지	내용	
2.1	7월 2일	30~31	로그인 UI 구성 변경(우측으로 자리 이동)	
	7월 2일	31~35	로그인 UI 색상 초록으로 변경 및 아이콘 색 변경	
	7월 2일	35~39	로그인 UI 배너 이름 변경	
2.2	7월 15일	28~29	대표 UI 이미지 구름 이미지로 변경	
	7월 15일	29~39	...	
	7월 15일	45~49	...	
2.4	7월 28일	21~23	...	
	7월 28일	25~27	...	

[그림 14-4] 문서 수정 이력 예시

스토리보드의 양식에 대해 알아보았다면, 이제는 학습활동을 통해 스토리보드를 직접 만들어 보자.

학습활동 14-1 | **웹 콘텐츠의 스토리보드 작성하기** | [문제분석 ★★★]

01 관심 있는 웹 콘텐츠를 선정하고, 웹 콘텐츠 속 화면과 기능 구축을 웹 콘텐츠 스토리보드로 간편하게 구현하여 스토리보드를 작성해 보자.

학습활동 14-2 | **서비스 디자인의 스토리보드 작성하기** | [문제분석 ★★★★]

01 관심 있는 서비스를 선정하고, 서비스의 경험과 고객, 서비스 제공자의 역할, 서비스 경험 과정에서 표출되는 터치 포인트 등을 생각하여 서비스 디자인의 스토리보드를 작성해 보자.

14.2 와이어프레임 개념 알기

이번에는 스토리보드의 하위 개념인 **와이어프레임**(wireframe)에 대해 알아보자.

튜터

> 여러분! 스토리보드에 대해 알아보았는데 이해가 잘됐나요?

> 네! 영화 작업에만 사용되는 줄 알았는데,
> 애플리케이션을 개발할 때도 사용할 수 있다는 점이 신기했어요.

다미

나훈

> 프로젝트를 진행할 때도 유용하게 사용할 수 있을 것 같아 좋았어요.

> 여러분이 스토리보드를 프로젝트에 효과적으로 사용하기 바랍니다.
> 그러면 이번에는 와이어프레임에 대해서도 알아보려고 해요.

튜터

가온

> 스토리보드 말고 와이어프레임도 있나요?
> 와이어프레임이라는 단어는 처음 들어봐요.

> 나도 처음 들어보는 단어야!
> 와이어프레임도 우리 프로젝트에 사용할 수 있을까?

라나

튜터

> 여러분, 와이어프레임에 대해 궁금하죠? 함께 알아보도록 합시다!

14.2.1 와이어프레임이란?

와이어프레임(Wireframe)은 세부적인 화면 구조를 결정하며, 화면 설계에 가장 기초가 되는 작업으로, 정보 배치에 대한 전체적인 레이아웃 구상을 의미한다. [그림 14-5]와 같이 화면 배치, 레이아웃, 정보 구조, 버튼, 입력 창과 같은 인터페이스 요소들을 간단한 선으로 단순화하여 요약한 스케치로, 손으로 직접 그리거나 파워포인트와 같은 문서 툴로 제작한다.

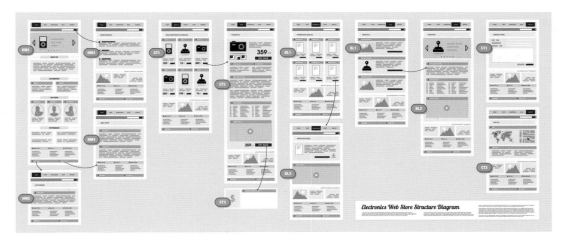

[그림 14-5] **와이어프레임 예시**

와이어프레임은 주로 세부 내용과 상세 기능이 포함된 스토리보드를 작성하기 전, 짧은 시간 동안 대략적인 화면 구조와 각 페이지 간의 연결 구조 등을 빠르게 파악할 때 사용된다. 와이어프레임을 작성할 때는 콘텐츠의 세부 내용과 디자인적인 요소는 배제하고, 레이아웃과 내비게이션 시스템과 주요 인터페이스 위주로만 구성하여 전체 구조를 확인할 수 있도록 간략하게 작성하는 것이 좋다. 따라서 디자인 컨셉이나 고객의 요구사항, 콘텐츠의 기능 요소들을 모두 파악해서 전략적으로 설계해야 한다. 와이어프레임이 잘 갖추어져 있으면 디자이너와 퍼블리셔, 개발자, 클라이언트가 서로 원활히 소통할 수 있기 때문이다.

개발자와 디자이너 또한 와이어프레임을 보고 시스템을 어떻게 구축할지 기본적인 아이디어를 얻기도 한다. 또 고객과 사용자는 다른 프로토타입이 없어도 제품과 서비스가 어떻게 만들어질지 쉽게 상상할 수 있다. 와이어프레임은 다른 스크린 디자인이나 프로토타이핑에 비해 쉽게 그릴 수 있고, 이해할 수 있고, 수정할 수 있으며, 코드가 필요 없다는 장점 때문에 부담 없이 바로 만들어 볼 수 있다.

14.2.2 와이어프레임 사용 예시

예시 하나를 살펴보며 와이어프레임을 보다 심층적으로 이해하는 시간을 가져보자. [그림 14-6]과 [그림 14-7]의 해당 예시는 영어 단어장 애플리케이션으로, 매일 하나의 단어를 학습하고 테스트를 볼 수 있는 간단한 모바일 애플리케이션이다.

(a) 웰컴, 회원가입, 로그인 페이지

(b) 메인 페이지와 마이 페이지

[그림 14-6] 〈1일 1단어장〉 모바일앱 ①

[그림 14-6(a)]에서는 애플리케이션을 다운로드한 뒤 처음으로 열면 웰컴 페이지가 뜬다. 웰컴 페이지에서는 해당 애플리케이션에 대해 간단하게 설명하고, [회원가입] 혹은 [로그인]을 할 수 있다. [회원가입]을 누르면 회원가입 페이지로 이동하고 이름, 아이디, 비밀번호, 비밀번호 확인, 이메일 주소를 입력할 수 있다. 모두 입력한 후 확인을 누르면 로그인 페이지로 넘어간다. [로그인]을 누르면 아이디와 비밀

번호를 입력할 수 있고, 확인을 누르면 메인 페이지로 넘어가 서비스를 사용할 수 있다.

[그림 14-6(b)]의 메인 페이지에는 '영어단어 공부하기'라는 제목이 달려 있고, '오늘의 단어', '단어 테스트', '복습 리스트' 버튼이 있다. 각각의 버튼을 누르면 해당 페이지로 이동한다. 그리고 왼쪽 상단에 메뉴 버튼을 누르면 '메인 페이지', '마이 페이지', '로그아웃', '피드백' 기능을 사용할 수 있다. '마이 페이지'를 선택하면 이름, 아이디, 공부한 단어, 현재 레벨 등을 보여 준다.

(a) 오늘의 단어 페이지와 테스트 페이지

(b) 복습 페이지

[그림 14-7] 〈1일 1단어장〉 모바일 앱 ②

[그림 14-6(b)]의 메인 페이지에서 '오늘의 단어'를 선택하면 [그림 14-7(a)]의 오늘의 단어 페이지로 이동한다. 여기서는 오늘 공부할 단어와 뜻을 보여준다. 그리고 예문과 예문의 해설을 제시하여 영어 단어를 문맥을 통해 익힐 수 있도록 한다. 그리고 하단에는 '어제의 단어'와 '오늘의 단어' 버튼이 있어, 해당 버튼을 누르면 어제와 내일의 영어 단어를 보여 준다. '오늘의 단어 테스트 페이지'에서는 오늘 배운

영어 단어에 대한 퀴즈를 풀 수 있다. 빈칸이 있는 예문을 제시하고, 선택지 중에서 정답을 선택하는 형식이다.

[그림 14-7,(b)]의 '단어 복습 리스트'에서는 지금까지 배운 단어를 모두 보여 준다. 한 페이지에서 5개의 단어를 보여 주고, 하단의 왼쪽과 오른쪽 화살표 버튼을 눌러 다음 페이지로 넘어갈 수 있다. 하나의 단어를 선택하면, '복습 단어'로 넘어가서 해당 단어의 뜻과 예문을 볼 수 있다. '피드백 페이지'는 해당 영어 단어장 애플리케이션을 사용하면서 불편하거나 건의할 사항이 있을 경우 자유롭게 피드백을 남길 수 있는 페이지이다.

이렇게 영어 단어장 모바일 애플리케이션을 예시로 와이어프레임을 만들어 보았다. 애플리케이션을 사용할 때는 매우 간단했지만, 와이어프레임을 하나씩 그려가며 기획하는 과정에서 간단한 애플리케이션도 여러 개의 와이어프레임을 그려가며 구성해야 함을 알 수 있다. 또 와이어프레임은 기획 단계에서 웹 또는 모바일 애플리케이션을 기획할 때 시각적으로 윤곽을 잡을 수 있기 때문에 매우 유용하다.

14.3 와이어프레임 실습하기

와이어프레임은 주로 손그림이나 파워포인트를 사용하여 그린다. 이 절에서는 비주얼 패러다임으로 와이어프레임을 만들어 보려 한다. 비주얼 패러다임사의 관련 사이트를 참고하여 실습을 진행해 보자.

[VP 사이트]

튜터

와이어프레임에 대해 알아보았는데, 이해가 잘됐나요?

네. 저희 팀 프로젝트에 충분히 활용할 수 있을 것 같아요.

가온

튜터

좋아요. 그렇다면 여러분이 와이어프레임을 작성하는 시간을 가져보려 해요.
UML의 다이어그램을 작성할 때 사용한 비주얼 패러다임을 기억하나요?
비주얼 패러다임에서 와이어프레임도 작성할 수 있답니다.

비주얼 패러다임에서도 와이어프레임을 작성할 수 있군요!

다미

튜터

여러분, 와이어프레임을 다 같이 작성해 보도록 해요.

비주얼 패러다임에서는 [그림 14-8]과 같이 웹사이트, 데스크탑 애플리케이션, 모바일 애플리케이션 페이지를 구성할 수 있다. 와이어프레임을 그릴 수 있는 여러 가지 위젯이 제공되는데, 이미지 플레이스 홀더, 버튼, 레이블, 텍스트 필드, 체크박스, 표, 그리드, 순위, 별 등이 있다. 위젯은 왼쪽의 메뉴바에서 드래그앤드롭 방식으로 쉽게 사용할 수 있다.

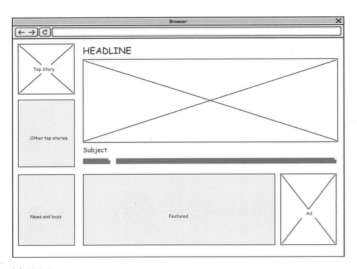

(a) 웹사이트

(b) 모바일 앱

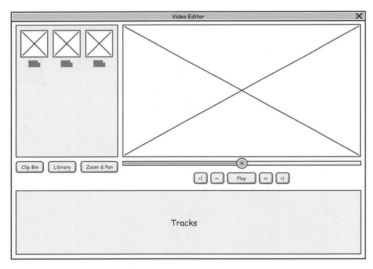

(c) 데스크탑 앱

[그림 14-8] 비주얼 패러다임에서 제공하는 다양한 와이어프레임 템플릿

또 비주얼 패러다임에서는 상태 개념(Concept of state)을 제시한다. [그림 14-9]를 보자. 상태 개념을 활용하여 와이어프레임의 자식을 생성하여 자신의 복제를 만들 수 있다. 만약 부모 와이어프레임에서 변화가 있다면, 그 변화는 자식 와이어프레임에도 자동으로 적용될 수 있으며, 만약 특정한 상태를 표현하고 싶다면 자식 와이어프레임만 수정할 수 있다. 이러한 상태 장치(State mechanism)는 상태(State)들 간의 변화를 통일하여 시간을 절약할 수 있게 한다.

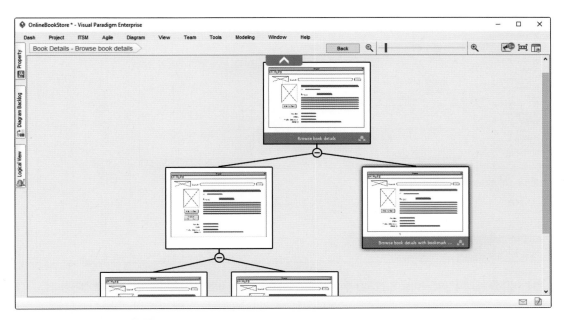

[그림 14-9] **비주얼 패러다임의 상태 개념**[2]

지금부터 비주얼 패러다임으로 와이어프레임을 직접 그려 보자. 온라인 비주얼 패러다임에서는 'Atlassian 와이어프레임'과 'Material Design 와이어프레임'이라는 기본 틀을 제공하고 있다.

우리가 새로운 UML 다이어그램을 생성할 때와 같은 방법으로, [다이어그램] 〉 [New]를 클릭하고, 검색어로 "wireframe"을 입력하면, [그림 14-10]과 같은 화면이 보일 것이다. Wireframe 두 개의 옵션 중 하나를 클릭하면 온라인 비주얼 패러다임에서 작업을 하라는 메시지가 나온다.

---

2 출처 : https://www.visual-paradigm.com/features/ux-design-and-wireframe-tools

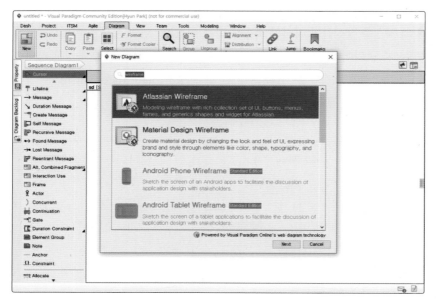

[그림 14-10] Altassian 와이어프레임 선택 화면

01 비주얼 패러다임의 사이트에 접속한 후 [Get Started For Free] 버튼을 선택하여 프로젝트로 접근한다.

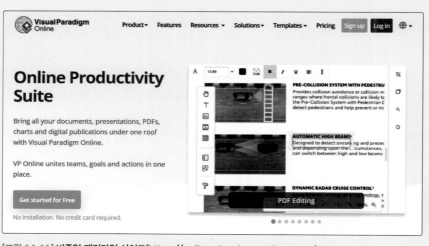

[그림 14-11] 비주얼 패러다임 사이트(https://online.visual-paradigm.com)

02 오른쪽 상단의 검색창에서 "wireframe"을 검색한 후 'Atlassian Wireframe'을 클릭한다.

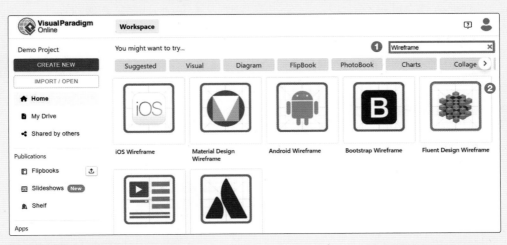

[그림 14-12] 'Atlassian Wireframe' 선택

03 [그림 14–13]과 같이, 왼쪽 패널에는 다이어그램 도구들이 모여 있고, 오른쪽 패널에는 작업 영역이 있다. 왼쪽에 있는 요소를 클릭하거나 드래그하여 작업 영역으로 불러올 수 있다.

❶ 다이어그램 도구들 위에 마우스 포인터가 인식되면 오른쪽 큰 화면에 미리보기가 나온다.

❷ 다이어그램을 선택하면, ❷번의 그림과 같이 작업 영역에 배치된다.

❸ 작업 영역에 배치된 다이어그램은 마우스로 크기를 조절할 수 있다. 또 서식을 변경하고 싶은 다이어그램이 있다면 [Style] 패널에서 수정한다.

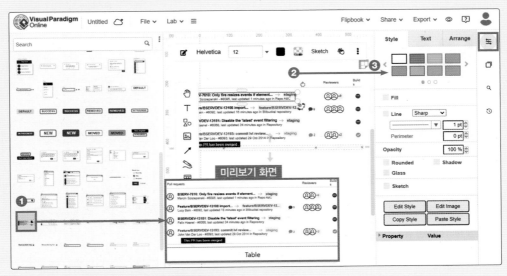

[그림 14-13] 왼쪽 다이어그램 도구들 및 오른쪽 작업 영역

04 Atlassian 외에도 추가로 다른 모양의 요소들을 불러와서 와이어프레임을 작성할 수 있다. ❶ 화면 하단의 [+Shapes..]를 눌러 ❷ 사용하고자 하는 요소들을 체크한 후, ❸ [Apply] 버튼을 클릭한다.

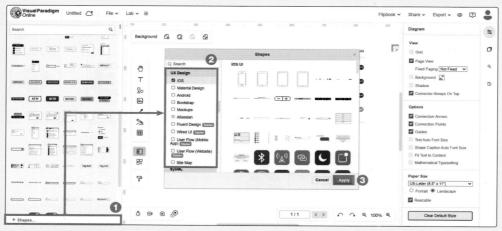

[그림 14-14] 다양한 UX 디자인 선택 방법

05 추가된 구성요소를 확인한 후 이를 수정해 보자.

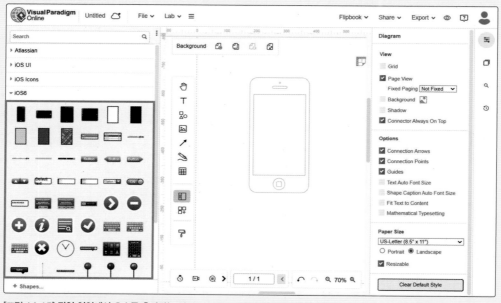

[그림 14-15] 작업 영역에서 요소를 추가하는 화면

튜터

비주얼 패러다임 공식 영상을 참고하여 더 다양한 실습을 해 볼 수 있답니다.

[와이어프레임 제작 영상]

이제는 다양한 문제를 다뤄 보면서 와이어프레임에 대한 이해도를 높여 보자.

| 학습활동 14-3 | 웹 콘텐츠의 와이어프레임 작성하기 | [문제해결 ★★★] |

01 휴대폰의 앱이나 웹상의 콘텐츠를 하나 선정한 뒤, 메뉴를 세밀히 관찰하고, 다양한 경우에 따라 화면이 어떻게 변하는지 이해하여 와이어프레임을 작성해 보자. 본문에서 제시한 모바일, 태블릿PC 양식을 활용하여 와이어프레임을 작성하면 된다.

실습문제

2부에서 다양한 다이어그램으로 표현되었던 '도서관 대출 시스템'을 떠올리면서 다음에 제시된 일련의 과정들을 <u>차례대로</u> 수행해 보자.

01 [문제탐색 ★★★] **다음 양식에 따라 '도서 대출 시스템'의 스토리보드 개요를 작성해 보자.**

스토리보드 개요	
주제	
참가자	
목적	
컨셉 개요	

02 [문제탐색 ★★★] **'도서 대출 시스템'을 사용할 고객의 페르소나를 설정해 보자.**

페르소나	
등장인물 얼굴	• 이름 : • 성별 : 남 / 여 • 나이 : • 직업 : • 성격 : • 특징 : • 요구사항 :
페르소나 투표 및 평가 – – –	

03 [문제분석 ★★★★] '도서 대출 시스템'의 컨셉과 선정된 페르소나를 참고하여 각각 서비스 상황을 작성한다. 공통의 온라인 시트를 활용해도 좋고, 접착식 메모지를 활용하여 아이디어를 펼쳐 보아도 좋다. 초기에 작성한 시나리오는 낱장으로 분리해서 정리하고, 공통되거나 관련성 있는 아이디어는 분류하여 정리한 후 적합한 시나리오를 선정한다.

시나리오 제목	
시나리오 내용 작성란	
시나리오 코멘트 작성란 □ □ □ □ □	

04 [문제탐색 ★★★★] 시나리오의 각 상황과 조건을 스토리보드의 장면에 나누어 구성해 보자.

씬 번호	
씬 구성 및 시나리오 설명란	
구성요소 및 참고사항 – – – – –	

05 [문제해결 ★★★★] 다음 양식에 맞춰 '도서 대출 시스템'의 스토리보드를 작성해 보자.

기능		작성자		작성날짜	
화면번호				설명	
화면명					

06 [문제해결 ★★★★] 비주얼 패러다임을 이용해 '도서 대출 시스템'을 'Atlassian 와이어프레임' 또는 'Material Design 와이어프레임'으로 만들어 보자.

프로젝트 제안 및 평가

15.1 프로젝트 제안서 작성하기

15.2 새로운 요구 반영하기

15.3 프로젝트 평가하기

1부에서 우리는 캠퍼스 안에서 다양한 문제점을 찾고, 창의적인 아이디어를 통해 해결책을 마련해 보았다. 컴퓨터 관련 전문 용어도 조사해 보았을 것이다. 2부에서는 프로젝트의 필요성과 해결방안(Needs & Objective)을 기술한 것을 바탕으로 'UML'이라는 설계 툴을 사용하여 다양한 아이디어를 가시화해 보는 훈련을 했다. 3부에서는 UML 다이어그램과 프로그래밍의 관계를 이해하기 위한 여러 가지 실습을 해 보았다. 마지막 4부의 14장에서 스토리보드와 와이어프레임 등의 개념을 학습하여, 아이디어를 종합적으로 표현하는 방법에 대한 훈련도 마친 상태이다.

드디어 여러분이 그동안 구상해 왔던 특정 주제에 대한 프로젝트를 완성하는 단계에 왔다. 지금까지 배운 지식을 총합하여 완성도 있는 소프트웨어 프로젝트를 제안해 보자.

15.1 프로젝트 제안서 작성하기

그동안 여러분은 브레인스토밍을 하고, UML로 소프트웨어 아이디어를 어느 정도 표현하게 됐으며, UML이 프로그래밍과 어떤 관계인지도 이해하게 되었다. 더 나아가 와이어 프레이밍이라는 개념도 아는 SW 전문가가 되어 가고 있다. 지금까지 배운 지식을 가지고, 그동안 수행한 특정 주제가 있다면, 이제는 마침내 프로젝트를 완성하는 단계이다. 끝까지 힘내기 바란다.

튜터

> 드디어 프로젝트를 마무리하는 시간이 다가왔네요.

> 아, 믿을 수 없어 이제 프로젝트가 끝나는 거야?

라나

다미

> UML을 활용해 프로젝트를 진행해 보니까 소프트웨어가 더 쉽게 이해되고 재밌었어요.

> 맞아. 나도 다미 의견에 공감해. 꼭 소프트웨어의 지식이 풍부하지 않더라도 자신이 만들고 싶은 아이디어의 시스템이나 프로젝트를 진행해 볼 수 있어서 좋았어. 특히 그런 아이디어를 UML을 활용해 표현하는 방식이 너무 재밌었어.

가온

라나

> 나는 시스템을 개발하려면 먼저 코딩을 잘해야 한다고 생각했는데, 나처럼 기초만 아는 사람들도 자신이 원하는 시스템이나 프로젝트를 구성해 볼 수 있어 좋았어.

> 그러게~ 우리 아이디어를 UML을 활용해 표현하니까 모두가 쉽게 접근할 수 있고 더 다양한 아이디어가 나온 것 같아.

나훈

다미

> 이제는 내 아이디어로 다양한 프로젝트를 쉽게 만들 수 있겠다는 자신감도 생겼어.

튜터

여러분이 UML을 활용해 프로젝트를 진행하는 모든 과정에서
소프트웨어에 흥미와 자신감이 생겼다니. 너무 기분이 좋네요.
그렇다면 이번에는 프로젝트의 마무리를 진행해야겠죠?
프로젝트 최종 제안서를 작성해 보는 시간이에요.
프로젝트 최종 제안서를 작성할 때는 UML 다이어그램뿐만 아니라
프로젝트 주제의 창의성, 필요성(Needs)에 대한 설득력,
시스템의 구현 가능성 등 여러 가지 평가 기준을 고려해야 한다는 것 잊지 마세요!

최종 제안서까지 잘 마무리해 보자!

나훈

맞아. 이제까지 그린 다이어그램과 스토리보드, 와이어프레임 작업물도
잘 정리해서 첨부하면 좋을 것 같아.

가온

이제 가온, 나훈, 다미, 라나 네 명의 팀원이 선정해 수행한 프로젝트 주제를 마무리해야 할 때가 되었다. 드디어 최종 프로젝트를 수행해야 한다. 그동안 부분 부분 구상해 왔던 브레인스토밍 내용과 UML, 스토리보드 아이디어 조각들을 끼워 맞춰 보자.

| 학습활동 15-1 | 최종 SW 프로젝트 제안하기 | [문제해결 ★★★★★] |

01 다양한 소프트웨어 기술을 응용하여 우리 삶을 향상시킬 수 있는 아이디어를 제시해 보자.

02 그동안 수행해 온 아이디어 및 UML 실습 등을 총망라하여 소프트웨어 기반의 아이디어를
담은 최종 제안서 또는 동영상을 제작해 보자.

> **[선택 1] 최종 제안서**
> • 필요성(Needs)와 해결방안(Objective)을 기술
> • 시스템을 나타낼 수 있는 대표적인 UML 다이어그램(5개 이상) 작성 및 그에 대한 설명
>
> **[선택 2] 구두발표 / 발표 동영상 제작**
> • PPT 발표자료 제작 및 5분 PPT 발표 / ZOOM 동영상 제작(mp4 파일로 제출)
> • 가능하면 모든 멤버가 비디오에 나온 상태에서 영역별로 나누어 발표 진행

여러분이 작성할 자료는 단지 아이디어 제안서일 뿐이며, 정답이 정해진 것이 아니므로 모든 UML이 완벽하게 맞아떨어질 필요는 없다. 즉 소프트웨어 프로젝트의 아이디어를 설명하면서 필요 시 UML 다이어그램에 대한 대표적인 다이어그램을 그리고 설명할 수 있으면 된다. 그리고 14장에서처럼 스토리보드를 그려 남에게 본인의 아이디어를 전문적으로 설명할 수 있으면 된다.

[학습활동 15-1]을 보면 [선택 1]과 [선택 2]가 있다. 우리가 최종 작성할 제안서는 글로 작성할 수도 있지만, 비디오 프로토타이핑이나 컨셉 영상을 제작하는 편이 의사소통하기가 훨씬 더 편할 수 있다. UML 다이어그램을 넣고, 스토리보드를 작성한 후 컨셉 영상을 제작한다면, 여러분이 프로그래밍의 개념을 잘 모른다 해도 꽤 전문적인 발표를 하게 될 것이다. 영상을 만들면 추상적인 아이디어를 구체화하여 빠르게 프로토타입을 생성하고 피드백을 주고받기가 한결 쉬워질 것이다.

튜터

다음은 최종 프로젝트의 내용을 좀더 상세화한 프로젝트 예시들입니다.
이 중 흥미가 있는 주제를 선정하여 프로젝트를 수행해도 됩니다.

❶ 다양한 컴퓨터공학 기술을 응용하여 우리 삶을 향상시킬 수 있는 아이디어를 제시하라.
   (자유주제. 단 적어도 하나 이상의 센서를 사용해야 하는 주제로 해야 함)
❷ 1) 도서관 관리 시스템, 2) 온라인 사이버 캠퍼스 시스템, 3) 온라인 쇼핑몰,
   4) 수업용 전자칠판 시스템, 5) 여행 예약 시스템 등의 프로젝트 주제 중 택일하여,
   우리 삶의 질을 향상시킬 수 있는 제품 혹은 서비스를 제시해 보자.
❸ 인공지능, 블록체인, 사물인터넷 등 컴퓨팅 기반 도구를 사용하여 코로나 시대의 우리 삶에서의
   불편과 비효율을 줄이거나, 편리함, 행복, 창의성을 증진하는 제품 혹은 서비스를 제시해 보자.
❹ 다양한 컴퓨터공학 기술을 응용하여 OOO대학의 캠퍼스나 교육체계를 향상시킬 수 있는 대안을
   제시해 보자(임베디드 시스템, 센서, 네트워크의 개념을 모두 포함 시킬 것).
❺ 교육, 여성, 도로환경, 환경, 보안, 노약자 중 주제를 하나 선택하여, 소프트웨어 응용 아이디어를
   제시해 보자.

'UML Case Study'와 'library management', 'online campus', 'online shopping mall', 'electronic blackboard', 'travel reservation', 'restaurant automation' 등의 키워드와 적절히 배합하여 검색해 보면 UML 예제를 많이 찾을 수 있을 거예요. 특히, 아직 UML 예제를 충분히 다뤄보지 못해서 학습활동을 어떻게 진행해야 할지 막막하다면 ❷와 같이 UML 사례연구로 웹상에서 자주 등장하는 여러 예제를 참고하여, 기본 틀로 UML 다이어그램을 만들고, 10장과 15.2절을 참조하여 자신의 예제로 변환하면 됩니다.

최종 프로젝트 지침에서, 동영상에 대한 목차는 특별히 지정하지 않았다. 예를 들면, 10분 정도의 동영상을 제작한다고 할 때, 기술 조사나 UML 다이어그램이 너무 과하게 들어가지 않게 해야 한다. 혹은 반대로 기술적인 내용을 전혀 언급하지 않고 필요성 위주로만 발표한다면 구체적인 결과로 남는 것이 없으니, 이 점은 주의하기 바란다. 우리가 이 책으로 배운 기술적인 내용 전반에 대한 균형적인 관점으로, 전체 프로젝트의 기승전결 흐름을 잘 알 수 있게 제작하면 된다.

15.2 새로운 요구 반영하기

모든 일이 그렇듯, 최종 프로젝트 아이디어를 제출했다고 해서 끝난 것이 아니다. 집을 다 지은 다음에도 계속 보수를 해야 하는 것처럼, 시스템은 설계 단계는 물론이고, 구현이 완료된 후에도 계속해서 새로운 요구에 의해 변경이 이루어진다.

튜터

지금까지 열심히 노력하고 잘 따라와 준 우리 모두에게 박수를 쳐주고 싶어요.
마지막으로 소감을 한번 말해볼까요?

조금 어려운 개념도 있었지만, 다양한 다이어그램에 대해 알아보고 직접 그려볼 수 있어
좋은 경험이었어요! 그리고 자바 부분은 저 혼자 방학 때 더 깊이 있게 공부해 볼 거예요!

다미

맞아. 특히 우리 아이디어를 UML로 표현해 본 게 정말 재밌었어.
이렇게 UML로 구상을 하다 보니까 새로운 기능들을 추가해 보고 싶다는 생각도 들어.

가온

그러면 그냥 추가만 하면 되는 거 아니야?

나훈

그래요, 이제까지 프로젝트를 UML로 구성하는 과정에서 새로운 아이디어도 생기고
추가로 넣고 싶은 기능들이 생겼죠? 혹은 부족한 부분을 수정하고 싶은 경우도
있을 거예요.

튜터

맞아요. 저도 저번에 작성한 시퀀스 다이어그램을 조금 수정해 보면
더 좋을 것 같다는 생각을 했어요.

다미

튜터

지금처럼 작성한 시스템에 새로운 요청사항이 생겼을 때 어떻게 하면 좋을까요?
단순히 해당 다이어그램만 수정, 추가하면 될까요? 앞에서 알아보았던 것과 같이
다이어그램들은 독립적인 존재들이 아니고 서로 연관성이 있다고 배웠죠?
이제 마지막 단계예요. 새로운 요청사항에 대해 다이어그램을 어떤 방식으로
변화시키면 좋을지 알아보도록 해요.

우리는 지금까지 UML을 사용하여 시스템을 설계해 왔다. 그런데 여기저기서 지금까지 만들어 놓은 UML 다이어그램 중 특정 다이어그램 하나를 더 추가하거나 제거하고 싶을 때는 단순히 그 다이어그램만 고친다고 되는 것이 아니다. 1부에서 봤던 '폭포수 모델'처럼 이미 그려놓은 다이어그램을 모두 수정해야 한다.

이 장에서는 다이어그램 간의 연관성과 더불어 시스템에 새로운 요청사항이 생겼을 때 어떤 변화들이 생기는지 살펴보고자 한다. 또 변화를 예상하고, 오류 없이 작업하는 방법에 대해 설명할 것이다.

15.2.1 영향분석 프로세스 따르기

시스템에 어떠한 '변경 요청'이 들어왔을 때 우리는 어떤 행동을 먼저 취해야 할까? 우선 사용자의 요구사항을 표현하고 있는 유스케이스 중에서 '변경'으로 인해 영향을 받는 유스케이스를 찾은 뒤, 유스케이스의 시나리오를 변경해야 한다.

유스케이스 시나리오의 변경은 다른 다이어그램들에 영향을 준다. 그로부터 클래스 다이어그램과 시퀀스 다이어그램에 대한 변경 또한 추적하는 과정이 필요하다.

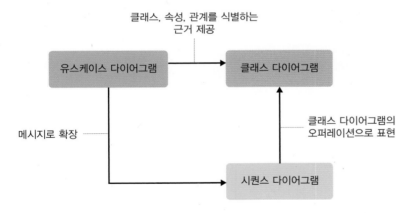

[그림 15-1] 서로 영향을 미치는 다이어그램들

유스케이스 시나리오가 **변경된다는 것**은 시나리오를 이루는 **구성요소**(행위자, 기본흐름, 예외흐름, 사전조건, 사후조건 등)가 **변경된다는 것**을 뜻한다. 구성요소가 변경되었을 때 고려해야 할 사항은 크게 두 가지이다.

❶ 시나리오 간의 새로운 관계(선행 및 후행 시나리오)가 식별된다면, 이것과 관련된 시나리오들도 영향 분석 대상으로 선정해야 한다.

❷ 시나리오 흐름을 구성하는 유스케이스 이벤트가 변경되었는지 파악해야 한다. 변경사항 추가, 수정, 삭제에 따라 이벤트 내부의 입출력 데이터와 순서가 변경된다. 입출력 데이터의 변경은 클래스 다이어그램의 클래스, 속성, 관계의 변경 및 시퀀스 다이어그램 메시지 변경의 근거로 활용할 수 있기 때문이다. 또 이벤트 순서의 변경은 시퀀스 다이어그램의 메시지 호출 순서에 영향을 주어 산출물에 대한 변경 근거가 된다.

이처럼 다이어그램을 변경할 때는 일정한 진행 순서가 있다. 이를 '영향분석 프로세스'라고 하며, [그림 15-2]와 같은 흐름으로 진행된다.

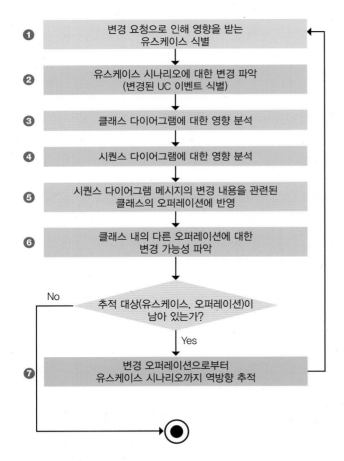

[그림 15-2] **영향분석 프로세스**[1]

1　이찬·윤청(2016). 객체지향 분석의 유스케이스와 Uml 모델을 이용한 동적 영향 분석 방법. 정보과학회논문지, 43(10), 1104-1114.

15.2.2 사례연구

실제로 '변경 요청'이 들어왔을 때 다이어그램들이 어떻게 달라지는지 '인터넷 쇼핑몰' 사례를 통해 구체적으로 살펴볼 것이다. 기존의 인터넷 쇼핑몰에서는 지원하지 않았던 기능인 '마일리지' 리워드 (reward) 기능 추가와 관련된 변경 요청이 생겼다고 가정하고, 유스케이스, 클래스, 시퀀스 다이어그램 간의 변화 과정을 함께 따라가 보자.

다이어그램 간의 연쇄적인 변화와 수정이 일어나는 과정을 파악하는 것이 중요하므로 다음과 같은 순서로 사례를 분석해 볼 것이다.

❶ 변경 요청으로 인한 요구사항 문서 식별

❷ 유스케이스 명세서에 대한 변경후보 식별

❸ 클래스 다이어그램에 대한 변경후보 식별

❹ 시퀀스 다이어그램에 대한 변경후보 식별

❺ 요구사항 문서의 변경점 파악

❻ 변경 후보문서를 바탕으로 각 다이어그램별 수정

여러분이 [그림 15-3]과 같은 온라인 쇼핑몰의 UML 다이어그램을 만들었다고 가정해 보자. 그런데 팀 프로젝트를 진행하다 보면 뒤늦게 마일리지 기능을 추가했으면 좋겠다는 생각이 들 수 있다.

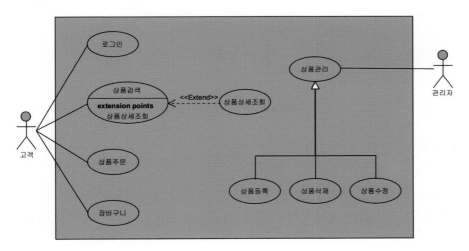

[그림 15-3] **인터넷 쇼핑몰 유스케이스 다이어그램 예시**

그러면 팀원들과 모여 회의를 진행하여, 마일리지 기능 추가로 인해 인터넷 쇼핑몰에 변경이 필요한 사항을 정리한다.

> **[인터넷 쇼핑몰에 대한 변경 요구사항]**
> 1. 회원이 상품을 구매할 경우 상품 마일리지를 회원 마일리지로 적립받는다.
> 2. 회원은 회원이 보유한 마일리지로 상품의 금액을 할인받을 수 있다.

변경 요청으로 인한 요구사항을 문서로 정리해 보면 다음과 같이 정리할 수 있다.

> **[변경 요청으로 인한 요구사항 문서 식별]**
> 1. 회원이 상품을 구매할 경우 상품 마일리지를 회원 마일리지로 적립받는다. (상품주문)
> 2. 회원은 회원이 보유한 마일리지로 상품의 금액을 할인받을 수 있다. (상품주문)

즉, 식별된 요구사항 문서는 상품주문과 관련된 것이다.

이제 유스케이스에 대한 변경후보를 식별하려고 한다. 유스케이스 시나리오의 선행 및 후행 관계를 고려하여 관련된 유스케이스도 후보로 식별한 뒤 해당되는 유스케이스가 있으면 추가 또는 수정해 준다.

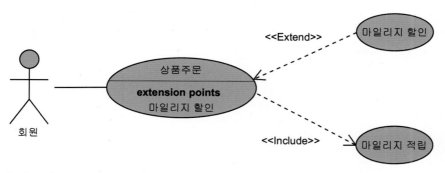

[그림 15-4] 유스케이스의 변경 예시

유스케이스 다이어그램을 수정해 보았다면, 이번에는 클래스 다이어그램의 연관성을 생각해 보자. 그럼 기존 '상품주문' 요구사항 문서와 비교하여 마일리지 기능 추가로 인해 클래스 다이어그램에도 다음과 같은 변화가 일어날 수 있다.

기존 '상품주문' 유스케이스 시나리오의 기본흐름에 마일리지 기능 추가로 인한 클래스 다이어그램의 변화는 [그림 15-5]의 예와 비슷할 것이다. 기존 회원 클래스의 오퍼레이션(operation) 목록에 '마일리지 조회'를 추가하고, 회원, 상품 클래스의 속성(attribute) 리스트에 각각 '회원마일리지', '상품마일리지'를 추가한다.

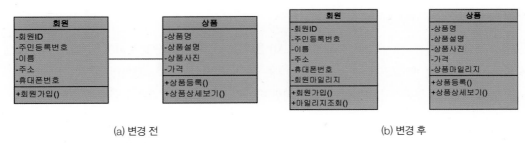

| (a) 변경 전 | (b) 변경 후 |

[그림 15-5] 수정된 클래스 다이어그램

시퀀스 다이어그램의 경우도, 기존의 시퀀스 다이어그램을 그려 놓은 것이 있었다면, [그림 15-6]과 같은 변화가 일부 일어날 것이다. 해당 시퀀스 다이어그램은 회원이 장바구니에 상품을 넣었을 경우 상품 마일리지 또한 함께 안내해 주는 과정에서 변경 가능성이 있는 시퀀스 다이어그램의 오퍼레이션 중 실제 변경이 일어난 오퍼레이션(상품상세조회) 등을 표시한 것이다.

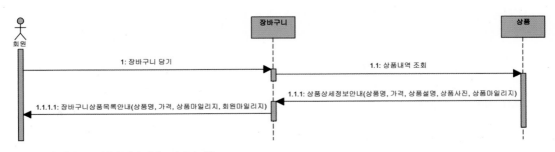

[그림 15-6] 변경으로 인해 수정된 시퀀스 다이어그램

지금까지 변경 요청에 따른 영향분석 프로세스를 따라 가면서 유스케이스, 클래스 다이어그램, 시퀀스 다이어그램의 연관성을 알아보았다. 아마도 프로젝트를 진행하면서 새로운 아이디어를 반영하느라 계속해서 다이어그램을 수정한 경험이 있을 텐데, 이미 완성했던 다이어그램이라도 새 아이디어로 인해 전체 다이어그램을 수정해야 하는 경우도 있음을 알아 두자.

15.2.3 UML에 대한 마지막 고찰

지금까지 여러분이 의사소통 도구로 사용해 온 UML은 커뮤니케이션 도구인 동시에 설계를 지정하거나 문서화하는 기능을 할 수 있었다. 시스템을 설계하는 일은 일반적으로 소프트웨어 엔지니어 또는 소프트웨어 아키텍트라는 전문가가 수행한다. 이쯤 되면 다음과 같은 몇 가지 같은 궁금증이 생길 것이다.

❶ **소프트웨어 엔지니어 전문가들은 실제로, 자주 UML 다이어그램으로 프로젝트를 모델링하는가?**

개발 및 설계 프로세스와 함께 사용할 수 있으며, RUP(Rational Unified Process)와 같은 일부의 경우 필수 요건으로 간주될 수 있다. UML에 기반한 접근 방식은 전문가들 사이에 사용되지만 주로 커뮤니케이션 도구로 사용되며 설계를 지정하거나 사후 문서화하는 데 사용되고 있다. 결론적으로, 전문가 커뮤니티에서 UML은 일반적이지는 않지만 효과적인 의사소통도구로 사용되고 있다.

❷ **전문가들의 입장에서, UML이 코드 품질의 향상에도 유용한가?**

UML은 모듈식(클래스) 수준 이상에서 설계를 개선하는 데 도움이 된다. UML 클래스 다이어그램은 디자인 패턴을 적용한 후 설계에서 결함이 어떻게 감소하는지 쉽게 보여 준다. UML을 모르면 소프트웨어 전문가 팀들 사이에서도 디자인 패턴을 사용하는 것이 조금 더 어려워진다.

❸ **UML 외 다른 다이어그램들이 존재하는가?**

UML의 후속 모델로는 SysML, BPMN 등이 있다. SysML(Systems Modeling Language)은 시스템 엔지니어링에 특화된 모델링 언어. 시스템의 구조, 동작, 요구사항, 신뢰성 등을 다양한 다이어그램과 모델 요소를 사용하여 표현한다. UML의 확장으로 개발되었으며, 복잡한 시스템과 통합 시스템 모델링에 사용된다. BPMN(Business Process Model and Notation)은 비즈니스 프로세스 모델링을 위한 표준화된 언어다. 프로세스의 흐름, 태스크, 의사 결정 등을 그래픽 다이어그램으로 표현하여 비즈니스 프로세스의 분석, 개선 및 자동화에 사용된다.

15.3 | 프로젝트 평가하기

문제중심학습 방식의 교육법 이론에 의하면, 동료평가를 하면서 일반적인 다른 이론 과목보다 산지식을 많이 얻을 수 있다고 한다. 혹시 주변에 튜터나 직장 동료들이 있다면 여러분이 제작한 제안서에 대한 동료평가를 받아 보기 바라며, 여러분들이 다른 사람들의 발표에 대한 동료평가에도 최선을 다해 보기 바란다.

[그림 15-7] 구두 발표 및 피드백

구두 발표 또는 녹화 발표일 경우, 중간 발표를 하여 동료 또는 튜터들로부터 동료평가(Peer Evaluation)나 상호평가(Peer Assessment) 등을 수행해 본다면 최종 프로젝트 발표에 상당히 도움이 될 것이다. 프로젝트 발표에 대한 평가항목은 필요에 따라 다음 예시와 같이 정해 볼 수 있다.

- [20pt] 창의성이 있었는가?
- [10pt] 프로젝트의 필요성(Needs)에 대한 설득력이 충분한가?
- [20pt] 제안하는 시스템(Objective)의 구현가능성이 높은가? (예: 현재 기술 조사, 경제성 등 논리력 고려)
- [40pt] UML 다이어그램이 적절히 표현되었는가?
- [10pt] 발표를 알기 쉽고 조리 있게 하였는가?

[표 15-1]은 실제 대학교 저학년 학생들이 5분 정도 구두 발표한 내용과 그에 대한 튜터 또는 여러 동료들의 피드백을 정리한 것이다. 발표를 한 후, 피드백을 한 번 정도 받아서 다시 발표했을 때, 그 내용이 훨씬 잘 다듬어지는 것을 관찰할 수 있었다. 평가에 참여한 동료들도 다른 사람들의 발표를 들으면서 많은 지식을 쌓게 되었다고 생각하여 만족도가 매우 높았다.

[표 15-1] 튜터/동료평가 피드백 예시 (계속)

주요 내용	A팀: 교내 공용공간 밀집도 안내 앱
UML 관련 피드백	· 하나의 유스케이스 다이어그램에 유스케이스가 과도하게 많음 · 계층구조를 두어 2~3개의 유스케이스 다이어그램으로 나누어 가독성을 높일 것 · 유스케이스 중 include 관계로 표시되어야 할 곳들이 extend로 잘못 표시됨
스토리텔링 관련 피드백	· 구글맵으로 건물이 단위가 되는 밀집도를 보이고, 다시 건물 선택 등의 방법으로 건물 내 공간들에 대한 밀집도를 보여 주어 스터디 테이블을 확보할 수 있을지에 대한 힌트를 제공하는 서비스라고 이해됨 · pain point 및 필요성에 공감이 감 · UX 상으로 구글 지도에서 각 건물의 특정 공간까지 넘어가는 메뉴 선택 방식에 어떤 창의적인 방법이 있을지 기대됨 · 열감지 센서로 특정 공간을 늘 같은 조건으로 측정하면서 실제 점유율 간의 데이터 매칭이 가능할 것 같음. 그것을 간단한 AI 방식으로 패턴화하면 % 확률로 계산하는 조건도 가능할 것으로 생각함
보완점	· 센서의 단점(GPS는 실내 수신이 안 됨. 압전 데이터는 양이 많을 것이고, 이를 해결하기 위해 서버 처리가 필요함)을 고려하여 실제 활용성을 구체화하는 것이 필요함
주요 내용	B팀: 혈중 알코올 농도 측정 센서를 이용한 주량 측정 앱
UML 관련 피드백	· 유스케이스 다이어그램과 클래스 다이어그램만 제시됨 · 시퀀스 다이어그램도 2, 3개 제시하는 것이 시스템을 이해하는 데 도움이 될 것임 · 총 11개의 UML 다이어그램을 그렸는데, 5개 정도의 대표적인 다이어그램으로 추려서 최종 발표해 줄 것
스토리텔링 관련 피드백	· 이 프로젝트는 proof라는 웨어러블 혈중 알콜농도 측정 기기를 가정하는 것으로 보임 · 2017년도에 Indiegogo에서 Refunding하는 것으로 마무리가 되었다는 것을 찾아볼 수 있었음 · 기술적으로 타당했다고는 하지만, 제품화 혹은 경제성 면에서 어려움이 있었던 것 같음 · 사실 proof가 시중에 나왔다면, 여기서 제시하는 앱과 proof companion app이 비슷한 기능들을 제공한다고 해서, 이것과 여러분의 앱 사이에 어떤 차이나 차별화가 있었을까라는 질문에 대한 준비가 필요함 · 이 웨어러블 디바이스가 제품화가 안 되었기에 현실화 관점에서 창의적인 스토리텔링이 필요하지 않을까 생각됨
보완점	· 일부 논리의 비약이 있음 · '주량'에 대한 정의가 빠져 있고, 현재 알코올 농도가 주량과 연관(?)되어 있다는 오류를 발생함

[표 15-1] 튜터/동료평가 피드백 예시

주요 내용	C팀: 여성 안심귀가 앱
UML 관련 피드백	· 시퀀스 다이어그램에서 클래스 다이어그램에서 보지 못한 생명선(Lifeline)이 존재하는 데 설명이 필요함 · 유스케이스 다이어그램이 액티비티 다이어그램처럼 구성됨 · 유스케이스 다이어그램 중 중요한 유스케이스의 경우, 시퀀스 다이어그램이나 액티비티 다이어그램을 서브 다이어그램으로 제공할 것
스토리텔링 관련 피드백	· CCTV, 지구대 위치 등을 고려한 경로는 새로운 지역을 가야 할 때 도움이 될 것 같음 · 심박 등 비정상적 신체활동 발생 시 자동신고기능으로 도움을 받는 사람이 있을 것 같음 · 다만, 애플리케이션 이용하는 여성의 정보가 대략적 위치 정도만 제공된다면 실제로 도움은 되지 않을 것임 · 악용 가능성 등을 고려, 근본적으로 간단한 아이디어로 해결할 수 있는 것은 아님 · 귀가 도움서비스 등 다른 것까지 동원한 개연성 있는 창의적인 고민을 좀 더 하기 바람 · 실제 지자체, 스마트 시티 등 과제에서 자주 등장하는 토픽인데, 아직까지 좋은 성과를 본 시스템이 없어 도전적인 분야임
보완점	· 안심귀가 →사회적 데이터(예를 들어, 우범지역)와 연관된다면 더 나은 선택 연결을 통한 서비스 구축이 필요함

라나

팀 회의가 필요할 때면 주중에 여러 번이라도 약속을 잡아 해결할 수 있었고,
무엇보다 각자 자신 있는 업무를 적극적으로 맡아 하면서 서로에게 큰 도움이 된 것 같아.
서로 부족한 부분을 채워주는 팀원들을 만나서 너무 행복했어.
생각보다 내가 많이 미숙했던 것 같아. ^^

다미

팀원들 모두 적극적으로 회의에 참여해 줬어.
프로젝트에서 발생할 수 있는 문제 상황,
혹은 비판받을 수 있는 상황들을 생각해
해결책을 스스로 찾으려고 하면서
회의 시간을 알차게 활용할 수 있었던 것 같아.
문제중심학습 방식은 정말 좋은 것 같아!

나훈

무엇보다 이번 팀 프로젝트를 통해 함께 공부할 친구를 만들었다는 게 의미가 컸어.
팀 분위기는 시작부터 끝까지 너무 좋았어!

가온

"나무만 보지 말고 숲을 보자"라는 말이 무슨 뜻인지 이제 좀 알 것 같아.
우리 이 프로젝트 아이디어를 가지고 공모전에 도전해 볼까?

라나 다미 나훈

완전 좋지! 찬성, 찬성!

상호/동료평가 후, 가온, 나훈, 다미, 라나는 제안서를 보강하고, 튜터의 지시에 따라 성공적으로 프로젝트를 마친다. 이들과 함께한 여러분도 훌륭한 소프트웨어 프로젝트 아이디어를 제안하며, 이 책을 마칠 수 있으리라 생각한다.

[그림 15-8] 소프트웨어 융합 프로젝트를 마치며